हमज़ाद

मनोहर श्याम जोशी

राजकमल पेपरबैक्स

राजकमल पेपरबैक्स में
पहला संस्करण : 1999
पाँचवाँ संस्करण : 2022

राजकमल पेपरबैक्स : उत्कृष्ट साहित्य के जनसुलभ संस्करण

राजकमल प्रकाशन प्रा.लि.
1-बी, नेताजी सुभाष मार्ग, दरियागंज
नई दिल्ली-110 002
द्वारा प्रकाशित

शाखाएँ : अशोक राजपथ, साइंस कॉलेज के सामने, पटना-800 006
पहली मंजिल, दरबारी बिल्डिंग, महात्मा गांधी मार्ग, प्रयागराज-211 001
36 ए, शेक्सपियर सरणी, कोलकाता-700 017

वेबसाइट : www.rajkamalprakashan.com
ई-मेल : info@rajkamalprakashan.com

बी.के. ऑफसेट
नवीन शाहदरा, दिल्ली-110 032
द्वारा मुद्रित

मूल्य : ₹125

HAMZAD
Novel by Manohar Shyam Joshi

ISBN : 978-81-267-0226-8

मनोहर श्याम जोशी

जन्म : 9 अगस्त, 1933 को अजमेर में।

लखनऊ विश्वविद्यालय के विज्ञान स्नातक मनोहर श्याम जोशी 'कल के वैज्ञानिक' की उपाधि पाने के बावजूद रोजी-रोटी की खातिर छात्र जीवन से ही लेखक और पत्रकार बन गए। अमृतलाल नागर और अज्ञेयइन दो आचार्यों का आशीर्वाद उन्हें प्राप्त हुआ। स्कूल मास्टरी, क्लर्की और बेरोजगारी के अनुभव बटोरने के बाद 21 वर्ष की उम्र से वह पूरी तरह मसिजीवी बन गए।

प्रेस, रेडियो. टी.वी. वृत्तचित्र, फिल्म, विज्ञापन-सम्प्रेषण का ऐसा कोई माध्यम नहीं जिसके लिए उन्होंने सफलतापूर्वक लेखन-कार्य न किया हो। खेल-कूद से लेकर दर्शनशास्त्र तक ऐसा कोई विषय नहीं जिस पर उन्होंने कलम न उठाई हो। आलसीपन और आत्मसंशय उन्हें रचनाएँ पूरी कर डालने और छपवाने से हमेशा रोकता रहा है। पहली कहानी तब छपी जब वह अठारह वर्ष के थे लेकिन पहली बड़ी साहित्यिक कृति तब प्रकाशित करवाई जब सैंतालीस वर्ष के होने को आए।

केन्द्रीय सूचना सेवा और टाइम्स ऑफ इंडिया समूह से होते हुए सन् '67 में हिन्दुस्तान टाइम्स प्रकाशन में *साप्ताहिक हिन्दुस्तान* के संपादक बने और वहीं एक अंग्रेजी साप्ताहिक का भी संपादन किया। टेलीविजन धारावाहिक 'हम लोग' लिखने के लिए सन् '84 में संपादक की कुर्सी छोड़ दी और तब से आजीवन स्वतंत्र लेखन करते रहे।

प्रकाशित कृतियाँ : *कुरु-कुरु स्वाहा, कसप, हरिया हरक्यूलीज की हैरानी, हमज़ाद, क्याप, ट-टा प्रोफेसर* (उपन्यास); *नेताजी कहिन* (व्यंग्य); *बातों-बातों में* (साक्षात्कार); *एक दुर्लभ व्यक्तित्व, कैसे किस्सागो, मन्दिर घाट की पैड़ियाँ* (कहानी-संग्रह); *आज का समाज* (निबंध); *पटकथा लेखन : एक परिचय* (सिनेमा)। ***टेलीविजन धारावाहिक :*** *हम लोग, बुनियाद, मुंगेरीलाल के हसीन सपने, कक्काजी कहिन, हमराही, जमीन-आसमान।* ***फिल्म :*** *भ्रष्टाचार, अप्पू राजा* और निर्माणाधीन *जमीन*।

सम्मान : उपन्यास *क्याप* के लिए वर्ष 2005 के साहित्य अकादेमी पुरस्कार सहित शलाका सम्मान (1986-87); शिखर सम्मान (अट्टहास, 1990); चकल्लस पुरस्कार (1992); व्यंग्यश्री सम्मान (2000) आदि अनेक सम्मान प्राप्त।

निधन : 30 मार्च, 2006

तख़तराम का ख़त जयदेव के नाम

बम्बई
13.12.90

जनाब जयदेव साहिब,

तख़तराम धरेजा 'तअस्सुफ़' अहमदपुरी के आदाब क़बूल फ़रमायें।

कल हार्बर बॉर में आपके पापा जी के उठाले के बाद मर्हूम की याद में आपके साथ चार जाम उठा और पी लेने के बाद जब मैंने आपको ब्लैकमेल करने की कोशिश की तब शायद मैं अपने होश में न था। उस गुस्ताख़ी के लिए आपसे बहुत-बहुत मुआफ़ी चाहता हूँ।

दरअस्ल उठाले से पहले आपके सौतेले भाई ने मुझे बताया कि आपके पापा जी की फ़िल्म कम्पनी में मुझे एडवाइज़र का जो ओहदः मिला हुआ था, वह उसने ख़त्म कर दिया है। इसके बाद आपकी सौतेली मम्मी जी ने फ़रमाया कि मुझे कम्पनी का फ़्लैट भी ख़ाली करना पड़ेगा क्योंकि उसे वह बेच रही हैं। इसके इलावः उन दोनों ने मुझे यह भी बताया कि आपके पापा जी मुझे किसी क़िस्म की पेंशन दिये जाने का कोई इन्तिज़ाम नहीं कर गये हैं। उन्होंने इस बात से भी इन्कार किया कि आपके पापा जी मेरी दोनों बच्चियों की शादी के लिए और मेरे इकलौते बेटे को, जो बतौर फ़िल्मी हीरो फ़ेल हो चुका है, टी० वी० प्रोग्राम के धन्धे में जमाने के लिए, पैसा देने का वादः उनकी मौजूदगी में कर गये थे।

उनकी इस बेरहमी और बेरुख़ी का दुखड़ा रोते हुए ही मैंने आपसे ये इल्तिजा की थी कि जयदेव साहिब, अब आप ही मेरी मदद करें। मुझे अपनी मुलाज़मत में रख लें क्योंकि इस उम्र में मुझे कोई और कम्पनी क्योंकर नौकरी देगी? ख़ास तौर से यह देखते हुए कि मैंने एडवाइज़र की हैसियत से आपके पापा जी की जो ख़िदमतें कीं, वे गुमनाम ही रहीं। बल्कि यों कहना चाहिए कि

उन पर आपके पापा जी ने ख़ुद अपने नाम की मोहर लगा ली। दुन्या वाले तो यही कहते हैं कि मुझे अगर कोई तज्रिब: है तो आपके पापा जी की सोहबत करने का। भला यह तज्रिब: औरों के लिए किसी काम का हो सकता है ? मेरा लिखना-लिखाना छूटे हुए तीस साल से ज़ियाद: अर्स: हो चुका है, इसलिए इल्मी या फ़िल्मी किसी भी क़िस्म की क़लम-घिसाई करके चार पैसा कमा सकना भी अब मेरे लिए नामुमकिन है। अब तो आप ही मेरी नैया पार लगा सकते हैं।

तब आपने फ़रमाया कि जिसने मेरे को कभी अपना बेटा माना ही नहीं उसके चमचे की फ़िक्र मैं क्यों करूँ ? जिन लोगों को पापा जी अपना सगे वाला समझते थे उनसे ही माँगो तुम। इस पर मैंने कहा कि उनसे माँगकर देख चुका हूँ और अपनी बेवुक़ूफ़ी पर पछता रहा हूँ। लेना तो सब जानते हैं जयदेव साहिब, लेकिन देना तो उनके लिए ही मुमकिन है, जो या तो मेरी तरह मलंग हों या आपकी तरह दिल से भी रईस। इसे चापलूसी समझ आपने हँसकर फ़रमाया, "मेरा बाप इस तरह की चमचागीरी की बात में आ जाता होवेगा, मैं नहीं आवेगा। मेरा-जैसा धन्धे वाला तो पैसा उसी को देता है, जिससे उसको कोई लालच हो या डर। हम लोग तो दान-पुण्य भी करता है तो भगवान का डर से। आप मेरा न कोई फ़ाइद: करा सकता है, न कुछ बिगाड़ सकता है, तो मैं आपको पैसा क्यों देवे, बोलो ?"

तब नशे के आलम में मैं गुस्ताख़ होकर कह बैठा, "हुज़ूर, आप इस डर से देंगे कि मैं आपके पापा जी का भी पर्द:फ़ाश कर सकता हूँ और आपका भी।" यह कहकर मैंने आपके पापा जी की तरह ही मेज़ पर दोनों हाथ मारते हुए उनकी-सी ही बेसुरी हँसी मैख़ान: में गुँजा दी—आह-हा-हा-हाह !

मेरे हाथ मारने से आपकी ड्रिंक उलट गयी। आपने गिलास को सीधा करके नेपकिन से मेज़ पर गिरी ड्रिंक पोंछते हुए मुझे अंग्रेज़ी में हरामी पुकारा और मैंने कह दिया कि आपके मुँह से अपने बारे में यह लफ़्ज़ सुनकर मुझे गुस्सा उतना नहीं आ रहा है, जितना क़िस्मत के खेल पर तअज्जुब हो रहा है कि एक हरामी ने मुझको हरामी पुकारा।

तब आपने मेरी ड्रिंक उठाकर मेरे ही मुँह पर दे फेंकी। मुझे माँ की गाली मादरी ज़बान में देते हुए आपने हुक्म दिया—गैट आउट ! रूमाल से अपना मुँह पोंछकर मैं इत्मीनान से उठा। आपके कन्धों पर दुहत्थड़ जमाकर मैंने फिर वही

वहशियानः ठहाका लगाया और कहा कि मुझे हँसी क्यों आ रही है यह आप क़िस्त दर क़िस्त तब समझिएगा जब मैं आप लोगों का कच्चा-चिट्ठा सनसनी की सौदागरी करने वाले किसी फ़िल्मी रिसाले को तगड़ी क़ीमत वसूल करके बेच दूँगा। आह-हा-हा-हाह !

तब आपने सौ-सौ डॉलर के दस नोट मुझे पकड़ाये और कहा, "ये एक हज़ार डॉलर पकड़ो—साइनिंग अमाउंट। पूरा कच्चा-चिट्ठा लिखने का पाँच हज़ार डॉलर देवेगा। और उसको पढ़कर अगर मेरे को लगा कि सचमुच तुम्हारा पास में ब्लैकमेल का मसाला है तो मैं तुम्हें उतनी ही पगार पर नौकर रख लेगा जितनी पापा जी देते थे। तुम्हारा तज्रिबः और किसी के काम का नहीं होवे, मेरे काम का ज़ुरूर होवेगा क्योंकि मैं भी अपना पापा जी की तरह लुगाई और दारू का शौक़ीन है और मेरे को भी ऐसा आदमी माँगता है जो छोकरी लेकर आवे और ड्रिंक बनाकर देवे।"

नोट गिनकर जेब में डालते हुए मैंने अपनी बेटियों की शादी और बेटे के धन्धे का सवाल उठाया और आपने कहा कि वह भी कर देवेगा, पहले तुम कच्चा-चिट्ठा लिखकर तो दिखाओ ना। मैंने आपका बहुत-बहुत शुक्रियः अदा किया और दारू और डॉलर की गरमाहट लेकर घर लौटा। मेरी बीवी यह सुनकर बहुत ख़ुश हुई कि मुझे उस शख़्स का पर्दःफ़ाश करने के लिए भरपूर पैसा मिलेगा, जिसने मेरी बीवी समेत न जाने कितनी मासूम लड़कियों की ज़िन्दगी तबाह की। आज सुब्ह चा की प्याली के साथ उसने काग़ज़-क़लम भी मुझे पकड़ाया कि देर न करो, लिख डालो। लेकिन नशे से अछूते मेरे दिमाग़ ने मुझ पर ला'नत भेजी कि अरे तअस्सुफ़, तू ये क्या करने चला है ? मर्हूम की सोहबत में तूने दुन्या भर के ऐब सीखे हैं, लेकिन एहसान-फ़रामोशी तो उनमें शुमार न थी मेरे यार !

मेरी बीवी कह रही है कि लिख दो, पुनवानी साहिब जिसके बाप थे जब उसे कच्चा-चिट्ठा लिखवाने में कोई शर्म नहीं है तब तुम लिखते हुए क्यों शर्माते हो ? मगर वह भूल रही है कि पुनवानी साहिब आपके तो शायद बाप ही थे, शायद इसलिए कि अगर सचमुच होते तो आप बाप-बेटा इस तरह एक-दूसरे के लिए पराये और परदेसी न बन गये होते, लेकिन मेरे लिए तो वह गोया माई-बाप दोनों ही रहे थे शुरू से। मैं जानता हूँ जयदेव साहिब कि आजकल यह बहुत आम-सा रिवाज है कि जिस भी बड़े आदमी की सोहबत

नसीब हो बाद में उसकी पोल खोलकर लोगों को चटख़ारे लेने का और ख़ुद को जेब भरने का मौक़ा दो, लेकिन मैं तो अगले ज़माने का आदमी हूँ और मेरा ज़मीर इसकी इजाज़त नहीं देता। यों मैं अपनी बीवी की इस बात की ताईद[1] करता हूँ कि अगर आपके पापा जी को ऐसा मौक़ा मिलता तो वह उससे फ़ाइद: उठाने से ज़रा भी परहेज़ न करते क्योंकि शर्म और लिहाज़ दोनों से ही वह क़तई नावाक़िफ़ थे।

सच तो यह है जयदेव साहिब कि मैं आपको आपके पापा जी की पोल खोलने की धमकी दे बैठा तो वह भी गोया आपके पापा जी की सोहबत में रह चुकने के असर की ही बानगी थी।

जयदेव साहिब, शुरू से ही मैंने आपके पापा जी की जूठन खायी, उनकी उतरन पहनी, उनकी बची हुई शराब पी और, आपसे क्या छिपाऊँ, एक बार को छोड़कर हमेश: उनकी इस्तेमालशुद: औरत को ही हमसुहबत बनाया। हम दोनों इतना ज़ियाद: साथ रहे, हम दोनों ने एक-दूसरे से इतना ज़ियाद: लिया कि सूरत-सीरत या क़द-काठी में क़तई मेल न होते हुए भी हम एक-दूसरे के जुड़वाँ भाई-से मालूम हुए लोगों को। कभी उनको किसी महफ़िल में, मुझसे ही सुनी हुई कोई चुटीली बात दोहराते हुए या मेरा ही कहा हुआ कोई शेर अपना बनाकर पेश करते हुए मैं सुनता तो दूसरे हाज़रीन की तरह मुझे भी यही गुमान होता कि वह मेरे नहीं, उनके ही दिमाग़ की सूझ है। आप हँसेंगे मगर अक्सर मुझे ऐसा लगता रहा कि मैं आपके पापा जी के ज़ेहन से पैदा हुआ, उनकी जूठन पर पला-पुसा और उनकी उतरन से सजा-सँवरा उनका ही एक पुतला हूँ।

कल हार्बर बॉर में आपके पापा जी का पुराना सूट पहने हुए उनकी पसन्दीद: ड्रिंक सिंगल माल्ट स्कॉच पीते हुए, उनका पसन्दीद: स्नैक चिकन टिक्का खाते हुए, जब मैंने आपको ब्लैकमेल करते हुए ठीक उन्हीं के अंदाज़ से आह-हा-हा-हाह करके मेज़ पर हाथ मारे, तब हार्बर बॉर के आईने में मुझे अपना नहीं, आपके पापा जी का चेहरा नज़र आया जो एक साथ खिलन्दड़ और ख़तरनाक दोनों दिखाई पड़ता था और जिसे कई लोग उनकी पीठ-पीछे शैतान का चेहरा बताया करते थे।

---

1. समर्थन

जयदेव साहिब, आपके पापा जी ने मुझे हमेशः अपने साथ रखा। आपको तो पता ही है कि उन्होंने मुझे कॉन्सटैन्ट कम्पेनियन का ख़िताब दे रखा था और अक्सर वह मुझे सी० सी० कहकर पुकारा करते थे। आपकी सौतेली माँ सरस्वती ने इस सी० सी० को चीफ़ कॉन्क्यूबाइन गोया ख़ास रखेल बना दिया था और मुझसे जलने वाले लोग इसी सी० सी० को चीफ़ चमचा का शार्ट फ़ॉर्म बताते थे। उन्हें यह नागवार गुज़रता था कि आपके पापा जी कई जगह सिर्फ़ मुझ अकेले को ही अपने साथ ले जाते हैं। लेकिन उनमें से किसी से भी, यहाँ तक कि अपनी माशूक़ाओं से भी, मेरी ग़ैर-मौजूदगी में कभी नहीं मिलते।

मेरी बीवी कहती है कि तुम्हें हमेशः साथ रखते थे तो कोई एहसान नहीं करते थे। उन्हें अपना बचपन का कोई साथी चाहिए था, जिसे अपना जल्वः दिखाते रह सकें। और फिर तुम तो ऐसे साथी थे जो उनसे कहीं ज़ियादः ऊँचे ख़ानदान के थे। वह तुम्हें इसलिए भी साथ रखते थे कि हर शैतान अपनी बग़ल में एक सन्त बैठाना चाहता है ताकि उसे अपनी गिरावट और ताक़त दोनों का एहसास बराबर होता रह सके। जयदेव साहिब, मेरी बीवी दुन्यादार है, उसकी बातों में दम है, मगर वह यह नहीं समझ पा रही है कि शैतान सन्त को इसलिए भी बग़ल में बैठाता है कि अपनी कालिख बीच-बीच में उसके चेहरे पर पोंछता-पोतता रहे। तो जयदेव साहिब, आपके पापा जी अपनी कालिख मेरे चेहरे पर भी पोत गये हैं। उनका पर्दःफ़ाश करने की धमकी यक़ीनन मेरे नशे की देन रही होगी क्योंकि मैंने जिस पर्दे को चाक करने का वादः आपसे कर दिया, उसके पीछे आपके पापा जी के साथ-साथ मैं ख़ुद भी तो नंगा पाया जाऊँगा।

यह सही है कि इस दौर में पैसे की ख़ातिर ख़ुद अपने को भी नंगा कर डालना एक आम-सी बात हो चली है, मगर जनाब, मैं तो उस ज़माने का हूँ, जिसमें अपने मुँह को दुन्या को दिखाने के क़ाबिल रखना, पापी पेट की ख़ातिर पैसा कमाने से कहीं ज़ियादः ज़ुरूरी समझा जाता था। तो जयदेव साहिब, मैं आपसे तिहरी मुआफ़ी चाहता हूँ। पहली मुआफ़ी इस बात के लिए कि मैंने नशे के आलम में आपको ब्लैकमेल करना चाहा। दूसरी इसलिए कि साइनिंग अमाउंट लेने के बावुजूद मैं आ'मालनामः[1] लिखने का काम नहीं कर पाया।

1. अच्छे-बुरे कर्मों का यथार्थ वर्णन

क़ाइदे से मुझे आपकी दी हुई रक़म लौटा देनी चाहिए। मगर अफ़सोस कि मेरी बीवी उसे अपने क़ब्ज़े में ले चुकी है और मेरे रोने-गिड़गिड़ाने के बावुजूद वापस नहीं दे रही है। तो तीसरी मुआफ़ी इसलिए कि साइनिंग अमाउंट लौटा नहीं पा रहा हूँ।

आप यही सोच लें कि वह रक़म आपने मुझ पर और मेरे परिवार पर रहम खाकर दी। मैं आपसे यह भी गुज़ारिश करता हूँ कि अपने पापा जी से मेरे लम्बे और गहरे तअल्लुक़ात को ध्यान में रखते हुए आप रहमदिल होकर आइन्दः भी किसी डर या लालच से नहीं, महज़ इंसानियत के नाते मुझ मुसीबतज़दः की मदद करते रहें।

आपकी मेहरबानियों के इन्तिज़ार में,

आपका
तख़्तराम विलायतीराम धरेजा
तअस्सुफ़ अहमदपुरी

तख़्तराम के नाम जयदेव के अंग्रेज़ी ख़त का तर्जमः

बम्बई
27.12.90

माइ डियर तख़्तराम,

नये साल की मुबारकबाद के साथ तुम्हें यह ख़ुशख़बरी देनी है कि अपने पापा के गुज़र जाने के ग़म को ग़लत करने के लिए मैंने एक कमसिन लड़की से शादी कर ली है। ख़ुद पापा कमसिन लड़कियों के बहुत क़ाइल थे इसलिए मैं समझता हूँ कि मेरे इस नेक काम से उनकी आत्मा को बहुत शान्ति मिलेगी।

अपनी बीवी को अपने ख़ास-ख़ास दोस्तों और रिश्तेदारों से मिलवाने के लिए मैंने अपनी पाली हिल वाली कोठी में न्यू इयर पार्टी देने का फ़ैसला किया है। तुमसे दरख़्वास्त है कि नयी बहू और नये साल का ख़ैर-मक़दम करने के लिए इस पार्टी में शरीक होओ।

पार्टी 31 दिसम्बर रात ९ बजे कॉकटेल्स के साथ शुरू होगी और पहली जनवरी सुबह 8 बजे शैम्पेन ब्रेकफ़ास्ट के साथ ख़त्म होगी। जोड़े से आना—किसी नयी माशूक़ः को, नहीं तो पुरानी बीवी को ही, साथ ले आना।

तुम्हारा ख़त मुझे मिल गया है। मैं धन्धे वाला आदमी हूँ और धन्धे में रहम की कोई गुंजाइश नहीं रहती। तो हज़ार डॉलर का वह साइनिंग अमाउंट ज़ुरूर लौटा जाना।

प्यार—थोड़ा-सा तुम्हें और ढेर-सा तुम्हारी बीवी को।

तुम्हारा
जयदेव

जयदेव के नाम तख़्तराम का एक और ख़त

जनाब जयदेव साहिब,

कल की दावत में आपने मेरी डोत्री रोमिला को अपनी शरीके-हयात बना चुकने का ए'लान कर दिया था लिहाज़ा अब मुझे आपको महज़ जयदेव पुकारना चाहिए। मगर उसकी हिम्मत जुटा नहीं पा रहा हूँ। वजह यह कि आपने उस दावत में मुझे ख़ुद बुलाकर सबके सामने इस बुरी तरह दुत्कारा और खदेड़ा, जिस तरह किसी खाज के मारे हुए कुत्ते को भी दुत्कारा और खदेड़ा नहीं जाता। आपका ए'लान सुनने के बाद जब मैं आपको और रोमिला को मुबारकबाद देने के लिए आगे आया तब आपने मेरी कलाई पकड़ ली और मुझे खींचकर दरवाज़े की ओर ले गये। आपने फ़रमाया, "मेरे को मुबारकबाद नहीं माँगता है, एक हज़ार डॉलर माँगता है। कच्चा-चिट्ठा लिख नहीं सकता होवे तो साइनिंग अमाउंट लौटा दे फ़ौरन।" मेरी बीवी बीच-बचाव करने आयी तो आपने रोमिला की मा'रिफ़त हम लोगों के बीच क़ाइम हुए रिश्ते की नज़ाकत की ज़रा भी परवाह न करते हुए उससे कहा, "तुम और तुम्हारा ख़सम दोनों मेरे पापा जी के साथ में ख़ूब सोयेला है। अपने ख़सम को बोलो कि और कुछ नहीं तो यही लिखकर दे देवे मेरे को कि मेरा बाप तुम लोग के साथ में क्या करता था?"

फिर आपने मुझे अज़हद[1] रूहानी तकलीफ़ पहुँचाते हुए कहा, "अरे अदीब के उधर के बाल, कुछ लिखने को होवे तुम्हारे पास में जब तो तुम लिखे। और लिखना आता होवे जब तो क़लम उठावे। राइटर बनते हो साले! कभी लिखने से कानी कौड़ी तो कमाई नहीं तुमने, मेरा से एक हज़ार डॉलर ले लिया!"

जयदेव साहिब, मुझे लिखना आता है और जैसा एक घिनौना सच आपने अपने पापा जी और मेरे और मेरी बीवी के मुतअल्लिक़ बोला, आप लोगों के

1. बहुत

बारे में वैसे सैकड़ों घिनौने सच मेरे पास लिखने को मौजूद हैं, सबूत समेत मौजूद हैं। अफ़सोस कि उन्हें छूते हुए मेरा क़लम घिनाता है।

जयदेव साहिब, न सिर्फ़ मुझे लिखना आता है बल्कि अदबी होश सम्भालने के बाद मेरे ज़ेहन में हमेशा यह बात रही है कि आपके पापा जी के बारे में एक दिन ज़ुरूर कुछ उतनी ही अजीबोग़रीब चीज़ लिखूँगा, जितनी कि अजीबोग़रीब उनकी शख़्सीयत थी। मैं आपसे सच कहता हूँ कि बहैसियत अदीब मेरी ज़िन्दगी का सबसे बड़ा हासिल यही रहा कि मैंने आपके पापा जी जैसे मुतअद्दी[1] और मुतफ़न्नी[2] हैवानी इंसान या इंसानी हैवान को बहुत नज़दीकी से जाना। जब भी मुझे यह मलाल होता कि आपके पापा जी की ख़ातिर मैंने अपनी अदबी ज़िन्दगी ख़त्म कर डाली है, तब मैं यही सोचकर मुत्मइन[3] हो लेता कि आपके पापा जी के गुज़रने के बाद मैं उन पर ऐसा नाविल लिख सकूँगा जो मुझे मेरे मरने के बाद भी अहले-अदब के बीच हमेशः ज़िन्दा रख सकेगा। अफ़सोस कि आपका रवैया और मेरी मुफ़लिसी मुझे इस बात के लिए मजबूर कर रहे हैं कि उस नायाब थीम को तसव्वुर[4] की धीमी आँच पर रखकर सौंधा-सौंधा औटाया हुआ अफ़्सानः तैयार करने के बजाय मैं आपके पापा जी की बाबत एक कच्चा-चिट्ठा घसीट मारूँ और सो भी इस अन्दाज़ में और ऐसी ज़बान में जो आप जैसे ग़ैर-अदबी शख़्स के पल्ले पड़ सके। इतनी जल्दबाज़ी में इसमें कोई गहराई लाना मुमकिन नहीं है और अगर मैं किसी तरह से ले भी आऊँ तो उसे इस आ'मालनामे में रहने देना यूँ वाज़िब नहीं है कि इसे लिखवाने वाला सनसनी का सौदागर है, समझदारी का नहीं।

तो भी मैंने इस कच्चे-चिट्ठे को अदबी अफ़्साने की शक्ल देने की थोड़ी कोशिश की है। कुछ इसलिए कि मैं अदीब हूँ और कुछ इसलिए कि आपके पापा जी से और ख़ुद आपसे अपने रिश्तों की नज़ाकत को ज़ेहन में रखते हुए और अपने उसूलों का ख़याल करते हुए मैंने यह ज़ुरूरी समझा कि हक़ीक़त को अफ़्सानः बनाकर ही पेश करूँ। मैंने इसमें लोगों और जगहों के नामों में थोड़ी रद्दो-बदल कर दी है ताकि आपके और मेरे समेत किसी भी शख़्स को शर्मसारी का सामना न करना पड़े। यह सही है कि इस कहानी में मैंने अपने को

---

1. सीमा से आगे बढ़ने वाला संक्रमण, 2. धूर्त, 3. सन्तुष्ट, 4. कल्पना

'मैं' ही पुकारा है लेकिन सभी अहले अदब[1] जानते हैं कि अफ़्साने का 'मैं' ख़ुद अफ़्सान:निगार नहीं होता। इस बारे में रवायात इतनी साफ़ हैं कि अगर मैं तख़्तराम वल्द विलायतीराम मौज़ा अहमदपुर, इस अफ़्साने में अपना ज़िक्र तख़्तराम वल्द विलायतीराम मौज़ा अहमदपुर के तौर पर भी करता तो भी मुझे हक़ीक़ी नहीं, तख़य्युलज़ाद[2] माना जाता। लेकिन फिर भी मैंने एहतियातन इस कहानी में अपने को तिलकराज वल्द मुल्कराज मौज़ा मियाँवाली बताकर पेश किया है।

थोड़ा और भी एहतियात बरतने की ग़रज़ से मैंने अफ़्साने के ऊपर लिख दिया है कि यह अफ़्सान: महज़ एक अफ़्सान: है और इसमें आये हुए किन्हीं भी किरदारों का किन्हीं भी ज़िन्द: या गुज़र चुके इंसानों से कैसा भी कोई तअल्लुक़ नहीं है। अगर इसमें आयी कोई भी बात किसी की ज़िन्दगी की अस्लीयत से मिलती-जुलती हो तो वह महज़ एक इत्तिफ़ाक़ है।

मैंने आपके पापा जी के कच्चे-चिट्ठे को अदबी जामा पहनाने की कोशिश ज़ुरूर की है लेकिन ख़ुद मैं ही अदबी लिहाज़ से अपने इस कलाम को दो कौड़ी का नहीं ठहराऊँगा। इसमें गन्दगी भरी पड़ी है और कहीं कोई ऐसी चीज़ नहीं है जो उस गन्दगी को फैलने से रोकती हो या उसे साफ़ करने का बीड़ा उठाने को कोंचती हो। इसके हीरो यानी आपके पापा जी की ज़िन्दगी में ऐसा कुछ भी नहीं है, जिससे पढ़ने वाले को कोई सीख मिले और उसके ख़यालात, कामकाज या बर्ताव में बेहतरी आ सके। अगर इसके हीरो को राक्षस कहा जाय तो उसके बरअक्स यहाँ उसे मार गिराने वाला कोई देवी-देवता भी नहीं खड़ा हुआ है बल्कि तमाम और ऐसे लोग हैं, जो कमोबेश उसी के जैसे हैं। इस हीरो को मॉडर्न अफ़्साने का एण्टी हीरो भी नहीं माना जा सकता। वैसा कोई किरदार अगर इसमें है तो ख़ुद मेरा है लेकिन अफ़सोस कि इस आ'मालनामे में मेरी हैसियत मर्कज़ी नहीं है।

अगर आप अदीब होते तो समझ सकते कि एक अज़ीम थीम को निहायत ही लग्व[3] और फ़ोहश अफ़्साने की शक्ल में परोसकर मैं कितनी बड़ी क़ुर्बानी दे रहा हूँ। बहरहाल मुझे यक़ीन है कि इस शक्ल में भी यह चीज़ पुरअसर

---

1. साहित्य-ज्ञाता, 2. कल्पना-प्रसूत, 3. अनर्गल

साबित होगी। बक़ौल इक़बाल—

दिल से जो बात निकलती है असर रखती है,
पर नहीं, ताक़त-ए-पर्वाज़[1] मगर रखती है।

तो जयदेव साहिब, मुझे उम्मीद है कि इसे पढ़ जाने के बाद आप मेरी इस राय से इत्तिफ़ाक़ करने लगेंगे कि अपने इस ससुरे की गोया मेरी मदद करना आपकी अपनी ख़ैरियत के लिए निहायत ज़ुरूरी है।' अभी तो हक़ीक़त में आपको एक अफ़्साने की शक्ल में भेज रहा हूँ ताकि वह सिर्फ़ हम दोनों के लिए ही शर्मनाक तवारीख़[2] का दर्जः रखे। किसी ग़ैर के हाथ पड़े भी तो वह इसे कहानी-क़िस्सा ही समझे। लेकिन ज़रा सोचिए, अगर मैं इसे एक कच्चे-चिट्ठे की शक्ल में अख़बारों को दे दूँ तो आप और रोमिला पर क्या बीतेगी और आपके नकचढ़े ख़ानदान की नाक का क्या हश्र होगा?

और मैं अख़बार वालों को क्यों दूँ? आपकी सौतेली मम्मी से क्यों न सौदा करूँ? आपको हरामी ठहराने का सबूत पाकर उन्हें कितनी ख़ुशी होगी आप आसानी से अन्दाज़ः लगा सकते हैं। और आपकी सौतेली मम्मी जी को भी क्यों दूँ? पुलिस को क्यों न दूँ?

आपको याद होगा आपने कहा था कि आप मारे डर के पैसा देते हैं। तो पुलिस से तो आप डरते ही होंगे? क़त्ल के इल्ज़ाम से भी? आप इस ग़लतफ़हमी में न रहें कि इस मामले में सिर्फ़ मेरी यादें ही मेरी गवाह हैं। यक़ीन मानिए मेरे पास ठोस सबूत हैं—ख़ुतूत, फ़ोटो, फ़िल्म और वीडियो टेप वग़ैरः। इसे आप कोरी धमकी न समझें इस ख़याल से मैं महज़ नमूने के तौर पर आपके पापा जी के एक ख़त की फ़ोटो कापी और उनके आख़िरी वीडियो टेप की नक़ल इस ख़त के साथ आपकी ख़िदमत में भिजवा रहा हूँ।

मुझे बताया गया है कि आप हनीमून मनाने पता नहीं कहाँ चले गये हैं और वहीं से न्यूयार्क चले जायेंगे। लिहाज़ा मैं यह पैकेट काफ़ी ख़र्चा करके कूरियर से आपके न्यूयार्क के पते पर भिजवा रहा हूँ—इस उम्मीद में कि आइन्दः मुझे इस तरह के छोटे-छोटे ख़र्चों के बारे में परेशान होने की कोई ज़ुरूरत नहीं पड़ेगी। तो हुज़ूर, आप मेरा लिखा अफ़्सानः और आपके पापा जी का लिखा ख़त पढ़ लें, कैसेट देख लें और फिर रोमिला के साथ मिल-बैठकर

1. उड़ने की ताक़त, 2. इतिहास

यह तय करें कि आपको मुझ बदक़िस्मत का बुढ़ापा सुधारने के लिए क्या कुछ करना चाहिए ? मैं आपके पापा जी की तरह लालची नहीं हूँ। आप बस अपने वादे के मुताबिक़ इस अफ़्साने के लिए चार हज़ार डॉलर की बक़ाया रक़म भिजवा दें और मुझे अपना सी० सी० बना लें। आपके पापा जी दस हज़ार रुपया माहवार देते थे, आप दस हज़ार डॉलर दे दिया करें। मेरी बेटियों की शादी के लिए दस-दस लाख रुपया दे दें और वीडियो स्टूडियो का पूरा साज़ो-सामान ख़रीदवाकर मेरे बेटे को धन्धे में जमवा दें। मैं ताज़िन्दगी चुप रहूँगा और अपने होंठ खोलूँगा भी तो ख़ुदा से आपके और रोमिला के वास्ते दुआएँ माँगने के लिए ही।

मुझे आपके ख़त का तीन हफ़्ते तक इन्तिज़ार रहेगा। उसके बाद मैं पुलिस का दरवाज़ा खटखटाऊँगा। मगर मुझे यक़ीन है कि आप ऐसी नौबत नहीं आने देंगे।

रोमिला को मेरा प्यार दें।

आपका
अब तक, मगर आख़िर कब तक, बदनसीब
तख़तराम विलायतीराम धरेजा
'तअस्सुफ़' अहमदपुरी

मेडा शर्म भी तू, मेड़ा शान भी तू

—तअस्सुफ़ अहमदपुरी

हर सच्ची कहानी की तरह यह कहानी भी झूठी है। सच्ची कहानी भी कहानी होती है और कहानी का सच हक़ीक़त के सच से ज़ियादः सच होता है और ज़ियादः सच को झूठ मानने का दस्तूर बड़ा पुराना है। इस कहानी में जिन लोगों का ज़िक्र किया गया है उनका किन्हीं भी ऐसे इंसानों से तअल्लुक़ नहीं है जो ज़िन्दः हैं या मर चुके हैं या पैदा होने वाले हैं। अगर किसी को इसकी कोई बात अपनी या अपने पहचान वाले की आपबीती लगे तो वह महज़ एक इत्तिफ़ाक़ होगा और दुन्या में इत्तिफ़ाक़ों का होना भी ज़ियादः सच गोया दुन्यवी झूठ में शुमार किया जाता रहा है।

—अफ़्सानःनिगार

अपने यहाँ हिन्दुओं में हर देवी-देवता के हज़ार नाम गिनने और जपने का बड़ा पुराना रिवाज है। बम्बई की फ़िल्म इंडस्ट्री में ख़ुदा की हैसियत रखने वाले मिस्टर टी० के० नारकियानी भी, ख़ुदा झूठ न बुलवाये, एक हज़ार नामों से जाने जाते थे। यह बात दीगर है कि उन्हें देवता मानने वाला इंसान बम्बई में चिराग़ लेकर ढूँढ़ने पर भी नहीं मिल सकता था। उनके बारे में आम राय यही थी कि वह इंसान की शक्ल में हैवान हैं। ग़ौर फ़रमायें इंसान की शक्ल में। जी हाँ, उनका जितना इंसान लगने वाला इंसान भी बम्बई में चिराग़ लेकर ढूँढ़ने पर नहीं मिल सकता था। इंसान लगने वाला और इंसानियत से पेश आने वाला। निहायत मासूम, बेहद गोया मनमोहन। उनसे मिलने वाले मर्द तक उन्हें पूरी तरह पहचान लेने से पहले यही कहा करते थे कि अगर मैं औरत होता तो आप पर मर मिटता। उन ग़रीबों को तब यह न पता रहता कि हमबिस्तर बनाने के मामले में नारकियानी साहिब औरत और मर्द में बहुत ज़ियादः फ़र्क़ नहीं करते।

ख़ैर, तो मैं यह कह रहा था कि नारकियानी साहिब एक नामी शख़्स थे और कई-कई नामों से जाने जाते थे। अपनी पहली बीवी मैना के लिए वह 'संई'

रहे हमेशः। मैना के इकलौते बेटे जयकिशन के लिए पापा जी। दूसरी बीवी सरस्वती के बच्चों ने हमेशा 'डैड' कहकर पुकारा उन्हें। ख़ुद सरस्वती देवी उन्हें 'बोगी' कहकर बुलाती थीं। यह नाम उन लोगों को बहुत अटपटा लगा करता था, जो इस बात से नावाक़िफ़ थे कि हालीवुड के मशहूर एक्टर हम्फ़्री बोगार्ट को प्यार से 'बोगी' भी पुकारा जाता था। यह बात दीगर है कि नारकियानी साहिब किसी भी माने में हम्फ़्री बोगार्ट-जैसे मर्दानः हुस्न के धनी नहीं माने जा सकते थे। मुमकिन है कि मम्मी जी को, जी हाँ सरस्वती जी को मैं भी उनके बच्चों की देखा-देखी इसी नाम से पुकारने लगा था, अपनी पसन्दीदः ड्रिंक निग्रियोनी ज़ुरूरत से ज़ियादः पी लेने के बाद, किसी ख़ास ऐंगल से अपने ख़ाविन्द का चिकना-चुपड़ा चेहरा हम्फ़्री बोगार्ट के रूखे मर्दाने चेहरे जैसा नज़र आता रहा हो।

जहाँ तक नारकियानी साहिब की माशूक़ाओं का तअल्लुक़ है, उनमें से हरेक उन्हें किसी अलग ही नाम से पुकारती थी। न पुकारती तो वह ज़िद करते कि मेरा कोई नाम रख प्यार का। सो इसलिए कि फ़ोन सुनते ही वह समझ जायें कि कौन-सी माशूक़ः बोल रही है? ख़ुद नारकियानी साहिब अपनी माशूक़ाओं को उनकी छाती-सामने हमेशा एक ही नाम से पुकारते थे—स्वीट हार्ट। लेकिन उनकी पीठ-पीछे उनमें से हरेक को वह किसी अलग नाम से पुकारते थे और वह नाम उनकी शख़्सीयत के किसी न किसी पहलू का मज़ाक़ उड़ाने वाला होता था—मसलन कलूटी, चपटी, फुटबाल, जेबकतरी, भुक्कड़। ये तो क़द्रे शाइस्तः नाम हैं, फ़ोह्श नाम गिनाकर मैं न ख़ुद बदज़ाइक़ः होना चाहता हूँ और न आपको बदज़ाइक़ः करना चाहता हूँ।

नारकियानी साहिब को हमबिस्तर हो चुकी अपनी माशूक़ाओं का पूरा बहीखाता रखने का ख़ब्त था। यह काम मेरे ज़िम्मे था। मैं बहीखातों में हर माशूक़ः का बायोडाटा, नारकियानी साहिब को दिया हुआ उसका प्यार-भरा नाम, उसकी पसन्द-नापसन्द, उसके कपड़ों, जूतों वग़ैरः की नाप नोट कर लिया करता। यह भी कि उससे कब क्या वसूल पाया और उसे कब क्या दिया गया? साथ में उसकी तस्वीरें भी। कुछ अलग-अलग लिबास में, कुछ बग़ैर किसी लिबास के।

ये बहियाँ मेरी तिजोरी में रहती थीं। अब भी वहीं हैं। बही में ऐसी माशूक़ाओं के ही नाम चढ़ाये जाते, जो एक से ज़ियादः बार हमबिस्तर हुई हों

और जिन्होंने हमबिस्तर होने के लिए पैसे की सीधी माँग कभी न रखी हो। तो भी उनके मरने के दिन तक बहीखातों में 953 ख़्वातीन[1] के नाम चढ़ चुके थे। यों. इस गिनती को मैं 954 तक बढ़ा सकता हूँ क्योंकि मुझे पता है कि नारकियानी साहिब की मौत अपनी ताज़ःतरीन माशूक़ः के आग़ोश में ही हुई। पर ख़ैर, इन माशूक़ाओं से साढ़े नौ सौ से ज़ियादः नाम तो उन्हें महब्बत के मैदान में ही मिले हुए थे। उनकी ख़ास-उल-ख़ास परदेसी माशूक़ः विधवा कैथरीन, जिसे वह उसके भारी चूतड़ों को ध्यान में रखते हुए पीठ-पीछे राँड से तुक मिलाते हुए याद किया करते थे, उन्हें 'कैसेनोवा' बुलाया करती थी। और उनकी ख़ास-उल-ख़ास देसी माशूक़ः नाकामयाब फ़िल्म हीरोइन सुषमा, जिसे वह पीठ-पीछे सूसू पुकारा करते थे क्योंकि वह उनके बेडरूम में जाने से पहले बाथरूम में जाकर कुछ एहतियाती क़दम उठाना ज़ुरूरी समझती थी, उन्हें प्यार से 'ठरकी-नरकी' पुकारा करती थी।

फ़िल्म इंडस्ट्री के चमचे नारकियानी साहिब को उनकी अगाड़ी 'बॉस' और पिछाड़ी 'ज़ालिमे आज़म' पुकारा करते थे। गुज़िश्ता दौर के अदीब उन्हें 'दर्द मोराँवाली' के नाम से जानते थे क्योंकि इसी तख़ल्लुस से उन्होंने मेरी और अपनी मादरी ज़बान में किसी ज़माने में ग़ज़लें और नज़्में कही थीं—मुझसे सुन-सुनकर। उनकी दस ग़ज़लों और पन्द्रह सूफ़ियानः नज़्मों का कुल्लियात[2] 'मेड़ी दुख दी रात न मुक्के'[3] उन्वान[4] से सन् 45 में लाहौर से शाया[5] भी हुआ था।

नारकियानी साहिब के ज़ियादःतर दोस्त उन्हें 'टी० के०' कहकर पुकारा करते थे क्योंकि प्रोड्यूसर एसोसियेशन के लैटर पैड से लेकर पद्मश्री के सर्टिफ़िकेट तक सभी काग़ज़ात में उनका नाम टी०के० नारकियानी ही दिया रहता था। पता नहीं किसने, मेरा शुब्हः उनकी दूसरी बीवी पर है, प्रेस को यह बता दिया कि नारकियानी साहिब के नाम में टी० के० से तिलकराज किशनचन्द बनता है इसीलिए उनके कुछ दोस्त अमरीकी स्टाइल में उन्हें तिलक कहकर पुकारते थे। उनकी इस ग़लती को सुधारने की नारकियानी साहिब ने कभी कोशिश नहीं की। इसलिए यह राज़ मेरे और उनके ही बीच रहा कि स्कूल रजिस्टर में उनका नाम टोपनदास खिल्लुराम दर्ज है। यह भी कि स्कूल में लड़के

---

1. औरतें, 2. समग्र संकलन, 3. मेरे दुख की रात न बीते, 4. शीर्षक, 5. प्रकाशित

उन्हें 'हाथी का बच्चा' भी पुकारते थे।

जो आप मुझसे सच पूछें तो नारकियानी साहिब का बिलकुल सही नाम वह था जो उनके वालिद खिल्लुराम मूलचन्द नारकियानी ने उन्हें दिया था। खिल्लुराम जी हमारे क़स्बे मोराँवाली के प्राइमरी स्कूल में मास्टर हुआ करते थे। अंग्रेज़परस्त इंसान थे और उन्हें इस बात पर नाज़ था कि हमारे क़स्बे में वही सबसे बड़े अंग्रेज़ीदां हैं। यों मेरे वालिद उनसे कहीं ज़ियादः अंग्रेज़ी पढ़े हुए थे लेकिन शायद मास्टर जी मेरे वालिद को उनके नीम-पागल[1] होने की वजह से किसी गिनती में नहीं लेते थे। ख़ैर तो मास्टर जी को ज्यों ही ये ख़ुशख़बरी मिली कि पूरा आधा दर्जन बेटियों के बाद घर में बेटा पैदा हुआ है, त्यों ही उन्होंने उसका नाम अंग्रेज़ी में रख दिया 'लक्की' (जी हाँ, लकी बोल सकने लाइक़ अंग्रेज़ी उन्हें नहीं आती थी)। अंग्रेज़ी हुक्मरान की ज़बान से नावाक़िफ़ लोगों की जानकारी में इज़ाफ़ा[2] करते हुए उन्होंने बताया कि 'लक्की' का मतलब ख़ुशक़िस्मत भी है और ख़ुशक़िस्मती लाने वाला भी। मास्टर जी ने ए'लान किया कि अब मेरे ख़ानदान पर ख़ुशहाली बरसती रहेगी।

भले ही खिल्लुराम जी अपने बेटे का 'लकी' साबित होना देखने के लिए ज़िन्दा न रह पाये (जब लकी बारह साल का था वह एक हादसे में गुज़र गये और इस तरह पास-पड़ोस की बुढ़ियाओं की निगाह में लकी के नाम के आगे एक अदद सवालिया निशान जड़ गये) मगर लकी ने अपनी ज़िन्दगी उनके दिये हुए नाम को सही और उन लोगों को ज़ाहिल साबित करने में बितायी, जिन्होंने उसे बाप को खा जाने वाला बताया था। बाप को ही नहीं, बिन ब्याही दो बड़ी बहनों को भी, जो उसके इस दुन्या में आने के बाद तपेदिक़ की शिकार होकर इस दुन्या से सिधार गयीं। यों लड़कियों की शादी में होने वाले ख़र्चे को मद्देनज़र रखते हुए इसे तो कुछ लोग 'लक्की' के लकी होने का सबूत ठहरा सकते थे। ख़ुद लकी तो ठहराता ही था।

तो मैं कह रहा था कि नारकियानी साहिब ने अपनी सारी ज़िन्दगी अपने लकी होने के सबूत पेश करने में बितायी। उन्होंने जिस काम में हाथ डाला, उसमें आला दर्जे की कामयाबी हासिल की। जुए की जिस भी फड़ पर उन्होंने अपने भारी चूतड़ टिकाये उससे उठते वक़्त उन्होंने अपने चूतड़ों के वज़न में

1. अधपगला, 2. वृद्धि

अपनी भारी जीत का वज़न भी जुड़ा हुआ पाया। यही वज्ह है कि जिस भी महफ़िल में नारकियानी साहिब का ज़िक्र छिड़ता हर किसी की ज़बान से यही निकलता कि यार, यह शख़्स बेहद लकी है। दोस्तों के कहने के अन्दाज़ से रश्क़ झलकता, दुश्मनों के कहने के अन्दाज़ से जलन झलकती। उनकी सुहबत में रोज़ानः शराबनोशी करने वाले हम-जैसे लोगों को उनके बारे में गुफ़्तगू करते हुए अंग्रेज़ी फ़िक़्रे 'टच वुड' का इतनी बार इस्तेमाल करना पड़ता कि हमारी अंगुलियों के पोरों की चमड़ी सख़्त पड़ गयी थी और उनके टेरेस बार का तख़्तः किनारे से क़द्रे घिस गया था।

हम कहते, "नारकियानी साहिब, टच वुड, आपने जो भी फ़िल्म बनायी, वह थियेटर से तभी उतरी, जब आपने अपनी दूसरी फ़िल्म लगाने के लिए उसे उतारा।" हम कहते, "नारकियानी साहिब, टच वुड, आपकी औलाद बहुत लाइक़ निकली।" हम कहते, "नारकियानी साहिब, टच वुड, ज्यों-ज्यों उम्र बढ़ रही है त्यों-त्यों आप जवान हो रहे हैं।" हम कहते, "नारकियानी साहिब, टच वुड, आपको दारू की ज़ुरूरत तो पड़ती है लेकिन दवा-दारू की नहीं।" हम कहते, "नारकियानी साहिब, टच वुड, अपनी सेहत बनाये रखने के लिए आपके वास्ते तो वही वर्ज़िश बहुत काफ़ी साबित हुई है जो आप माशूक़ाओं के साथ लेटे-लेटे कर लिया करते हैं।"

ख़ैर, ये तो आगे की बातें हैं। बात शुरू से शुरू करनी चाहिए गोया नारकियानी साहिब की पैदाइश से। चूँकि वह पैदाइशी नारकियानी साहिब नहीं थे, महज़ टोपन थे, इसलिए बेअदबी के लिए मुआफ़ी चाहते हुए इस अफ़्साने के शुरू के हिस्से में मैं भी उन्हें टोपन ही पुकारने की गुस्ताख़ी करूँगा। तो साहिब, टोपन का जन्म मोराँवाली में हमारे पड़ोसी मास्टर खिल्लुराम के झोंपड़ेनुमा मकान में उसी दिन, उसी घड़ी हुआ जिस दिन मेरा जन्म हुआ। बताते हैं कि दाई बेचारी के लिए बड़ी मुश्किल पेश आयी कि मेरी अम्मा की ख़िदमत में रहे कि टोपन की अम्मा की? उसने मेरी माँ को तर्जीह[1] दी। वह इसलिए कि भले ही हम लोग उजड़ चुके थे, थे तो ज़मींदार घराने के।

ख़ैर, तो छह बेटियों के बाद पैदा हुए इस बेटे को मास्टर जी ने 'लक्की' का

1. प्राथमिकता

ख़िताब अता फ़रमाया। मास्टर जी की घरवाली ने उसे मटकापीर का वरदान मानकर हमेशः सिर-आँखों पर बैठाया। टोपन की अम्मा बेटे की मुराद लेकर बियाबान थार में मटकापीर की दरगाह की ज़ियारत पर गयी थी, अपने साथ मीठे पानी की सुराही लेकर, ताकि उससे सहरा[1] में भटके मुसाफ़िरों को मीठा पानी पिलाने वाले पीर मर्हूम[2] के मटकों को भरा रखने में हिस्सेदारी कर सके। ज़ियारत[3] के कोई नौ महीने बाद टोपन का जन्म हुआ, और चूँकि ज़ियारत के वक़्त मास्टर खिल्लुराम ख़ुद मौजूद नहीं थे इसलिए मोराँवाली की कुछ बुढ़ियाओं ने टोपन को मास्टर जी की नहीं, मटकापीर के आसपास के बियाबान में मँडलाते रहने वाले जिन्नात में से किसी की औलाद बताया। उन्होंने कहा कि यह तो इंसानी बच्चा लगता ही नहीं।

टोपन के बारे में शुरू से यह कहा जाता रहा कि वह इंसानों से भी ज़ियादः इंसान लगने वाला शैतान है। वह किसी गोल-मटोल चिकने-चुपड़े बच्चे-जैसा लगता रहा ताज़िन्दगी। थोड़ा मोटापा कम होता, थोड़ा क़द ज़ियादः होता तो वह फ़िल्मों का हैण्डसम रोमांटिक हीरो नज़र आता। उसका फ़िरंगियों-जैसा चिट्टा रंग, कंजी आँखें और सुनहरे बाल देखकर सभी तअज्जुब करते कि गन्दुमी रंग की माँ और काले रंग के बाप की ऐसी औलाद कैसे पैदा हो गयी? उसकी आँखों से हमेशा खिलन्दड़ी झाँकती रहती और उसके ओंठों पर हमेशः मासूम मुस्कान थिरकती रहती। उसकी बोली में ज़बरदस्त मिठास थी। तोतलेपन को छूने से बाल-बाल ही बची इस मीठी बोली में वह अक्सर ख़ुशामदी बातें किया करता था। इसलिए कि सुनने वाले को अपनी भलमनसाहत का यक़ीन दिलाकर उससे फ़ाइदः उठा सके या उस पर घात कर सके। मुझे इसमें ज़रा भी शक नहीं है कि टोपन को जिन्न की औलाद बताने वाली बुढ़ियाओं की बात में बहुत दम था। टोपन एक ऐसा भोला-भाला शख़्स था जो अपनी भलाई के लिए निहायत भोलेपन से सामने वाले का गला काट सकता था।

मुझे आज भी तअज्जुब होता है कि टोपन मेरा दोस्त बन कैसे गया? यह सही है कि उसके वालिद हमारे पड़ोस में रहते थे, लेकिन उसके ख़ानदान और मेरे ख़ानदान के बीच ज़बरदस्त समाजी और सियासी फ़ासला था। मेरे वालिद

---

1. रेगिस्तान, 2. स्वर्गीय, 3. तीर्थयात्रा

मुल्कराज जी, जिन्हें हम लाला जी पुकारा करते थे, घोराँवाली के सबसे बड़े ज़मींदार ख़ानदान से वाबस्तः[1] थे। मेरे ददिहाल वालों की नहर और रहट वाले कुओं से सिंची तक़्रीबन 75 एकड़ तो 'चाही' ज़मीन ही थी। बंजर तो पता नहीं कितनी थी। लाला जी के मामा इलाक़े के सबसे बड़े रईस थे। खेती-बाड़ी के इलावः सूदख़ोरी से भी उनकी ज़बरदस्त आमदनी थी। उधर टोपन के घर वाले अपने झूठे दावों के बावुजूद अरोड़ा खत्रियों में शुमार ही नहीं किये जाते थे। ज़मीन के नाम पर उनके पास दो बंजर खेत थे। लाला जी पैसे को हाथ का मैल समझते थे, टोपन के वालिद हाथ के मैल से भी पैसा कमाने की सोचते थे।

मेरे वालिद लाहौर से बी० ए०, एल-एल० बी० किये हुए थे, टोपन के वालिद महज़ मैट्रिक पास थे। लाला जी ने अंग्रेज़ी में ऊँची तालीम हासिल करने के बावुजूद अंग्रेज़ों को इस मुल्क से बाहर निकालने की मुहिम में हिस्सा लिया था तो टोपन के वालिद अंग्रेज़ी के चार अल्फ़ाज़[2] पढ़कर अंग्रेज़ की ख़िदमत करके चार पैसे कमाने में जुट गये थे। लाला जी ख़ुद ज़मींदार होने के बावुजूद पिछड़े और ग़रीब लोगों को ऊपर उठाने की ख़ातिर सोशलिस्ट नेता बन गये थे तो टोपन के वालिद एक ग़रीब और पिछड़े ख़ानदान में जन्मे होने के बावुजूद अंग्रेज़ों और अंग्रेज़परस्त ज़मींदारों के पिट्ठू बने हुए थे। लाला जी अंग्रेज़ों के ख़िलाफ़ थे मगर उनका नज़रिया मॉडर्न था। मास्टर खिल्लुराम अंग्रेज़परस्त होने के बावुजूद दक़्यानूस थे। लाला जी मॉडर्न होने के बावुजूद कौमी तहज़ीब के शैदाई[3] थे। मास्टर खिल्लुराम पुरानी रवायात की दुहाई देते रहने, बावुजूद बात-बात में विलायती तहज़ीबो-तमद्दुन[4] के क़सीदे पढ़ते थे।

ज़ाहिर है कि अंग्रेज़परस्त मास्टर खिल्लुराम अंग्रेज़ों के दुश्मन लाला मुल्कराज से दूर ही दूर रहना चाहते थे। यह भी ज़ाहिर है कि अगर मेरे ददिहाल वालों ने लाला मुल्कराज को बिरादरी से बाहर न कर दिया होता तो मास्टर खिल्लुराम उनके इन्क़िलाबी और सोशलिस्ट होने को नज़रअंदाज़ करके उनकी चमचागीरी के लिए हाज़िर होते रहते। लाला जी को बिरादरी से बाहर इसलिए किया गया कि उन्होंने लाहौर में अपनी पढ़ाई के दौरान एक ऐसे घराने की लड़की से शादी कर ली जिसका नाम आर्ट एंड कल्चर की दुन्या में बहुत रोशन था। अफ़सोस कि तमाम और हिन्दुओं की तरह लाला जी के दादा जी कल्चर

---

1. सम्बद्ध, 2. शब्द, 3. प्रेमी, 4. सभ्यता-संस्कृति

को कंजड़ों का काम मानते थे। सवा सत्यानास यूँ कि फ़न और हुस्न की इस देवी को शरीके-हयात बनाने के लिए लाला जी को मंदिर की जगह मस्जिद को अपनी इबादतगाह बनाना पड़ा था।

लाला जी के वालिद तो उन्हें बचपन में ही यतीम बनाकर गुज़र गये थे और उनकी वालिदः की अपने ससुर के आगे कुछ भी नहीं चलती थी। लिहाज़ा लाला जी को उनके चाचा-ताऊ बहुत आसानी से न सिर्फ़ बिरादरी से निकलवा सके बल्कि विरासत में हिस्सेदारी से भी महरूम[1] करा सके। उधर ससुराल वालों से भी लाला जी को कभी प्यार न मिला। शुरू में इसलिए कि उन्होंने एक होनहार फ़नकारः को खिलने से पेशतर घर-गिरस्ती में झोंककर झुलसा दिया और आगे चलकर इसलिए भी कि लाला जी कुछ ही साल बाद मुसल्मान से फिर हिन्दू बन गये और उन्होंने अपने साथ-साथ अपनी बीवी की भी शुद्धि करा ली। बाद में आर्य-समाजियों के बीच भी उनका दम घुटने लगा। एक तरह से लाला जी के दादा जी ने अपने पोते को बिरादरी से बाहर करने की ज़हमत बेकार ही उठायी। लाला जी तो ख़ुद किसी भी बिरादरी में रह नहीं पाते थे। मैंने उन्हें कई मर्तबः यह कहते सुना, "कोई भी सोचने-समझने वाला इंसान किसी भी बिरादरी में चैन पा नहीं सकता। बल्कि सच तो ये है कि उसे अपने जिस्म में भी, अपने वुजूद में भी, सुकून मिल नहीं सकता।"

वज़ीफ़े के सहारे लाला जी ने लाहौर में अपनी तालीम जारी रखी और बी० ए०, एल-एल० बी० करके वहीं वकालत भी शुरू कर दी। मगर उनकी और हमारी बदनसीबी कि उनका मन वकालत से ज़ियादः सियासत में उलझा रहा। कालिज में कांग्रेसी बन गये थे तो कालिज से निकलकर इन्क़िलाबी सोशलिस्ट बन गये। उन्होंने वकालत बरायनाम की और जितनी भी की अपने कांग्रेसी और इन्क़िलाबी दोस्तों के मुक़द्दमे लड़ने के वास्ते की। वह कहा करते थे कि मैं इन्क़िलाब का वकील हूँ और आज़ादी का पैरोकार। ग़रीब किसानों की अगुवाई करते हुए उन्होंने अपने बिरादर ज़मींदारों से टक्कर ली। लाला जी ने अपने उन कांग्रेसी ज़मींदार मामूजान तक के ख़िलाफ़ मोर्चा सम्हाला जो उनके बचपन के दोस्त थे और जिनसे लाला जी को गाहे-ब-गाहे मदद मिलती रही थी। ज़ाहिर है कि लाला जी की इस 'ग़द्दारी' से ख़ुद उनकी माता जी को ज़बरदस्त सदमा

---

1. वंचित

पहुँचा। कहते हैं कि इसी सदमे से वह गुज़र गयीं। लाला जी को उनकी मौत की ख़बर भी नहीं भेजी जा सकी चूँकि वह उस वक़्त 'अण्डरग्राउण्ड' थे। कभी ज़मींदोज[1] तो कभी जेल में—तब यही लाला जी का आलम था और ज़ाहिर है कि इस आलम में वह न अपना घर चला सके, न अपनी वकालत।

बिरादरी से बाहर कर दिये जाने और वकालत न चल सकने की वजह से लाला जी की माली हालत बहुत ख़स्तः हो गयी। ग़ैर तो ग़ैर, ख़ुद उनकी बीवी उन पर ला'नत भेजने लगी। उधर आर्यसमाजी से कम्युनिस्ट बने लाला जी को स्टालिन के हिटलर से समझौता कर लेने से भी गहरा धक्का लगा। नतीजतन लाला जी पर नीम-पागलपन के दौरे पड़ने लगे। इसके साथ ही उनकी लीडरी भी जाती रही। दोस्तों की सलाह पर वह लाहौर छोड़कर मोराँवाली आ गये। अपने साथ में लाये अपनी पहलौठी और तब तक इकलौती औलाद—एक ख़ूबसूरत मगर कुबड़ी लड़की स्नेहलता, जिस पर तरस खाकर ही लाला जी के ननिहाल वालों ने अपनी पुरानी छोटी कोठी उन्हें रहने को दे दी।

यों कुनबे की पर्वरिश के लिए लाला जी ने मोराँवाली लौट आने के बाद लोगों के क़ानूनी काग़ज़ात तैयार करने का काम हाथ में लिया और होमियोपैथी के अपने शौक़ को अपने धन्धे का दर्जा देने की भी कोशिश की, लेकिन अगर उनकी घर-गिरस्ती चल सकी तो स्नेहलता की वजह से ही, जिसे हम काकी[2] या स्नेहबई पुकारा करते थे। आठवें दर्जे तक पढ़ी हुई स्नेहबई लाला जी के साथ रह-रहकर होमियोपैथी और क़ानूनी काग़ज़ात दोनों का कामकाज सीख गयी थीं। लाला जी पर तो अक्सर नीम-पागलपन सवार रहता था, इसलिए उनका कामकाज स्नेहबई को ही सम्भालना पड़ता था। भाभी की सेहत भी नाज़ुक रहा करती थी। बड़े घर की बेटी होने के नाते वह घरेलू कामकाज करने की आदी न थीं। लिहाज़ा चौका-चूल्हा और हम बच्चों की देख-रेख भी स्नेहबई के ही ज़िम्मे थी। लाला जी ने अपनी ख़स्तःहाली को मद्देनज़र रखते हुए स्नेहबई के बाद कोई और औलाद पैदा करना नामुनासिब समझा था लेकिन मोराँवाली लौटकर नीम-पागलपन के दौर में उन्होंने दो और बच्चे पैदा कर डाले। एक मैं तिलकराज, जो स्नेहबई से पूरे चौदेह बरस बाद पैदा हुआ और एक कनकलता, जो मुझसे पाँच साल बाद पैदा हुई।

---

1. ज़मीन के नीचे, अण्डरग्राउण्ड, 2. जीजी

स्नेहबई अपने कुबड़ेपन के बावुजूद बहुत ख़ूबसूरत और ख़ुशमिज़ाज रहीं शुरू से। गाने-बजाने में और पकाने-खिलाने में भी उनका मोराँवाली में कोई सानी न था। एक तरस खाने लाइक़ कुबड़ी लड़की को, जिसकी शादी होने की कोई गुंजाइश ही न थी, इस तरह हमेशा हँसते-गाते और सबकी ख़िदमत में हाज़िर होते रहते देखकर लोगों को शायद और भी ज़ियादः तरस आया होगा। मुमकिन है इसीलिए उन लोगों ने यह बात चला दी कि इस लड़की के हाथ में शिफ़ा है और स्नेहबई मोराँवाली में बतौर होमियोपैथ थोड़ी-बहुत कमाई कर सकीं। इसके बावुजूद हमारे घर में अक्सर फ़ाक़े की नौबत आ जाया करती थी।

उधर हमारे पड़ोसी मास्टर खिल्लुराम के झोंपड़े में ख़ुशहाली धीमे-धीमे बढ़ती चली जा रही थी। खिल्लुराम जी जितने ही अंग्रेज़परस्त थे उतने ही पैसापरस्त भी थे। वह हमेशा पैसा कमाने के फेर में रहते थे। यह बात अलग है कि पैसा उनके फेर में नहीं आता था। तो भी उन्होंने अपने छोटे भाई की शादी न करके पुश्तैनी झोंपड़े और ज़मीन का बँटवारा होने से रोका और जब छोटा भाई उदासीन अखाड़े में शामिल हो गया तो उसका हिस्सा भी अपना हिस्सा बना लिया। फिर अपनी बेवा बहन की ज़मीन और उसका ज़ेवर बेचकर उन्होंने अपनी ख़ुशहाली बढ़ायी। और हाँ, मास्टर होने के नाते वह अपने तालिबे इल्मों के वालिदैन से गन्दुम, घी, गुड़, सब्ज़ी, दाल, कपड़ा और तमाम दूसरी चीज़ें तो मुफ़्त लेते ही रहे थे।

मैं बता चुका हूँ कि खिल्लुराम जी हम लोगों से किसी भी तरह की राहोरस्म नहीं रखना चाहते थे। उन्होंने अपने बच्चों से भी हमसे कोई मेलजोल न रखने की सख़्त ताक़ीद कर रखी थी। लेकिन इसके बावुजूद टोपन शुरू से ही हमारे घर को अपना घर मामता रहा। यह शायद इसलिए हुआ कि पैसापरस्ती के मामले में टोपन बचपन से ही अपने बाप का भी बाप था। उसके अमीरी के ख़्वाब खिल्लुराम जी की चार पैसा जोड़ लेने की ख़्वाहिशों के मुक़ाबले में कहीं ज़ियादः बड़े और बुलन्द थे। वह समझ सकता था कि भले ही हमारे पास अब पैसा न हो, हम उसी अमीर बिरादरी के हैं, जिसमें वह शामिल होना चाहता है। उसे इस बात का एहसास था कि उसका ख़ानदान झोंपड़े वाला है और हमारा ख़ानदान हवेली वाला। उजड़ गयी मगर फिर भी दिल्ली के वज़न पर हमारा घर

लाइक़ लगता था। वह यह भी जानता था कि लाला जी की पहुँच ऐसे लोगों तक रही है जिनके दरबान तक से बात करने में मास्टर जी की घिग्घी बँध जाय। जब भी लाला जी अपने होश में होते वह घण्टों उनसे उन बड़े शहरी लोगों के बारे में कुरेद-कुरेदकर सारी जानकारी हासिल करता रहता।

टोपन को मेरी पढ़ी-लिखी, बेहद हसीन लहौरी भाभी जी अपनी गँवार बदसूरत अम्मा के मुक़ाबले में जन्नत की परी लगती रही होंगी। जब भी मौक़ा मिलता वह उनसे लाहौर के अमीरों की शानो-शौकत-भरी ज़िन्दगी के बारे में बात करता। हम भाई-बहन, उसे अपने भाई-बहनों से कहीं ज़ियादः शाइस्तः लगे होंगे। स्नेहबई का तो वह ख़ास मुरीद था। वह जब भी हमारे घर आता उसका ज़ियादः वक़्त उनकी चमचागीरी में ही बीतता। स्नेहबई की मा'रिफ़त उसने हमारे अमीर रिश्तेदारों के यहाँ अपनी पहुँच बनायी; उनके अमीर बच्चों से दोस्ती की। वह स्नेहबई के इतना ज़ियादः साथ रहा कि एक तरह से वही उनका सगा छोटा भाई लगने लगा। अक्सर लोगों की तवज्जोह इस ओर जाती कि स्नेह और टोपन दोनों ही जिस्मानी तौर से बेडौल होने के बावुजूद पुरकशिश शख़्सीयत के मालिक हैं। वे यह मानकर चलते कि ये भोले दीखते हैं लिहाज़ा भले भी होंगे। यह तो मैं ही शुरू से जानता रहा कि जहाँ स्नेहबई के चेहरे का भोलापन उनके रूहानी भोलेपन का ही अक्स है, वहाँ टोपन के चेहरे की मासूमियत उसकी भीतरी हैवानीयत की नक़ाबपोशी के लिए तैनात है।

टोपन और मुझ जितने दो मुख़्तलिफ़ुलमिज़ाज[1] लड़कों का तसव्वुर भी कर सकना मुश्किल है। मुझे लाला जी से ईमानदारी और भाभी से शाइस्तगी विरासत में मिली थी और टोपन ईमानफ़रोश और बेहूदःमिज़ाज था। मास्टर जी का बेटा होते हुए भी वह किताबों को अछूत का दर्जः देता था जबकि मैं किताबों की दुन्या में ही बस जाना चाहता था। ज़मींदार ख़ानदान से वाबस्तः होते हुए भी मुझे ज़मीन-जायदाद से ज़रा भी दिलचस्पी न थी और टोपन बचपन से ही बड़ा ज़मींदार बनने का ख़्वाब देखता आया था। मगर इसके बावुजूद हम दोस्त बने या समझे गये। हुआ यूँ कि पढ़ाई-लिखाई में सिफ़र टोपन ने मुझे अपना उस्ताद बनाया और भाभी ने चाहा कि एवज़ में मैं टोपन को दुन्यादारी के मामले में अपना उस्ताद बना लूं। गोया मैं सरस्वती जी के यहाँ टोपन की अर्ज़ी लगवा दूँ और टोपन को लक्ष्मी जी

1. भिन्न प्रकृति

के यहाँ अपनी अर्ज़ी लगवाने दूँ। अफ़सोस कि हम दोनों ही एक-दूसरे के निकम्मे शागिर्द साबित हुए। इससे टोपन का तो कोई नुक़्सान न हुआ लेकिन मैं न इल्मी दुन्या के क़ाबिल रहा और न टोपन से दुन्यवी इल्म सीख सका।

यों टोपन ने अपनी ओर से मुझे दुन्यादारी सिखाने की पूरी कोशिश की। लेकिन मुझे उसका पैसे और कामयाबी की ख़ातिर बड़े-से-बड़ा गुनाह कर लेने का फ़ल्सफ़ः इतना ग़लीज़ मालूम हुआ कि मैं कोशिश करके भी उसे कभी अपना नहीं सका। मुझे हमेशः इस बात से हैरानी हुई कि भाभी जी और स्नेहबई इतने गन्दे ख़यालात वाले लड़के को मुँह कैसे लगा लेते हैं? लाला जी ने तो हमें यही सिखाया था कि उसूल कमाई से और दीनो-ईमान कामयाबी से कहीं ऊँचा दर्जः रखता है। चलो भाभी जी तो लाला जी की नाकामयाबी से उनके इतने ख़िलाफ़ हो गयी थीं कि शायद लाला जी के उसूल भी उन्हें ग़लत मालूम होने लगे हों, लेकिन स्नेहबई को क्या हो गया? वह तो लाला जी पर जान छिड़कती थीं। और सबसे बड़ी बात ख़ुद लाला जी को क्या हो गया था जो टोपन को पास बैठाकर बहुत प्रेम से दुन्या-जहान की बातें किया करते थे?

एक बार ख़ुद मैंने टोपन से ही पूछा कि यार, मैं लाला जी और भाभी जी के बताये हुए उसूलों पर चलता हूँ और सोचता हूँ कि उन्हें ख़ुश रखने के लिए यही बहुत काफ़ी होना चाहिए। लेकिन वह मुझसे तो ख़फ़ा रहते हैं और तुझसे ख़ुश जबकि तू उनके बताये हुए उसूलों पर नहीं चलता। ऐसा क्यों? इस पर टोपन ने मुझे दुन्यादारी का पहला सबक़ सिखाया कि बग़ैर ख़ुशामद के कोई ख़ुश नहीं होता। वह बोला, "ख़ुशामद कर तिलक, क्योंकि उसी में आमद है। देख, इस दुन्या में हर इंसान अपने को औरों से बेहतर समझता है, और साथ ही अपने को औरों का सताया हुआ भी मानता है। लिहाज़ा किसी को ख़ुश करने के लिए इतना ही काफ़ी है कि उसे औरों से बेहतर ठहराया जाये और उसे दूसरों का सताया हुआ बताया जाये। लोगों से वही कहा कर तिलक, जो अपने बारे में वे सुनना चाहते हों।" बड़े होने पर टोपन इस सिल्सिले में इक़बाल का, ज़ाहिर है मुझसे ही सुना हुआ, शे'र दोहराया करता था—

मालूम नहीं है यह ख़ुशामद कि हक़ीक़त,
कह दे कोई उल्लू को अगर रात का शहबाज़[1]

1. बड़ा शिकारी बाज़

मैंने ग़ौर किया कि अपने फ़ार्मूले पर चलते हुए टोपन हमेशा लाला जी से कहता कि आज़ादी के सिपाही होने के नाते आप मेरे बाप-जैसे अंग्रेज़ों के पिट्ठुओं से लाख दर्जः बेहतर इंसान हैं। मोराँवाली को सचमुच आप पर नाज़ है। मगर अफ़सोस कि आप अपने चन्द अंग्रेज़परस्त रिश्तेदारों के सताये हुए हैं और बदक़िस्मती से आपकी घरवाली भी यह नहीं समझ पाती हैं कि क़ौम की ख़िदमत करना, पैसा कमाने से कहीं बड़ी चीज़ है।

मेरे लिए यह निहायत हैरतअंगेज़ और अफ़सोसनाक बात थी कि लाला जी-जैसा नेकी का फ़रिश्तः मक्कार टोपन की ख़ुशामदी चालों में फँसता चला जाता है। अब सोचता हूँ कि वह भी उनके नीम-पागलपन की ही निशानी रही होगी। इसकी तस्दीक़[1] इस बात से होती है कि जब-जब उनकी दिमाग़ी हालत ज़ियादः ख़राब हो जाती थी तब-तब वह टोपन से और भी ज़ियादः प्यार करने लगते थे और कहते थे कि तू ही मेरा क़ाबिल शागिर्द है। वह मुझसे बोलना तक छोड़ देते और अगर मैं उनके पास कुछ समझने-सीखने जाता तो मुझे झिड़क देते कि परेशान मत कर। मगर उस अहमक़ टोपन को वह पास बिठाये रखते और उसे बहुत प्यार से, बड़ी तफ़सील से, फ़लसफ़े के बारीक नुक्ते समझाते रहते। गो टोपन के कुछ भी पल्ले न पड़ता वह निहायत समझदारी से सिर हिलाता रहता और दाद देता रहता।

इसी की बिना पर टोपन मुझसे हमेशा यह कहता रहा कि लाला जी का असली वारिस तो मैं हूँ। तुझे उन्होंने न कुछ दिया है और न तूने उनसे कुछ लिया है। मुझे उनसे वह फ़ल्सफ़ः-ए-ज़िन्दगी मिला है जो मेरी कामयाबी की बुन्याद बना है। भले ही सुनकर मुझे कोफ़्त होती मगर मेरी मौजूदगी में टोपन लोगों से हमेशा यही कहता कि तिलक के वालिद मेरे पहले और आख़िरी उस्ताद थे। आज मैं जो कुछ हूँ, उनकी ही बदौलत हूँ।

वह क्या था कि गो लाला जी तरक़्क़ीपसन्द और मॉडर्न थे, उन्हें शुरू से इस बात का थोड़ा अफ़सोस रहा था कि तरक़्क़ीपसन्द मॉडर्न नज़रिया उस विलायत में पैदा हुआ है जिसके बाशिन्दे कुदरत से जुड़ने के नहीं, कुदरत को जीतने के क़ाइल हैं और साइंस के नाम पर चीज़ों को मिलाकर नहीं, बाँटकर समझने के आदी हैं। उनका कहना था कि इसी वज्ह से बराबरी और भाईचारे

1. पुष्टि

की दुहाई देने वाला मॉडर्न नज़रिया इंसान को ख़ुदा बनाने के चक्कर में ख़ुदग़र्ज़ और ख़ुदपरस्त[1] बना बैठा है। जब लाला जी पर पागलपन का दौरा पड़ता तब वह मॉडर्न नज़रिये को बाक़ाइदः गाली देने लगते। वह कहते कि इसमें सारा खेल ताक़त का है। यह इंसान के भीतर के भगवान की मौत का ए'लान कर रहा है और उसके भीतर के शैतान को खुल खेलने की पूरी छूट दे रहा है। ताक़तपरस्तों के इस दौर में ख़ुदा ज़मीन की गहराइयों में दफ़्न हो रहा है और ख़ुदी आसमान की बलन्दियों को छू रही है। पागलपन के असर में की गयी लाला जी की इस बड़बड़ाहट का ही हवाला देकर टोपन कहा करता कि मैंने कामयाबी का मन्तर लाला जी से लिया। बचपन में टोपन के इस दावे को गले तले उतारना मेरे लिए नामुमकिन-सा हो जाया करता था। ऐसा लगता था जैसे यह दावा मेरे गले में फँसकर मेरा दम ही घोंट देगा। मैं तड़पकर कहता, "टोपन लाला जी नेकी के फ़रिश्ते हैं। तेरे-जैसा शैतान उनका शागिर्द हो ही नहीं सकता।" अफ़सोस कि इसके जवाब में टोपन मुझे लाला जी के मुँह से ही सुना हुआ इक़बाल का वह शे'र सुना देता, जिसमें शैतान कहता है—

मैं खटकता हूँ दिले यज़्दां[2] में काँटे की तरह
तू फ़क़त अल्लाह हू, अल्लाह हू, अल्लाह हू।

सचमुच पागलपन का दौरा पड़ने पर लाला जी उस शैतान को ही मॉडर्न दुन्या का ख़ुदा ठहरा देते थे, जिसे ख़ुदा के किसी भी बन्दे को सज्दः करने से इन्कार करने पर ही जन्नत से निकाला गया था। तो साहिब, देखिए क़िस्मत कि एक अदद क़ाबिल मगर नाकामयाब मॉडर्न इंसान की कड़वाहट-भरी बड़बड़ाहट नाक़ाबिल टोपन को कामयाब मॉडर्न इंसान बना गयी!

ख़ैर, साहिब, बात हो रही थी टोपन के इस फ़ार्मूले की कि ख़ुशामद में ही आमद है। तो जब ख़ुशामद से उसने आलिम-फ़ाज़िल लाला जी तक को पटा लिया तब भोली-भाली घरेलू भाभी बिचारी की क्या बिसात थी। वह उनसे कहता कि आप लहौरी होने के नाते मोराँवाली की तमाम ज़नानियों से कहीं ज़ियादः शाइस्तः और पढ़ी-लिखी हैं। मगर अफ़सोस कि आप अपनी ससुराल वालों की जहालत, अपने मायके वालों की बेरुख़ी और अपने ख़ाविन्द की ग़ैरदुन्यादारी और रूखे मिज़ाज की सतायी हुई हैं। आप सचमुच स्वर्गलोक की

1. स्वार्थी और आत्म-पूजक, 2. ख़ुदा

अप्सरा हैं मगर अफ़सोस कि यहाँ मोराँवाली में कोई भी, ख़ुद आपके ख़ाविन्द भी, आपके हुस्न और आपके फ़न के क़द्रदान नहीं हैं।

इस तरह स्नेहबई से टोपन यह कहता कि अगर मोराँवाली में कोई हसीना है तो आप हैं, क्योंकि आपका रुख़ ही नहीं, आपकी रूह भी हसीन है। मगर अफ़सोस कि आप परमात्मा की सतायी हुई हैं, जिसने आप-जैसी हसीन लड़की को कुबड़ी बनाया है, आप-जैसी नेकदिल को मुफ़लिसी बख़्शी है।

मुझे टोपन का ख़ुशामद करने का फ़न अपनाने से परहेज़ हुआ तो इसलिए कि मैंने लाला जी से यही सीखा था कि झूठ के बराबर कोई पाप नहीं है और मुझे ख़ुशामद से झूठ की बू आती थी। लेकिन टोपन का कहना था, किसी को ख़ुश करना पाप कैसे हो सकता है ? हर मज़हब यही कहता है कि हमें किसी को दुख नहीं पहुँचाना चाहिए। उसका मतलब यह हुआ कि हमें दूसरों को सुख पहुँचाना चाहिए। और अगर ख़ुशामद से ही लोगों को सुख मिलता हो तो ख़ुशामद को तो सबसे बड़ा पुण्य ही कहा जायेगा।

यों टोपन को झूठ बोलने से भी कोई परहेज़ न था। बल्कि यह कहना चाहिए कि वह ज़ियादःतर झूठ ही बोलता था। वह कहता कि अगर झूठ बोलने से अपना फ़ाइदः हो रहा हो और किसी को कोई नुक़्सान न पहुँच रहा हो तो झूठ बोलने में बुराई ही क्या है ? वह इस सिलसिले में अपने वालिदैन से झूठ बोलकर हमारे घर आने की मिसाल दिया करता कि मेरे आने से तुम लोगों को फ़ाइदः है क्योंकि मैं घर से खाने की चीज़ें लेकर आता हूँ और मुझे फ़ाइदः है कि तू मुझे पढ़ा देता है और तेरी भाभी और काकी के साथ मेरा मन बहला रहता है। उधर मेरे यहाँ आने से मेरे घर वालों को कोई नुक़्सान नहीं है।

मैंने उससे एक बार पूछा कि अगर झूठ बोलने से किसी का नुक़्सान हो रहा हो तो भी क्या झूठ बोलना जायज़ है ? तू बाज़ मर्तबः ऐसे झूठ भी बोलता है, जिससे दूसरे का नुक़्सान होता है। इसके जवाब में उसने कहा, "यार, तू बेकार के पचड़ों में बहुत पड़ता है। अरे, किस मज़हब में यह लिखा है कि अपने फ़ाइदे की फ़िक्र मत करो, दूसरे के फ़ाइदे की फ़िक्र करो ? और अगर लिखा भी हो तो उसे मानने में कहाँ की अक़्लमन्दी है ?" टोपन ने बहुत कोशिश की लेकिन मैं उसकी तरह झूठ बोलना न सीख सका। इसीलिए इस अफ़्साने में भी सब कुछ सच-सच लिख रहा हूँ, उसके ही नहीं, अपने भी बारे में।

जब टोपन मुझे झूठ बोलना सिखाने में नाकामयाब हुआ तब उसने सच बोलने के मामले में मेरी शोहरत का फ़ाइदः उठाना शुरू किया। जब भी वह लोगों के सामने कोई झूठ बोलता अपनी बात के साथ 'है ना तिलक?' जोड़ना हरगिज़ न भूलता। उसे इस बात का पूरा भरोसा रहता कि मैं सिर ऊपर-नीचे करके हामी भर दूँगा गो मारे शर्म के लोगों से निगाहें नहीं मिला पाऊँगा। इसकी वजह यह थी कि मैं सच्चा होने के साथ-साथ रहमदिल और डरपोक भी था। मेरी रहमदिली को मेरे इन्कार कर देने की हालत में टोपन को पड़ने वाली मार का ख़याल आ जाता। और मेरी बुज़दिली को टोपन के मार खा चुकने के बाद किसी ख़ुफ़्यः मगर ख़तरनाक तरीक़े से मुझसे बदला लेने का डर सताने लगता। एक मर्तबः जब मैंने सच बोलने की अपनी शोहरत को स्कूल के हैडमास्टर के सामने टोपन के झूठ के लिए गवाह नहीं बनाया तो हैडमास्टर ने अपनी बेंत से सचमुच टोपन की खाल उधेड़ ली। घर लौटते हुए मुझे इतना अफ़सोस हुआ कि मैंने अपनी लड़कैंधी आदत के मुताबिक़ ध्यान बँटाने और ग़म ग़लत करने के ख़याल से अपनी निकर की जेब में हाथ डाला। और काले बिच्छू ने मुझे काट लिया! मुझे पूरा यक़ीन है कि वह बिच्छू टोपन ने ही बदला लेने के लिए मेरी जेब में डाला होगा।

जी हाँ, टोपन साँप-बिच्छू पकड़ता और चोरी-छिपे पालता था। यह फ़न उसने एक सँपेरे से सीखा था। यक़ीनन वह इन ज़हरीले जानवरों से कुछ उंसीयत[1] महसूस करता होगा। बहरहाल टोपन के पास साँप-बिच्छू हो सकते हैं—यह जानकारी दहशत फैलाने और लड़कों में टोपन की धाक जमाने में बहुत पुरअसर साबित हुई। यों जिस टोपन को इंसानी बिरादरी तक से नफ़्रत थी उसके जानवरों से प्यार करने या उन्हें पालने का सवाल ही नहीं उठता था। लड़कपन में पाले इन साँप-बिच्छुओं के इलावः उसने अगर कभी कोई जानवर पाले तो वे घोड़े जो उसने रेस के मैदान में उतारे। उसका कहना था कि अगर भगवान ने इंसान को जानवरों से ऊँचा दर्जः दिया है तो उसकी मंशा यही है कि इंसान उन पर राज करे।

सच पूछिए तो टोपन को छोटे-बड़े हर क़िस्म के जानवर से कुछ अदावत-सी थी और उन्हें पकड़ने और सताने में उसे बेहद लुत्फ़ आया करता

1. लगाव

था। वह चींटियों को पाँव तले कुचलता और मवेशियों के पत्थर मारता। क़स्बे के मुसल्मान लड़कों के साथ वह भी गिरगिटों को गुलेल से मारने के लिए निकलता। इस गुलेल से वह बेमतलब ही चिड़ियाएँ भी मारा करता। किसी प्यारे-से पंछी की ओर उसकी तवज्जोह[1] दिलाना उस पंछी की मौत बुलाने के बराबर हुआ करता क्योंकि वह फ़ौरन गुलेल से उसे मार गिराता और फिर पंजों से उठाकर मेरी आँखों के आगे झुलाता कि यह रहा तेरा प्यारा पंछी। अगर मैं उससे कहता कि जान लेना बहुत बड़ा पाप है तो वह कहता कि तब तो भगवान से बड़ा पापी कोई नहीं है क्योंकि वह तो रोज़ानः लाखों जानें ले रहा है।

जिस तरह टोपन को झूठ बोलने से कोई परहेज़ न था उसी तरह चोरी से भी। चोरी वह पूरी सीनःज़ोरी के साथ किया करता। कुछ इस अंदाज़ से गोया सब कुछ उसी का हो। लाला जी की सोहबत में वह सोशलिज़्म का नाम सुन चुका था। लिहाज़ा अपनी चोरी को भी वह सोशलिस्ट कार्रवाई ठहराता था कि अमीरों से चुराया, ग़रीबों तक पहुँचाया। यह बात दीगर है कि टोपन की निगाह में सबसे बड़ा ग़रीब ख़ुद टोपन ही ठहरता रहा। लेकिन शायद ऐसा लिखते हुए मैं टोपन के साथ थोड़ी नाइंसाफ़ी कर रहा हूँ। चोरी का पैसा और माल उसने थोड़ा-बहुत मुझ-जैसे उन ग़रीब दोस्तों को भी दिया जिन्होंने उसके ऐबों की ओर अंगुली नहीं उठायी।

मिसाल के लिए बचपन में उसके चुराकर लाये हुए खाने पर ही मैं पला। टोपन जब भी हमारे घर आता खाने की अच्छी-अच्छी चीज़ें लाता। कहता कि मेरी माता जी ने भिजवायी हैं। फिर एक दिन उसकी माता जी के चीख़ने-चिल्लाने से पता चला कि वह चुराकर लाता है। उस दिन उसके खिलाये हुए लड्डू मुझे हज़्म न हो सके और मैंने तौबः कर दी। अगले दिन मैंने उसकी लाई हुई खिचड़ी खाने से इन्कार किया जबकि स्नेहबई को चोरी की बात मालूम हो जाने के बावुजूद उसे खा लेने में कोई उज़्र नहीं हो रहा था। वह तो मुझे डाँटने लगीं कि अपने घर से चीज़ें लाया है, इन्हें चुराई हुई कैसे कहता है तू? और टोपन ने मुझसे कहा, "जब मेरे घर में ज़ुरूरत से ज़ियादः खाने की चीज़ें हैं और तुम लोग भूखे हो तो मेरा तुम्हें खिलाने के वास्ते घर से चीज़ें ले

1. ध्यान

आना पाप का काम कैसे हो सकता है ? पाप तो मेरी माता जी करती हैं जो तुम लोगों को खिलाने से मना करती हैं। तू चुपचाप खाकर मेरा पुण्य का काम पूरा होने दे।" मैं अपनी भूख और उसकी दलील के आगे झुक गया और खिचड़ी पर टूट पड़ा।

उस ज़माने में बच्चों को जेब-ख़र्च देने का रिवाज वैसे भी नहीं था और फ़िर मैं और टोपन तो इतने ग़रीब थे कि त्यौहार-मेले के मौक़े तक पर हमारी जेब में एक पाई भी न डाली जाती। मगर फिर भी टोपन की जेब में पैसा रहा करता था और कभी-कभी उसमें से वह मुझे या फिर स्नेहबई को इकन्नी-दुअन्नी दे दिया करता था। मैं जानता था कि यह पैसा चोरी का हुआ करता है। मैंने ख़ुद अपनी आँखों से उसे अमीर लड़कों की जेबों या बस्तों से सिक्के चुराते हुए कई मर्तबः देखा। मेरी रहमदिली और बुज़दिली मुझे टोपन को पकड़वाने से रोकती रही। टोपन अपनी जेब में पड़े हुए पैसों के बारे में हमेशा यह दावा करता रहा कि सड़क पर पड़े हुए मिले। लड़कों ने इस बात पर हैरानी ज़ाहिर की कि सिर्फ़ टोपन को ही इतनी बड़ी तादाद में सड़क पर पड़े हुए सिक्के कैसे मिला करते हैं और तब-तब ही क्यों मिला करते हैं जब-जब किसी अमीर लड़के की जेब या बस्ते में से ग़ायब हुए होते हैं ?

कई बार टोपन पर चोरी का इल्ज़ाम लगता और हर बार उसे इसलिए बरी कर दिया जाता कि चोरी का कोई ठोस सबूत या गवाह न मिल पाता और टोपन अपनी बेगुनाही का सबूत चाहे जिसकी भी झूठी क़सम खा कर दे डालता। यह उस ज़माने की बात है जबकि यह माना जाता था कि भगवान की क़सम खाकर झूठ बोलने वाले की भगवान जान ले लेगा। और अगर किसी इंसान की झूठी क़सम खाई जायेगी तो उस इंसान की जान जायेगी। इसलिए झूठी क़सम खाना एक नामुमकिन-सी बात समझी जाती थी। मैं जब भी टोपन को झूठी क़सम खाने पर टोकता वह कहता कि अगर झूठी क़समें खाने से ही किसी की मौत हो सकती तो दुन्या की आबादी कब की ख़त्म हो चुकी होती।

टोपन की जिस चोरी ने मुझे सबसे ज़ियादः साँसत में डाला उसे मोराँवाली में बरसों तक किताब-फाड़ भूत की करतूत कहकर याद किया जाता रहा। हुआ यों कि टोपन और मुझे चक्रवर्ती की ऐरेथमेटिक की किताब की कमी बेहद खल रही थी और दोनों के पास उसे ख़रीदने के लिए पैसा न था। स्कूल खुलने के कुछ दिनों बाद टोपन ज़िल्द चढ़ी हुई चक्रवर्ती की ऐरेथमेटिक ले आया। अगले

ही दिन स्कूल में यह पता चला कि सभी लड़कों की चक्रवर्ती की ऐरेथमेटिक में से कुछ-कुछ पन्ने ग़ायब हैं। मुझे छोड़ और किसी लड़के की तवज्जोह इस ओर नहीं गयी कि हर लड़के की किताब में से अलग-अलग पन्ने फाड़े गये हैं। मैं इस नतीजे पर पहुँचा कि जो किताब टोपन ने मुझे सेकिण्ड हैंड ख़रीदी हुई बताकर दी है वह बाक़ी तमाम लड़कों की किताबों से कुछ-कुछ पन्ने फाड़कर तैयार की गयी है। लेकिन टोपन ने यह कहा कि किताबों में से पन्ने फाड़ने वाला एक भूत उधम मचाये हुए है। सबूत के तौर पर उसने अपनी भी कुछ किताबें लाकर दिखायीं जिनके पन्ने फाड़कर निकाल दिये गये थे। यह बात दीगर है कि वे तमाम किताबें पहले ही फटी-पुरानी थीं और उन दर्जों की थीं, जिन्हें वह पास कर चुका था।

इस किताब-फाड़ भूत का मैंने औरों के तो नहीं, लेकिन टोपन के सामने ज़ुरूर पर्दाफ़ाश किया। इस पर वह अपने ख़ास अन्दाज़ से हँसा। उसकी इस हुचहुचाती हुई हँसी की मोराँवाली के स्कूल से लेकर फ्रांस के मशहूर और महँगे जुआख़ानों तक में शोहरत हुई। आह से शुरू होने वाली यह हँसी हा-हा-हा से गुज़रती हुई हाह पर ख़त्म होती थी। हँसने का अन्दाज़ कतई थियेटर के विलेन-जैसा होता था, लेकिन चेहरे की ख़ुशी किसी मासूम बच्चे वाली हुआ करती थी और हाँ, हँसते हुए वह अपने दोनों हाथ सामने वाले के कन्धे पर या जिस्म के किन्हीं दूसरे हिस्सों पर, या किसी मेज़ वग़ैरः पर और कुछ न हो तो अपने घुटनों पर ही ज़ोर से दे मारता था। टोपन की यह हँसी अपनी शैतानी के शिकार को न्यौता देती होती थी कि यार, मुँह मत लटका, मेरी ख़ुशियों में शामिल हो। यह हँसी चुनौती भी देती कि तू मेरी हिमाक़त की दाद देने के सिवा कुछ कर सकता हो तो करके दिखा।

टोपन इस हँसी का इस्तेमाल अपने सताये हुए इंसान को कुछ और सताने के लिए, उसके जले हुए पर नमक छिड़कने के लिए, किया करता। मैंने टोपन जैसा कोई इंसान नहीं देखा जो जितना लोगों को ख़ुश करना जानता था उतना ही, बल्कि उससे भी ज़ियादः, उन्हें तड़पाना जानता था। जितना मज़ा उसे लोगों की तबीयत ख़ुश करने में आता था, उससे भी ज़ियादः उनकी तबीयत साफ़ करने में। यह ग़ौरतलब है कि जिस किसी की भी उसे ख़ुशामद करनी पड़ी, बाद में उसने कभी न कभी उसकी खाट ज़ुरूर खड़ी की। इस सिल्सिले में मुझे

उसकी एक अजीबोग़रीब शरारत की याद आती है जो उसने स्कूल के दिनों से शुरू कर दी थी और जिसमें वह मुझे ज़बरदस्ती साझेदार बनाता रहा था।

अगर उसे किसी से कुछ लेना होता था तो संगत के लिए मुझे साथ बैठाकर वह उसकी तारीफ़ के पुल बाँधने शुरू करता था। मुझे उसकी हाँ में हाँ मिलाते जाना होता था। फिर वह अपनी माँग पेश करता। माँग मंज़ूर हो जाती तो वह और थोड़ी देर तक उसकी तारीफ़ करता रहता लेकिन अगर माँग मंज़ूर न होती तो वह बातचीत का रुख़ फ़ौरन बदल डालता और तारीफ़ की जगह बुराई करना शुरू कर देता। उसकी ही नहीं उसकी पिछली तीन पीढ़ियों की भी। गन्दी से गन्दी बात कहने और भद्दी से भद्दी गाली देने में उसे ज़रा भी हिचक न होती। और लुत्फ़ यह कि ये तमाम बातें वह मुस्कुराते-मुस्कुराते इस तरह कहता जैसे वह हिमाक़त न कर रहा हो बल्कि अपनी लताफ़त[1] से सबका मन बहला रहा हो। तो कोई तअज्जुब नहीं कि ज़ियादःतर शरीफ़ और हयादार लड़के तारीफ़ का सिल्सिलः शुरू होते ही उससे पूछ लेते कि तेरी रज़ा[2] क्या है? और फिर उसकी माँग औनी-पौनी पूरी कर देते।

आप शायद यह पूछें कि ऐसी नाशाइस्तः हरकतों पर क्या टोपन की कभी पिटाई नहीं होती थी? तो जनाब, टोपन का उसूल यह था कि जो अपने से तगड़ा हो उसे छेड़ो ही मत। ख़ुदा-न-ख़्वास्तः अगर कभी ग़लती से वह अपने से तगड़े की तौहीन कर जाता और अगला उसे पीटने लगता तो वह फ़ौरन उसके पाँव पकड़ लेता, माफ़ी माँगता और इस बात की पूरी कोशिश करता कि पीटने वाले को उस पर तरस आ जाये। अगर उसे तरस न आता तो वह तमाशाइयों की हमदर्दी हासिल करने की कोशिश करता कि देखो, मुझ बौने को यह राक्षस किस बेरहमी से मार रहा है। लेकिन अगर तमाशाई मदद के लिए न आते तो वह तगड़े आदमी से जीतने के लिए कोई नाजायज़ तरीक़ः अपनाता—मसलन इज़ारबन्द के नीचे वार कर देना। अगर वह ऐसा वार न कर पाता और उसकी ज़बरदस्त पिटाई हो जाती तो वह बाद में उस तगड़े आदमी से किसी ख़ुफ़्या तरीक़े से बदला लेता। मिसाल के लिए वह उसकी साइकिल के ब्रेक काट देता। या फिर कोई बिच्छू उसकी जेब या बस्ते में डाल देता।

बचपन से ही टोपन ऐबों की ओर मुख़ातिब हुआ क्योंकि ऐब उसकी निगाह में

---

1. मज़ेदार बातों, 2. इच्छा

अमीरी के ज़ेवर ठहरते थे। उस ज़माने में हमारे इलाक़े में तीन ऐबों का ख़ास चलन था—शराबख़ोरी, जुआ और सेक्स। इन ऐबों में से टोपन ने जुए को सबसे कम उम्र में और सबसे ज़ियादः अपनाया। सो इसलिए कि जुए में उसे पैसा कमाने की गुंजाइश भी नज़र आयी। हमारे स्कूल में अमीर लोगों के बिगड़े हुए बच्चे मक्खी-जुआ खेला करते थे, जिसमें खेलने वाले अपना-अपना सिक्कः रख दिया करते थे और जीत उसकी होती थी, जिसके सिक्के पर मक्खी बैठ जाये। तीसरे दर्जे से ही टोपन ने चुराये हुए पैसों से मक्खी-जुआ खेलना शुरू कर दिया। इसमें उसे ज़बरदस्त कामयाबी हासिल होने लगी। पहले ही दिन वह पूरी चवन्नी जीतकर उठा और इस जीत का सेहरा बाद में उसने मेरे माथे बाँधा।

वह हुआ यों कि उसके जुआ खेलने बैठने से ठीक एक दिन पहले मैं पनसारी की दुकान में गुड़ की भेली पर भिनभिनाती मक्खियों को देखकर यह कह बैठा कि अगर गुड़ के सिक्के होते तो मैं हमेशा मक्खी-जुआ जीतता रह सकता। मेरे इस शाइरानः ख़याल को उसने बेईमानी की बुन्याद बनाया। जेब में सिक्कों के साथ-साथ वह गुड़ का चूरा भी डालकर लाया। अपनी चार आने की जीत में से दो पैसा उसने मुझे भी देना चाहा मगर मैंने यह कहकर लेने से इन्कार कर दिया कि जुआ बहुत बुरी चीज़ है। इस पर उसने कहा कि अगर ऐसा है तो भगवान ने ज़िन्दगी को जुआ क्योंकर बनाया है? अरे खोते, न सिर्फ़ ज़िन्दगी एक जुआ है बल्कि इसमें जीत उसकी होती है जो अपना सब कुछ दाँव पर लगाता है और अपनी अक़्ल को क़िस्मत से ज़ियादः भरोसेमन्द मानता है। पहले ही दिन से उसने यह कोशिश की कि जुआ अक़्लमन्दी से जीतने में मैं उसकी साझेदारी करूँ ताकि हम लोगों की जीत की रक़म दुगुनी हो सके। लेकिन मैं बेईमानी को दानिशमन्दी मानने के लिए न तब तैयार हो सका, न बाद में कभी।

तो मेरे हिस्से के दो पैसे उसने घर चलकर स्नेहबई को दे दिये और मुझे हैरानी हुई कि उन्होंने टोपन को जुआ खेलने पर बुरा-भला नहीं कहा और बेईमानी वाली बात को तो वह सुनने तक के लिए तैयार न हुईं। उनका कहना था कि टोपन तो मटकापीर के वरदान की बदौलत जीता होगा। वह बोलीं, "जब इसकी माता जी बेटे के लिए वहाँ मन्नत मनाने गयी थीं तब उन्होंने वहाँ कहा था कि मैं तपते थार[1] को पार करके आपकी मज़ार के मटकों में एक सुराही मीठा

1. रेगिस्तान

पानी डालने आयी हूँ, आप मेहरबानी करके मुझे ऐसा कमाऊ पूत दें जो हमारे घर की ख़ुशहाली का मटका हमेशा भरा रख सके। तो देख ले, इसने दर्जा तीन से ही कमाना शुरू कर दिया है।"

टोपन ने, जो बराबर मक्खी-जुए में जीतता चला जा रहा था और जिसकी जीत की बुन्याद में हारने वालों को बेईमानी नज़र आने लगी थी, मटकापीर के वरदान की बात ख़ूब चला दी और उसकी 'है ना तिलक ?' ने मुझे मजबूर कर दिया कि मैं उस पर सच्चाई की मोहर लगा दूँ। लेकिन सच्चाई की मोहर मुझसे भी ज़ियादः उस ख़ुदा ने लगायी जो न जाने क्यों टोपन-जैसों की हिमाक़त को हिम्मते-मर्दां ठहराता आया है। कई मर्तबः ऐसा हुआ कि बेईमानी का इल्ज़ाम लगने पर टोपन ने इल्ज़ाम लगाने वाले से सिक्का अदल-बदल करने पर भी जीत ही हासिल की। वह जब आगे चलकर फ़्लैश खेलने लगा तब दूसरे की गड्डी फेंट-बँटवाकर भी उसने जीतकर दिखा दिया। ज़िंदगी के जुए में भगवान बुरे लोगों को ही बढ़िया पत्ते क्यों देता है ? बदी की जीत और नेकी की हार क्यों होती रहती है ? इस तरह के सवाल अक्सर मेरे नन्हे दिमाग़ में उठते रहते। आज भी उठते हैं क्योंकि मैंने तो यही देखा है कि नेक अमल[1] इंसान नेकअख़्तर[2] नहीं होते। बदी ही बरक़त की बिना बनती है।

स्नेहबई से पूछता तो वह कह देती कि भगवान के यहाँ नाइंसाफ़ी है ही नहीं। अगर टोपन जीतता है तो इसका मतलब है कि उसने इस जनम में या पिछले जनम में कुछ नेक काम किये होंगे। लेकिन टोपन ने इस जनम में तो कोई नेक काम किया न था। और यह सोच सकना भी नामुमकिन था कि उसका-जैसा हैवान किसी पिछले जनम में भी पुण्य का कोई काम कर सका होगा। फिर एक दिन मैंने स्नेहबई से यह पूछा कि क्या इस जनम में बुरा करने वाले का अगले जनम में बुरा होगा ? जब से मैंने उनके मुँह से इसके जवाब में हाँ का लफ़्ज़ सुना तब से मुझे अगले जनम का इन्तिज़ार रहने लगा कि मुझे टोपन को उसी तरह सताया जाता हुआ देखने का मौक़ा मिले जिस तरह क़िस्मत ने मुझे टोपन के हाथों सतवाया है। और हाँ, उस अगले जनम में मैं अपने को इस जनम के नेक कर्मों का अच्छा फल पाता हुआ भी देखूँ। गो इस मुआमले में शुब्हः की गुंजाइश ख़ासी थी क्योंकि मेरे नेक कर्मों पर टोपन की बदी का साया

---

1. सदाचारी, 2. भाग्यवान

बराबर पड़ता रहा था।

जब मैंने स्नेहबई का हवाल: देकर टोपन को डराया कि इस जनम में तू जो पाप कर रहा है उसका बुरा नतीजा तुझे अगले जनम में भुगतना पड़ेगा तब वह बोला, "इसका मतलब तो यह हुआ कि भगवान एक मामूली जज वाली हैसियत भी नहीं रखता। जज तो गुनहगार को फ़ौरन सज़ा दे पाते हैं। और तिलक, तू तो अपनी अक़्लमन्दी का बड़ा दम भरता है। ज़रा यह बता यार कि अगले जनम के अन्देशे से इस जनम में दुबले होते रहने में कहाँ की अक़्लमन्दी है ?" और फिर उसने अपना वही घिनौना ठहाका बलन्द करते हुए अपने दोनों हाथ मेरे कन्धों पर दे मारे।

हिन्दू धरम में जब टोपन को ख़ुदा का ख़ौफ़ दिखाकर बुराइयों से दूर करा सकने वाली कोई शै[1] नहीं मिली तब मैं भाभी के पास पहुँचा कि शायद वह इस्लाम में से कुछ खोज कर दें मुझे। मैं टोपन को नेकी की राह में लगाने के लिए बेचैन था क्योंकि तब मुझे ऐसा लगता था, और बाद में भी कभी-कभी लगता रहा कि भगवान ने मुझे टोपन के पड़ोस में टोपन के साथ-साथ पैदा ही इसलिए किया है कि मैं उसे बदी की दलदल में पूरी तरह धँस जाने से बचा सकूँ। बहरहाल भाभी ने जो बताया उसके सहारे भी मैं टोपन को डरा नहीं सका इसलिए बदी से बचा नहीं सका। जब मैंने उससे कहा कि इंसान के अच्छे-बुरे कामों का फ़रिश्ते पूरा हिसाब रखते हैं और क़यामत के दिन ख़ुदा उस हिसाब को देखकर ही जन्नत या दोज़ख़[2] बख़्शता है, तब वह हँसकर बोला, "अव्वल तो मैं मुसल्मान नहीं हूँ कि मुझ पर यह बात लागू हो और हो भी तो मरने के बाद से लेकर क़यामत तक कुछ होने वाला है नहीं। तब तक आराम से ही पड़े रहना है दोस्त !"

मैंने फिर भाभी से बात की और इस बार उन्होंने जानना चाहा कि मैं ये सब क्यों पूछ रहा हूँ। जब मैंने बताया कि मैं इस बात से हैरान हूँ कि टोपन बुरे काम करता है मगर ख़ुदा उसे इसकी कोई सज़ा नहीं देता तब उन्होंने कहा, "टोपन कोई बुरा काम नहीं करता है। वह दोस्त से भी ज़ियाद: तेरे बड़े भाई की तरह है। तेरा उसके बारे में इस तरह बोलना और सोचना ख़ुद एक बहुत बुरा काम है। लोग समझेंगे कि तू उससे जलता है।" जो हो मैंने भाभी से यह तो मालूम

---

1. चीज़, 2. स्वर्ग या नर्क

कर ही लिया कि बुरा काम करने वाले इंसान को मरने के बाद क़ब्र से ही सज़ा मिलने लगती है। क़ब्र गोया उसे ज़ोर से दबाती रहती है।

मगर जब मैंने टोपन से फ़शारे-क़ब्र का ज़िक्र किया तब वह हँसकर बोला, " तू बार-बार यह क्यों भूल जाता है कि मैं हिन्दू हूँ। मेरी लाश को दफ़नाया नहीं जायेगा। और इन तमाम बातों से तू ज़ियादः डर तिलक क्योंकि तू हिन्दू भी है और मुसल्मान भी। तेरी ऐसी-तैसी कराने के लिए चित्रगुप्त भी मौजूद रहेगा और मुन्कर-नकीर भी[1]। आसमानी जुल्लाब की डबल डोज़ दी जायेगी तुझे।" कहना न होगा कि ऐसा कहने के साथ-साथ उसने वही तिलमिलाकर रख देने वाला ठहाका बलन्द किया और अपने दोनों हाथ मेरे कन्धों पर दे मारे।

तो साहिब, टोपन जीतता रहा और उसकी जीत पर मेरी नुक़्ताचीनी को भाभी जलन का नमूनः ठहराती रहीं। बेईमान जुआरी टोपन को 'मटकापीर के वरदान' से हासिल हुई जीतों में से एक को मुलतान और लाहौर के पुराने जुआरी आज भी याद करते हैं। हुआ यूँ कि दीवाली से पहले एक लहौरिया जुआरी अशुलाल मुलतान आया और टोपन के बारे में सुनकर बोला कि मुझसे खेलकर देखे। रिज़करा‍म के यहाँ बाज़ी जमी। हम लोग यह देखकर हैरत में आ गये कि शुरू की कई बाज़ियों में टोपन की अच्छी-ख़ासी हार ही हुई। फिर रात पाँच बजे टोपन ने आख़िरी बाज़ी बाँटी। अशुलाल तो ब्लाइंड का खिलाड़ी था ही। टोपन ने भी अपने पत्ते नहीं उठाये। दो लोगों ने पत्ता देखकर चालें चलीं। पाँच राउंड हो जाने पर अशुलाल ने अपने पत्ते उठाकर देखे और चाल बढ़ा दी। बाक़ी दो लोग भी मैदान में डटे रहे। टोपन फिर भी ब्लाइंड ही रहा। इस तरह से दस और राउंड हो गये। फिर शुरू से पत्ता चलने वालों ने आपस में मश्वुरः किया। उनमें से एक के पास पंजा-छक्का-सत्ता था और दूसरे के पास इक्का-बादशाह-बेगम। पंजा-छक्का-सत्ता वाले ने पत्ते गिरा दिये। अशुलाल ने चाल बढ़ा दी और अगले दस दौरों में भी बढ़ाता चला गया। तब टॉप वाले ने उससे मश्वुरः करके अपने पत्ते गिरा दिये। टोपन ब्लाइंड खेलता रहा। अशुलाल चाल चढ़ाता गया। वक़्त बीतता गया, तनाव बढ़ता गया।

फिर टोपन ने मेरे बहुत इसरार करने पर, जल्दीबाज़ी के लिए मुझ पर

1. पाप-पुण्य का हिसाब रखने वाले फ़रिश्ते

ला'नत भेजते हुए, अपने पत्ते उठाये। मुट्ठी में बन्द किये। मुझसे उनमें फूँक मारने को कहा। फिर उन्हें कई बार फाँटा। फाँटने के बाद अंगुलियों से दबा-खिसकाकर एक-एक पत्ता धीरे-धीरे देखा। और एक चाल चल दी। अशुलाल ने चाल दुगुनी कर दी। टोपन ने चौगुनी। चाल बढ़ते चले जाने का यह सिल्सिल: पागलपन की सरहदें छूने लगा। चवन्नी बोर्ड, चवन्नी ब्लाइंड का खेल सौ रुपये चाल पर आ गया तब अशुलाल की घरवाली आन पहुँची और रोने लगी कि आपने तो जी सब कुछ हार बैठना है और हमारा दीवाली के वास्ते लाहौर पहुँच पाना दुश्वार हो जाना है। बुज़ुर्गों ने टोपन और अशुलाल दोनों पर ज़ोर डाला कि शो करा लो। टोपन इसके लिए राज़ी न हुआ कि शो कराके अपने जीतने वाले पत्तों की तौहीन करे। उधर अशुलाल अपनी बीवी से यही कहे गया कि भागवान, हम लाहौर दीवाली मनाने ज़रूर पहुँचेंगे और यहाँ के इस नामी जुआरी की लक्ष्मी लेकर पहुँचेंगे। कुछ देर बाद जब उसकी बीवी ने इस ओर ध्यान दिलाया कि पहुँचोगे कैसे, गाड़ी छूट जायेगी, तब उसने शो करा लिया। टोपन ने बड़े ऊब्बे-से अन्दाज़ से तीन इक्के फड़ पर फेंक दिये। अशुलाल के हाथ से दो फड़फड़ाते तोते उड़े और तीन बेजान बादशाह गिरे।

टोपन ने फड़ से पैसा दोनों हाथों से अपनी ओर खींचा और फिर अशुलाल से कहा कि अब अपनी लक्ष्मी को इधर छोड़कर अपनी द्रौपदी के साथ वापस लाहौर चले जाओ नहीं तो कहीं इसे भी गँवा बैठोगे। फिर उसके कन्धों पर दोनों हाथ मारकर वही हुचहुचाता हुआ वहशियानः ठहाका लगाया। इस ठहाके से अशुलाल आगबबूला हो गया और उसने टोपन पर पत्ते लगाने का इल्ज़ाम लगाया। टोपन ने कहा कि पत्ते तो लहौरिये ही लगाते हैं। आप आज भी लगाते रहे हैं। अशुलाल ने कहा कि चलो दो हज़ार की एक खुली बाज़ी खेल लो मेरे साथ। पत्ते रिज़कराम से बँटवा लो। तो साहिब, दोनों ने फड़ पर रख दिये—दो-दो हज़ार।

रिज़कराम जी ने नयी गड्डी खोली। अशुलाल को एक-एक पत्ता दिखाया। फिर गड्डी फेंटकर पत्ते बाँटने शुरू किये। पहला पत्ता अशुलाल को दिया गया—बादशाह। दूसरा टोपन को—दुग्गी। टोपन ने मुझसे हाथ मिलाकर कहा—दुग्गी के नीचे दौलत। फिर अशुलाल को इक्का मिला और टोपन को पंजी। अशुलाल की आँखों में चमक आ गयी और चेहरे पर मुस्कुराहट। फिर अशुलाल को तिग्गी मिली और टोपन को मिली दुग्गी। टोपन ने अशुलाल के

दो हज़ार भी अपनी ओर खींच लिये और दुग्गी के नीचे दौलत का नारा बलन्द करने के बाद अशुलाल के कन्धों पर दोनों हाथ मारते हुए अपना वही घिनौना ठहाका लगाया। अशुलाल ने टोपन का गुलूबन्द पकड़ लिया। रिज़करा‌म जी ने बीच-बचाव किया। अशुलाल को लाहौर लौटने के लिए पैसा उधार देते हुए उन्होंने टोपन को मटकापीर से मिले वरदान का क़िस्सा दोहराया। अशुलाल अपने साथ यह क़िस्सा लाहौर ले गया। लिहाज़ा जब बाद में हम लोग ऊँची तालीम के लिए वहाँ गये तब तमाम बड़े लहौरी जुआरियों ने कम-अज़-कम एक मर्तबः टोपन के साथ क़िस्मत-आज़माई करना ज़ुरूरी समझा। टोपन ने अपने जिसे आजकल कहते हैं 'पी० आर०' के वास्ते अपनी इस शोहरत का बहुत फ़ाइदः उठाया। जिससे भी उसे कोई ग़रज़ होती वह उससे पच्चीस-पचास रुपया हार जाता जुए में और फिर कहता, हुज़ूर आपने तो मटकापीर के वरदान की माँ का मटका फोड़ दिया।

मोराँवाली स्कूल के मक्खी-जुए से लेकर फ़्रांस और अमरीका के जुआख़ानों के ब्लैक-जैक और रूले तक हर क़िस्म के जुए में टोपन ने अपने बाप के दिये हुए नाम लक्की को हमेशा सही साबित किया। शुरू से ही टोपन जुए को अपनी आमदनी का एक अहम ज़रीअः मानता रहा। जीत की रक़म से उसने कभी कोई फ़िज़ूलख़र्ची नहीं की। तीन-चौथाई रक़म अपने लिए अलग रखकर एक-चौथाई वह अपने घर के लिए ज़रूरी चीज़ें ख़रीदने पर ख़र्च करता रहा। जब तक खिल्लुराम जी ज़िन्दा थे तब तक उसे यह झूठ बोलते रहना पड़ा कि सामान उनका कोई पुराना तालिबेइल्म दे गया था। जीत की रक़म का एक छोटा-सा हिस्सा वह स्नेहबई के हाथ में रख जाया करता कि यह तिलक के नाम का है, जिसने मुझे जुए में जीत की राह पर लगाया। खिल्लुराम जी के गुज़र जाने के बाद तो वह जुए में जीता पैसा अपनी माताजी को ही बेहिचक देने लगा। मोराँवाली में मशहूर था कि उसकी तीनों बहनों की शादी जुए की जीत की रक़म से ही हुई। यहाँ यह बताना ज़ुरूरी है कि इन तीनों की शादी मास्टर खिल्लुराम जी के गुज़र जाने के बाद हुई और इनका रिश्ता तय कराने में ख़ुद टोपन सबसे आगे रहा। उसने ऐसे बहनोई चुने जो बूढ़े और बीमार थे और जिनके रिश्तेदार नहीं के बराबर थे। उसकी ये तीनों बहनें विधवा हुईं और तीनों की ज़मीन पर टोपन ने क़ब्ज़ः जमाया।

जुए के साथ-साथ हमारे इलाक़े के रईसों में बाज़ी लगाने और शर्त बदने का भी बहुत रिवाज था। लोग-बाग अपने ऊँटों को लड़वाते थे और हार-जीत पर ख़ुद वे और तमाशबीन आपस में शर्त बदते थे। बैलों से रहट चलवाने के मुक़ाबले भी कराये जाते थे और उनमें भी शर्तें बदी जाती थीं। मल्हड़ यानी पहलवान लड़वाने का भी रिवाज था। उसमें भी शर्तें बदी जाती थीं। टोपन ने इन तीनों में बेईमानी से जीतने के तरीक़े निकाले और आज़माये। मल्हड़ों को तो वह हारने के लिए घूस देता। रहट के मुक़ाबले में वह लोगों की नज़र बचाकर या तो रहट को सख़्त कर आता या बाल्टी को भारी कर देता। ऊँटों की लड़ाई में वह किसी ऊँट को चारे के साथ भाँग खिलवा देने का नुस्ख़ा अपनाता। भाँग का उस ज़माने में हमारे इलाक़े में बहुत चलन था, गो टोपन ने भाँग ख़ुद कभी नहीं पी लेकिन लोगों को धोखे से भाँग पिलाकर अपना उल्लू अक्सर सीधा किया।

ऊँटों, बैलों और पहलवानों के मुक़ाबलों में शर्त बदने के मौक़े तो कुछ ख़ास-ख़ास त्यौहारों पर ही आते थे। तो टोपन ने जब मेरे मुँह से वह क़िस्सा सुना कि एक मसख़रे ने किसी भले और भोले आदमी से एक हज़ार रुपये की शर्त बदी कि मैं तुम्हारे अफ़सर की पतलून उतरवा दूँगा और फिर उसके अफ़सर से पाँच सौ रुपये की यह शर्त बदकर पतलून उतरवा ली कि सर, आपके बवासीर के मस्से हैं और इस तरह पाँच सौ रुपये के मुनाफ़े में रहा, तब उसने भी इस तरह की शर्तें बदने का नुस्ख़ा अपनाया।

सबसे पहले उसने एक अमीर लड़के से सौ-सौ रुपये की शर्त बदी कि मैं तेरे बड़े भाई का पायजामा उतरवा दूँगा। और उसके बड़े भाई से पचास-पचास रुपये की यह शर्त बदी कि तुम्हारा एक ही फ़ोतः है। इस तरह पचास का मुनाफ़अः होने पर उसे शर्त बदने का चस्का लग गया। अक्सर वह शर्तें भी धोखाधड़ी और बेईमानी से जीतता था। मिसाल के लिए एक मर्तबः उसने एक चौकीदार को घूस खिलाकर हैडमास्टर का कमरा खुलवाया और रिज़ल्ट पहले ही देख लिया। फिर तमाम अमीर लड़कों से अलग-अलग यह शर्तें बदीं कि मटकापीर के वरदान से मैं तुम्हारे नम्बर सही-सही बता सकता हूँ। ज़ाहिर है इस शर्त में भी उसकी जीत हुई।

लेकिन सैकड़ों बार मैंने टोपन को ऐसी शर्तें भी जीतते देखा, जिन्हें बेईमानी से नहीं जीता जा सकता था। मिसाल के लिए क्रिकेट के मैच के नतीजों

पर वह हमेशा शर्त बदता और जीतता। टैस्ट और वन-डे में पाकिस्तान के हाथों भारत की हार पर उसने शर्त इतनी बार बदी और जीती कि दोस्त उसे पाकिस्तानी एजेण्ट पुकारने लगे! ख़ुदा जाने ख़ुदा को उस काहिल और कमीने इंसान पर एहसान पर एहसान करते चले जाने की क्या पड़ी थी! अब आप देखिए कि पब्लिक को लूटने वाले रेसकोर्सों को भी टोपन ने लूटकर दिखा दिया। शुरू में उसने घोड़े खेले ही नहीं, दौड़ के लिए उतारे भी। जुआरी और मालिक दोनों की ही हैसियत से उसने ज़बरदस्त कामयाबी हासिल की। घुड़दौड़ में उसकी पहली और आख़िरी बार हार तब हुई जब उसका घोड़ा 'राँझा' इंडियन डार्बी में फ़ेवरेट होने के बावुजूद तीसरे नम्बर पर रहा। यह पहली हार भी शायद हार न थी क्योंकि यह इल्ज़ाम लगा और बिलकुल सही लगा कि घोड़े के मालिक और जोकी दोनों ने घोड़े की हार पर लाखों रुपया बेनामी लगा रखा था। इस इल्ज़ाम की लम्बी-चौड़ी सुनवाई भी हुई लेकिन वाह री मदंदे-ख़ुदा कि इस इल्ज़ाम से टोपन बाइज़्ज़त बरी कर दिया गया।

यह तो हुंई जुए की बात। रही शराबख़ोरी तो टोपन का पैसे को परमात्मा मानने वाला मज़हब इस ख़र्चीले ऐब के लिए इजाज़त नहीं देता था। लिहाज़ा उसने ख़ुद तो काफ़ी बड़ी उम्र तक नहीं पी, लेकिन शराब बेचकर पैसे कमाने का धन्धा मुलतान में हाईस्कूल से शुरू कर दिया। वह विलायती शराब और सोडे की बोतलें कमरे में रखने लगा और जुआ खेलने आने वाले अमीरज़ादों को पैग के हिसाब से पिलाकर मुनाफ़अ: कमाने लगा। अपनी झूठ की आदत से लाचार उसने अपने अमीर दोस्तों से हमेशा यही कहा कि पैग के हिसाब से मुनाफ़अ: कमाने का यह धन्धा मैं नहीं, मेरा लालची दोस्त तिलकराज कर रहा है। इसके बाद बम्बई में तो उसने शराबबन्दी के ज़माने में नक़ली स्कॉच व्हिस्की का धन्धा करके काफ़ी पैसा कमाया। उल्हासनगर में उसका कारख़ाना था। मैंने एक मर्तबः छींटाकशी की कि बम्बई में इतनी स्कॉच पी जाती है जितनी स्काटलैण्ड क्या, उल्हासनगर में भी नहीं बनती। बेहया टोपन ने इस लतीफ़े को भी अपना बनाकर महफ़िलों में दुहराया! ख़ैर, उसने ख़ुद पीना तो तब शुरू किया जब वह फ़िल्म लाइन की मशहूर हस्ती बन गया और एक शाइर ने उसे अपनी बेहतरीन ग़ज़ल देने के लिए यह शर्त रखी कि पहले आप मेरे साथ बैठकर स्कॉच पीयें। तब तक टोपन की सैंतीस बहारें बादःख़ोरी से अनजान बीत चुकी थीं।

अब रहा तीसरा ऐब यानी सेक्स। इस मद में भी उसका पैसे को पूजने वाला मज़हब आड़े आया। उस ज़माने में ब्याहता को छोड़ किसी औरत से जिस्मानी तअल्लुक़ात क़ाइम करने के लिए पैसा ख़र्च करना ज़रूरी था। सो तो शायद आज भी है। लेकिन टोपन ऐसे किसी काम के लिए पैसा ख़र्च करने को तैयार न था, जो "रात में सोये-सोये अपने आप ही हो जाता है यार।" लिहाज़ा उसने अमीर लड़कों की तरह कंजरियों की सोहबत में वक़्त और पैसा ज़ाया न करने की ठानी। सच तो यह है कि ज़िन्दगी-भर उसकी यही कोशिश रही कि औरतों को बग़ैर उन पर पैसा ख़र्च किये हमबिस्तर बनाये। ख़ैर, जब सेक्स के लिए वह कंजरियों के पास जाना नहीं चाहता था तब उसके लिए एक ही रास्ता बचता था।

इस मुद्दे को उठाते हुए मेरा क़लम मारे शर्म के लिखना बन्द करना चाहता है लेकिन यहाँ तो मुझे पूरी सच्चाई बयान करनी है। तो इस क़ैद को निभाते हुए कि सच्चाई पर से पर्दा अदबी लिहाज़ से बेपदर्गी किये बग़ैर उठे मैं यह कहना चाहूँगा कि हमारे स्कूल में लड़कों के और कभी-कभी लड़कों और मास्टरों के दरम्यान कुछ वैसे रिश्ते भी क़ाइम हो जाया करते थे जैसे कुदरत ने नर और मादा के लिए तजवीज़ किये हैं। जिस्म के बौने और दिल के घिनौने टोपन को कोई लड़का या बुज़ुर्ग इस तरह के रिश्ते के काबिल नहीं समझता था। उधर मेरे हुस्न पर सारा ज़मानः फ़िदा था और मेरी ओर आँख मारने वाले लड़कों और बुज़ुर्गों की तादाद इतनी बड़ी थी कि मैंने अपनी निगाहें अपने क़दमों पर जमाये रखना शुरू कर दिया था। तो भी लोग-बाग मेरे कान में यही फुसफुसाते रहते थे कि मुझे हमबिस्तर बनाने के लिए वह कितना पैसा और क्या-क्या चीज़ें देने को तैयार हैं ?

इस सबसे मैं घबराया-घबराया रहता था। टोपन ने मेरी चौकीदारी का ठेका लिया और कान में गन्दी बातें फुसफुसाने वाले बुज़ुर्गों और लड़कों से मुझे बचाया। फिर उसने मुझे यह समझाया कि ये बातें सुनने में तो गन्दी लगती हैं लेकिन इनके तहत जो काम किये जाते हैं वे बहुत लज़्ज़तदार होते हैं। तो क्यों न हम दोनों अदला-बदली की बिना पर उन्हें आज़माकर देखें ? उसने पहले अपनी बारी रखी और फिर मेरी बारी कभी आने ही न दी। इस तरह चौकीदारी करते-करते उसने मुझ पर डाका डाला और मुझे बाक़ाइदः बताकर डाला।

यहाँ आपके मन में यह सवाल उठ सकता है, मेरे मन में तो रात-दिन उठता

ही रहा है बचपन से लेकर आज तक कि जब मैं एक शरीफ़ इंसान था और टोपन हैवान तब मैंने उसके नीचे आ जाना और ताज़िन्दगी उसके नीचे दबे रहना मंज़ूर कैसे कर लिया ? जब मैं नादान था तब इसका जवाब अपनी ग़रीबी में खोजने की कोशिश करता था। अपनी भीतरी कमज़ोरी में भी, जिसे मैं अपनी ग़रीबी की ही उपज समझता था। तब मैं यह मानना चाहता था कि मैं टोपन से इसलिए दबता हूँ कि मैं और मेरा ग़रीब ख़ानदान उसके एहसानों के बोझ से दबे हुए हैं, लिहाज़ा उसकी मुख़ाल्फ़त कर नहीं सकते।

मैं बता ही चुका हूँ कि शुरू से वह खाने-पीने की चीज़ें और नक़द पैसा देकर हम लोगों की मदद करता रहा था। यही नहीं, उसने हमारे घर का ख़र्चा चलाने के लिए भाभी को कुछ पुश्तैनी चीज़ें गिरवी रखकर क़र्ज़ लेने या फिर उन्हें बेच ही देने का तरीक़ा सुझाया था और जब वह इसके लिए राज़ी हो गयी थीं तब उसी ने चीज़ों को गिरवी रखने और बेचने में मदद की थी। यह बात अलग है कि बाद में इनमें से कई चीज़ें बम्बई में मुझे टोपन के ड्राइंगरूम में बतौर एण्टीक सजी हुई मिलीं, जिसकी सफ़ाई में टोपन ने कहा कि इन्हें मैंने मुल्क के बँटवारे के बाद दिल्ली में मुल्तान के उस सौदागर से ख़रीदा, जिसके यहाँ इन्हें बेचा गया था। और इसलिए ख़रीदा कि मोराँवाली की कोई तो यादगार हम लोगों के पास रहे। अपनी भलमनसाहत का सबूत देने के लिए वह उनमें से कुछ एण्टीक, जो ज़ाहिर है बेशक़ीमती न थे, बहुत इसरार करके भाभी को लौटा भी गया कि आपने बेच दिये थे तो क्या, मैं आपकी ख़ातिर फिर ख़रीद लाया हूँ। मगर मुझे अपनी बहन कनक मर्हूम का यह इल्ज़ाम याद आता रहा कि टोपन भाभी से ली हुई चीज़ें किसी सौदागर को नहीं बेचता बल्कि ख़ुद ही रख लेता है और उनकी बहुत ही कम क़ीमत देकर हम लोगों को लूटता है।

ख़ैर, तो मैं कह रहा था कि मैं अपनी कमज़ोरी को अपनी ग़रीबी से पैदा हुई मानता था बल्कि अक्सर तो मुझे यह भी लगता था कि टोपन का ज़ुल्म उसकी अमीर बनने की हवस से पैदा हुआ है और इस हवस की जड़ भी उसकी ग़रीबी में है। लेकिन बाद में मुझे टोपन की यह बात सही लगने लगी कि यार, तू बहुत भगवान-भगवान करता है। तुझे यह नहीं पता कि भगवान और शैतान में साँठ-गाँठ है। तेरी कमज़ोर भलमनसाहत और मेरी पुरज़ोर हैवानियत दोनों ही ख़ुदा की कुदरत के अज़ीम-तरीन नमूने हैं। अरे तिलक, भगवान तेरे-जैसे साधु इंसान बनाता ही इसलिए है कि वह सताये जाने के लिए आगे आयें और

मेरे जैसे वहशी-हैवान इसलिए बनाता है कि साधु इंसानों को सताने में कोई परहेज़ न करें। साधु और शैतान दोनों न हों दुन्या में और दोनों एक-दूसरे के लिए ज़बरदस्त खिंचाव महसूस न करें तो भगवान के अवतार लेने का या अपना कोई पैग़म्बर भेजने का धन्धा ही ख़त्म हो जाये और दुन्या से धरम का नामो-निशां ही मिट जाये।

तो भले ही मैं दिलो-दिमाग़ से टोपन से नफ़रत करता था, मैं हर बार अपने को उसकी बात मान लेने के लिए मजबूर होता हुआ पाता था। जब-जब मैं उसकी कोई बेजा बात मान लेता या कोई बेजा हरकत नज़रअंदाज़ कर देता, तब-तब मैं अपने से पूछता कि तिलक तू इस कमीने टोपन से नफ़रत करता है कि महब्बत? अरे किसी का कहा हुआ इतना ज़ियादः तो उसकी माशूक़ः भी नहीं मानती! अरे किसी का किया हुआ पाप इतना तो उसकी माँ भी अनदेखा नहीं करती! अरे तू उससे 'ना' क्यों नहीं कर पाता है? कितनी मर्तबः तूने लालाजी को बड़बड़ाते सुना है कि जो 'ना' नहीं कह सकता, वह आज़ाद नहीं रह सकता, कि हामी ही गुलामी है?

आख़िर मैं टोपन से किसी बात के लिए भी मना क्यों नहीं कर पाता था? कहीं ऐसा तो नहीं कि जो इंसान भला होता है वह सिर्फ़ अपने से ही 'ना' कर पाता है? दूसरे को किसी बात के लिए मना करके वह उसके मन को ठेस पहुँचाने का गुनाह नहीं करना चाहता? अपने को 'ना' करके, अपने को ठेस पहुँचा के वह अपने को अपने बड़प्पन का और ज़माने को अपनी भलमनसाहत का एहसास कराता है? इसे लाला जी की बात से जोड़ता हूँ तो ऐसा लगता है कि इस दुन्या में टोपन जैसे बुरे इंसान ज़ुल्म करने के लिए आज़ाद हैं और मेरे-जैसे इंसान ज़ुल्म सहने के लिए क़ैद हैं।

इधर टोपन् के गुज़र जाने के बाद जब से मैं अपने को कुछ ख़ाली-सा, क़द्रे आधा-अधूरा-सा महसूस करने लगा हूँ तब से मुझे टोपन का यह कहना भी याद आता है कि तू तो मेरा हमज़ाद[1] है तिलक। मैं और तू पास-पास के मकानों में एक ही घड़ी में क्या पैदा हुए गोया एक-दूजे के लिए ही पैदा हुए। जब-जब मैंने टोपन से नाता तोड़ना चाहा तब-तब उसने मुझसे यही कहा कि तिलक, तेरा टोपन का साथ

1. एक साथ पैदा हुआ, एक जिन्न जो वेताल की तरह पिण्ड नहीं छोड़ता

छोड़ने की बात सोचना ही फ़िज़ूल है क्योंकि तू अपने हमज़ाद का साथ चाहे तो भी नहीं छोड़ सकता।

जब मैं पाँचवें दर्जे में था तब एक मर्तबः मैंने भाभी को बताया कि टोपन अपने को मेरा हमज़ाद कहता है क्योंकि हम एक ही दिन एक ही घड़ी में पैदा हुए। भाभी मुस्कुरायीं और माथा पीटते हुए हँस पड़ीं। मैंने हँसी का सबब जानना चाहा। इससे पेशतर कि वह कुछ बतातीं लाला जी के कमरे से हिटलर का फ़ौजी तरानः सुनाई दिया और भाभी दौड़ पड़ीं। सो इसलिए कि इस तराने के सुर छेड़ने के साथ ही लाला जी तोड़-फोड़ शुरू कर देते थे। उस रोज़ भी उन्होंने एक क़दीमी गुलदान भाभी के पहुँचते-पहुँचते तोड़ ही डाला। मैं अक्सर सोचता हूँ कि क्या भाभी को इस बात का इल्म था कि हमज़ाद बदी के उस जिन्न का नाम भी है जो हर इंसान अपने साथ लेकर पैदा होता है, और जो वेताल की तरह ताज़िन्दगी उस पर सवार रहता है? ज़ुरूर रहा होगा क्योंकि भाभी एक अहलेअदब ख़ानदान से थीं। उनके वालिद जनाब मुमताज़ हुसैन 'मुग़य्यिर' शाइर और इल्मदोस्त[1] थे और उनकी ज़ाती लाइब्रेरी सारे लाहौर में मशहूर थी और उनके अज़ीज़ों[2] में ख़ुद अल्लामा इक़बाल भी शुमार थे। यह भाभी के मुँह से बचपन में सुने इक़बाल के क़लाम का ही असर है कि मैंने शाइरी गोया इक़बाल की नक़ल करते हुए शुरू की।

लफ़्ज़ 'हमज़ाद' के ग़लत इस्तेमाल पर माथा पीट लेने वाली मेरी पढ़ी-लिखी इल्मो-फ़न की साहिबा भाभी हर तरह से फूहड़ टोपन पर कैसे अपना प्यार लुटा पाती थीं—यह सोचकर मैं तब भी हैरान होता था और अब भी हैरान होता हूँ। मगर इसमें शक नहीं कि वह मुझसे ज़ियादः प्यार टोपन को करती थीं। हम दोनों के बीच अपना प्यार बाँटते हुए उनका अंदाज़ गोया कुछ इस तरह का रहता था कि टोपन बड़ा बेटा है और तिलक छोटा। कभी-कभी मेरे मन में यह ख़याल आता है कि अगर यह 'बड़ा बेटा' बीच में न आया होता तो शाइस्तः वालिदैन का प्यार और रहनुमाई पाकर यह छोटा बेटा बड़ी से बड़ी मंज़िल हासिल कर पाता।

अगर टोपन न होता तो, मेरे लिए मेरे वतन मुलतान के और मेरे बचपन के मानी ही कुछ और होते। मेरी यादों में लाला जी के पुरखों की सहरा के बीच नख़लिस्तान बनी हुई नहरों से सिंची हुई हमेशा हरियाली ज़मीनें होतीं,

---

1. विद्याप्रेमी, विद्वानों का आदर करने वाले, 2. दोस्तों

लाला जी की लाइब्रेरी की किताबों में भरा पड़ा इन्क़िलाब होता, शे'रो-शाइरी सुनाता और ख़ुद किसी शाइर के ख़्वाब-सा लगता भाभी का हसीन चेहरा होता, ग़रीबी को मुँह बिराती स्नेहबई की ख़ुशमिज़ाजी होती, एक नये इंसानी मज़हब की पैदाइश का ज़िक्र करने वाली लाला जी की बातें होतीं, इस्लाम के तरक़्क़ीपसन्द पहलू उजागर करने वाली भाभी की बातें होतीं, और हाँ, मेरी जिस्मानी और रूहानी दोनों लिहाज़ से एक साथ लाला जी और भाभी दोनों का-सा बन जाने की ललक होती। मेरी यादों का मुलतान सूफ़ियानः कलाम सुनाती भाभी की काफ़ी के ही सुरों में बँधा रहता। मगर अफ़सोस कि 'बड़े बेटे' के बीच में आ जाने से मुझे अपना घर एक नरक की शक्ल में याद है जिसमें लाला जी और भाभी में बिलकुल नहीं बनती थी, आये दिन फ़ाक़ों की नौबत आ जाती थी और सारी शाइस्तगी ग़रीबी की हाय-तौबा में खो जाती थी। और यह भी हमज़ाद टोपन की सुहबत की ही करामात है कि मुझे अपना वतन उसके ऐबों के लिए याद है।

ख़ैर, मैं आपको अपनी नहीं, अपने हमज़ाद टोपन की दास्तान सुनाने बैठा हूँ और अभी-अभी मेरे ज़ेहन में यह बात उभरी है कि कहीं टोपन ने हमज़ाद का असली मतलब जानते-समझते हुए ही तो मुझे अपना हमज़ाद नहीं कहा था? अगर वह और मैं एक-दूसरे के हमज़ाद न होते तो क्या टोपन की काली-करतूतें उसके साथ ही दुन्या से उठ न गयी होतीं? क्या मैं उसकी काली-करतूतों को हमेशः के लिए काग़ज़ पर उतार देने की काली-करतूत कर रहा होता इस वक़्त?

यक़ीनन टोपन मेरा हमज़ाद रहा होगा। वह मर चुका है और मैं उसकी लाश को चिता में जलता हुआ अपनी आँखों से देख चुका हूँ मगर फिर भी वह मरा नहीं है। ज़िन्दा है मेरे भीतर। वही मुझसे अपने बारे में यह कच्चा-चिट्ठा लिखवा रहा है ताकि मैं उसके मरने के बाद भी आराम की ज़िन्दगी बिता सकूँ। अपने सारे उसूलों को ताक पर रखते हुए मैं पापी पेट की ख़ातिर यह काम कर रहा हूँ और मुझे टोपन का यह कहना याद आ रहा है कि अगर पेट पापी होता है और ख़ुदा ने पेट को वुजूद की बुन्याद बनाया है तो यही मानना होगा कि ख़ुदा ने हमें पाप करने के लिए ही सिरजा है।

मैं आपसे सच कहता हूँ कि अभी कुछ घण्टे पहले तक भी महज़ पैसों की

ख़ातिर इस तरह का घटिया और ग़लत काम करना मैं कुफ़्र समझता था। कुफ़्र कर रहा हूँ तो इसका मतलब यही है कि टोपन मुझसे करवा रहा है। वह चाहता है कि मैं यह कच्चा-चिट्ठा पूरा करूँ, फिर इसे आपकी ख़िदमत में पेश करते हुए टोपन की तरह दोनों हाथ आपके कन्धों पर मारकर टोपन ही का जैसा वहशियानः ठहाका बलन्द करूँ।

मैं अपने उसूलों का क़त्ल करने बैठा हूँ तो मुझे लाला जी की यह बात याद आ रही है कि यूरोप ने डेमोक्रेसी देकर जितना अच्छा किया है, सरमायःदारी देकर उतना ही बुरा किया है। यह पहली सदी है जिसमें बनिया ही बिरहमन और राजा दोनों बन चला है। मक़तब और दरबार दोनों बाज़ार में लग रहे हैं। लालच मज़हब बन रहा है और पैसे के लिए इंसान कुछ भी कर रहा है—इंसान और इंसानियत का क़त्ल भी।

ख़ैर, मेरे भीतर बैठा टोपन तो उसूलों का ही क़त्ल कर रहा है। जीते-जागते, और तरक़्क़ी की ख़ातिर दौड़ते-फिरते टोपन को तो सचमुच इंसान का भी क़त्ल करने से परहेज़ नहीं था। और आप सुनकर हैरान होंगे कि उसका मिज़ाज लड़कपन से ही क़ातिलाना था। उसने सबसे पहला क़त्ल किया—लाला जी का। हमारे घर की ख़स्तःहाली पर टसुए बहा-बहाकर उसने भाभी को इस बात के लिए राज़ी करने की कोशिश की कि वह लाला जी के अमीर दोस्तों से ख़तो-किताबत करके लाला जी के इलाज और हम लोगों की पर्वरिश के लिए पैसा इकट्ठा करें। मगर भाभी इसके लिए राज़ी न हुईं क्योंकि लाला जी को पागलपन का पहला दौरा पड़ा ही तब था जब भाभी ने एक रईस कांग्रेसी से लाला जी के लिए मदद माँगी थी। लाला जी का कहना था कि मैंने जो भी कुर्बानी की है अवाम के हालात सुधारने के लिए की है, अपने नहीं।

भाभी ने तो भगा दिया मगर अफ़सोस कि लाला जी के क़त्ल में मुझे घेर ही लिया टोपन ने। उसने मुझसे कहा कि लाला जी की हालत देखकर तू ज़ार-ज़ार रोता रहता है लेकिन तेरे रोने से उनका इलाज नहीं हो जायेगा। तू भाभी के नाम से लाला जी और उनके बाल-बच्चों की इमदाद के लिए अपील का एक मसविदा तैयार करके दे मुझे। तक़्रीबन ज़बरदस्ती काग़ज़-क़लम मुझे थमाकर उसने इस अपील में लाला जी की दिमाग़ी और माली हालत का दर्दनाक ख़ाक़ः खिंचवाया मुझसे। उनकी ख़ुद्दारी का हवाला देते हुए इस बात

की सख़्त ताक़ीद करायी कि उन्हें कभी यह पता न चलने दिया जाये कि उनके लिए इमदाद माँगी गयी या ख़ैरात दी गयी। लाला जी से अक्सर बातें करते रहने से टोपन को यह तो मालूम ही था कि उनके ऐसे कौन-से दोस्त लीडरान हैं, जो पैसा देने की हैसियत रखते हैं। ऐसे पाँच लोगों के नाम टोपन ने वह अपील अपने ख़र्चे से रजिस्ट्रीशुदः डाक से भिजवायी।

इन पाँच लोगों में से दो हरकत में आये। एक ने भाभी के नाम 25 रुपये का मनीऑर्डर भिजवा दिया। रुपये के पन्द्रह सेर गेहूँ वाले उस ज़माने में यह अच्छी-ख़ासी रक़म थी। इसे पाकर भाभी जितना ख़ुश हुई, उतना हैरान भी। पूछने पर टोपन ने उनसे कहा कि हम दोस्तों से लाला जी की हालत देखी नहीं जा रही थी इसलिए तिलक ने आपके नाम से अपील तैयार की और मैंने उस पर आपके दस्तख़त बनाकर उसे लाला जी के दोस्तों को भिजवा दिया। मुझे लगा कि भाभी नाराज़ होंगी लेकिन उन्होंने पहले टोपन को और फिर मुझे भी गले लगा लिया।

इसके कुछ ही दिन बाद लाला जी के साथ लाहौर में पढ़ चुके और भाभी के पड़ोसी रह चुके एक लीडर सुरेन्द्रपाल मलिक मोराँवाली आ पहुँचे। लाला जी की हालत देखकर और बड़े घर की बेटी भाभी की मौजूदः मुफ़लिसी से रू-ब-रू होकर उनकी आँखों से गंगा-जमना बह निकलीं। लाला जी भी रोने लगे, भाभी भी रोने लगीं। मलिक साहिब ने लाला जी को अपने साथ लाहौर चलने के लिए राज़ी करा लिया। फिर भाभी को अलग ले जाकर उन्होंने दस-दस रुपये के दो नोट दिये और कहा कि लाहौर जाकर और भिजवा दूँगा ख़ुर्शीद।

हमें पहले उस रहमदिल लीडर का बीमाशुदः रजिस्ट्री से भेजा हुआ तीन सौ रुपया मिला और उसके दो महीने-भर बाद यह ख़ुशख़बरी कि लाला जी को इलाज से फ़ाइदः हो रहा है और डॉक्टर कह रहे हैं कि वह पूरी तरह ठीक हो जायेंगे। भाभी और स्नेहबई टोपन को गले लगाते रहे और उसके गुन गाते रहे। सिर्फ़ मेरे और नन्ही कनक के मन में यह अन्देशा था कि अगर कहीं लाला जी को पता चल गया तो क्या होगा?

और हुआ यह कि हमने उन्हें खो दिया। और सो भी तब जब वह छह महीने के इलाज के बाद बिलकुल ठीक होकर मोराँवाली लौटे। उनकी मौत उस मिठाई के साथ लिपटी हुई आयी जो वह हम बच्चों के लिए लाहौर से

लेकर आये थे। सबसे छोटी होने के नाते मिठाई की टोकरी कनक को दी गयी। उसने सुतली खोली और टोकरी पर लिपटा हुआ अख़बारी काग़ज़ हटाया। उसकी निगाह अख़बार में छपे लाला जी के फ़ोटो पर गयी और वह ख़ुशी से चिल्ला उठी कि लाला जी का फ़ोटो छपा है। लाला जी ने अख़बार उससे ले लिया। फ़ोटो देखकर वह हैरान हुए और उसके साथ छपे मज़मून को पढ़कर आगबबूला। यह उसी क़ौमी लीडर का लिखा हुआ था जो उन्हें इलाज के लिए साथ लिवा ले गया था। इसमें मेरी माता जी के ख़त का ज़िक्र था, हम लोगों की चश्मदीद ख़स्तःहाली का ज़िक्र था, लाला जी के पागलपन का ज़िक्र था और एक पुरज़ोर अपील थी भाई मुल्कराज इमदादी फंड के लिए चन्दा देने की।

लाला जी उठे। उन्होंने वह हंटर उठाया, जिससे कभी उनके पुरखे लगान न देने वाली रियाया की नंगी पीठ पर उसकी बेबसी की जनमपतरी खींच दिया करते थे। आज हंटर से उन्होंने अपनी शरीके-हयात की जाँघों पर गोया अपना ए'लाने ख़ुदकुशी लिख डाला। हम बच्चों के बिलखने की अनदेखी करके वह भाभी पर हंटर पर हंटर बरसाते गये। वह तो भाभी की चीख़ सुनकर टोपन आ गया और उसने इज़ारबन्द के नीचे वार करने वाला अपना नुस्ख़ा अपनाकर भाभी को बचा लिया वरना उनकी जान ही चली जाती। लाला जी ने दर्द से दोहरे होकर हंटर फेंक दिया, भाभी के मुँह पर थूका और फिर घर से ऐसे निकले कि कभी वापस नहीं आये।

दो हफ़्ते तक उनकी खोज की जाती रही और इस बारे में अटकलें लगायी जाती रहीं कि कहाँ चले गये होंगे? फिर एक दिन मोराँवाली से पच्चीस कोस दूर नहर में उनकी फूली हुई लाश मिली। इस हादसे से मैं और कनकलता दोनों भीतर से हिल गये। हम दोनों ने अपने-अपने को लाला जी की मौत के लिए किसी हद तक ज़िम्मेदार ठहराया। यों हम दोनों के ही ख़याल से असली गुनहगार टोपन ही था लेकिन तअज्जुब कि भाभी ने टोपन को हमारे इल्ज़ाम से पूरी तरह बरी कर दिया। उन्होंने कहा कि लाला जी कहीं यह लिखकर नहीं छोड़ गये हैं कि मैं ख़ुदकुशी कर रहा हूँ इसलिए मुमकिन है कि उनकी मौत कुदरती सबब से हुई हो या अंग्रेज़ हुक्मरान ने ही उन्हें मरवा दिया हो। और फ़र्ज़ करो कि उन्होंने ख़ुदकुशी ही की है और इस शर्म के मारे की है कि उनके लिए चन्दे की अपील की गयी तो इसकी ज़िम्मेदारी टोपन पर नहीं, सुरेन्द्रपाल

पर है, जिसने अख़बार में वह मज़्मून छपवाया। और हाँ, बच्चो, यह भी मत भूलो कि ख़ुदकुशी पागलपन की ही एक निशानी होती है।

महीनों बाद जब मैंने टोपन से कहा कि तूने लाला जी को मार दिया तब वह मुस्कुराकर बोला कि मैंने तो उन्हें नहीं मारा है लेकिन अगर मारा होता तो भी तुम लोगों को मेरा एहसान ही मानना होता। लाला जी तो एक बोझ थे तुम लोगों के लिए। ख़ासकर भाभी के लिए। अब देख, कितनी ख़ुश नज़र आती हैं वह। कैसी चहकती डोलती हैं।

मैंने यह सुनकर टोपन पर बेअसर लात-घूँसे बरसाये। लेकिन भीतर ही भीतर मैं शर्म से पानी-पानी हो गया क्योंकि सचमुच भाभी, जो लाला जी के जीते-जी हमेशा बुझी-बुझी-सी रहती थीं, अब ख़ुशमिज़ाज हो उठी थीं और बाहर और भीतर से खिलने लगी थीं। लाला जी के गुज़र जाने से उन्हें ससुराल और मायके वालों से काफ़ी हमदर्दी और कुछ इमदाद मिलने लगी थी। टोपन के कहने पर उन्होंने सुरेन्द्रपाल मलिक के नाम यह ख़त भिजवाया कि आपने हम पर इतना बेरहम रहम क्यों किया? वह फ़ौरन मोराँवाली आया और भाभी को एक हज़ार रुपया दे गया। यही नहीं, उसने मुलतान में मेरी आगे की पढ़ाई के लिए ख़र्चा भेजने का वादः भी किया।

मुख़्तसर यह कि लाला जी के गुज़रने के बाद हमारी माली हालत में काफ़ी सुधार हुआ और लोगों की हमदर्दी बढ़ने से स्नेहबई की होमियोपैथी भी इतनी अच्छी चल निकली कि वह सुधार बना रह सके। गोया मैं मन ही मन यह मानने को मजबूर हुआ कि टोपन ने नीम-पागल लाला जी को मौत के मुँह में धकेलकर शायद हम पर एहसान ही किया है। भाभी तो ख़ैर उसे गले लगा-लगाकर अपने एहसानमन्द होने का इज़हार कर ही रही थीं।

इस एहसान का बदला चुकाने के लिए भाभी ने टोपन को आगे की पढ़ाई के लिए मेरे साथ मुलतान भेजने का फ़ैसला किया। इस तरह उन्होंने मेरी क़िस्मत एक तरह से हमेशा के लिए टोपन के साथ बाँध दी। टोपन को साथ ले जाने का मतलब मैं अच्छी तरह समझ रहा था इसीलिए मैंने भाभी से बार-बार कहा कि टोपन को मेरे साथ मत भेजो। लेकिन वह बोलीं, देख बच्चे, तुझे तो दुन्यादारी बिलकुल आती नहीं, टोपन साथ न होगा तो शहरी लड़कों के बीच तू रह न पायेगा। मुझे भाभी की ज़िद के आगे झुकना पड़ा। टोपन के गन्दे साये से

दूर पनपने-बढ़ने का, अपनी अलाहदः शख़्सीयत को निखार सकने का सुनहरी मौक़ा मेरे हाथ से निकल गया। अगर मैं मुलतान अकेला गया होता तो आज यक़ीनन मैं मुल्क का सबसे नामी-गिरामी शाइर होता। अहले क़लम होने का सबूत देने के लिए मुझे एक घटिया शख़्स के बारे में यह घिनौना अफ़्सानः न लिखना पड़ता।

ख़ैर, मुलतान में जब लफ़ंगे शहरी लड़कों ने मुझे परेशान करना शुरू किया तब मुझे लगा कि टोपन को साथ भेजकर भाभी ने शायद ठीक ही किया। टोपन ने वहाँ के तमाम अमीर लोफ़र लड़कों का दिल अपनी ख़ुशामद से जीत लिया। उसने अपने खाया-खेला शातिर लड़का होने के सबूत दे-देकर उनकी इज़्ज़त भी हासिल कर ली। यों पहली तिमाही में सारी क्लास में अव्वल आने पर मेरी भी धाक जमी और मुझे भी इज़्ज़त मिली लेकिन तब तक टोपन ही मुझे लोफ़र लड़कों की बेजा हरकतों से बचाता आया।

हमें जाते ही पता लग गया था कि लाहौर से रहमदिल सुरेन्द्रपाल मलिक जो पैसा भेजने वाले हैं उससे हम दो का ख़र्चा आसानी से चल सकता है लेकिन टोपन मुझे बारी-बारी से लाला जी के उन तमाम वाक़िफ़ों से मिलाने ले गया, जो अच्छी हैसियत वाले थे। उसने उनके सामने लाला जी की मौत और भाभी की ख़स्तःहाली पर टसुए बहाये और मुझ ज़हीन मगर ग़रीब यतीम की तालीम की ख़ातिर कुछ करने, कुछ देने की पुरज़ोर अपील की। ज़ियादःतर ने सिर्फ़ हमदर्दी ही दी। पाँच-छः ने दुअन्नी से लेकर दो रुपया तक चन्दा दिया। एक ने एक रुपया माहवार वज़ीफ़ः देने का वादः किया और एक ने शहर से थोड़ी दूर अपने बन्द पड़े मकान का एक कमरा मेरे रहने के लिए खुलवा दिया कि तुम्हारे रहने से चौकीदारी भी हो जायेगी। टोपन का इस तरह लाला जी के नाम पर मेरे लिए भीख माँगना मुझे इतना तकलीफ़देह मालूम हुआ कि अगर मुझमें लाला जी जैसी हिम्मत होती तो मैं यक़ीनन ख़ुदकुशी कर लेता।

टोपन ने उस कमरे को रँगवा-पुतवाकर उसमें जुए और अय्याशी का अड्डा खोल दिया, जिसमें उसके लफ़ंगे साथी हर शाम आने लगे। तब तक वह मक्खी-जुए से आगे बढ़कर फ़्लैश और ताश के दूसरे जुओं तक पहुँच चुका था। जुआरियों से टोपन ने मेरी तरफ़ से नाल वसूल करके आमदनी का एक अच्छा ज़रीअः निकाल लिया। आमदनी का एक और ज़रीअः भी उसने खोज

निकाला—विलायती बिस्कुट, मीठी गोलियाँ, चाकलेट, टॉफ़ी, ईवनिंग इन पेरिस और दीगर विलायती इतर-फुलेल, नंगी तस्वीरों वाले ताश, असली कोकशास्त्र, खाने का तम्बाकू, विलायती शराब, और सिगरेट जैसी अय्याशी की चीज़ें थोक के भाव ख़रीदकर लाना और उन्हें मुझसे अड्डे पर आये जुआरियों को ड्योढ़े-तिगुने दामों पर खुदरा बिकवाना। गोया मेरी पढ़ाई-लिखाई में ख़लल डालने के लिए मुझे जुएख़ाने का मालिक बना देना ही काफ़ी न था, टोपन ने मुझे परचूनिया भी बना डाला। मुझ जैसे शाइरानः फ़ित्रत वाले इंसान को इस तिज़ारत से किस क़दर कोफ़्त हुई होगी इसका आप आसानी से अंदाज़ः लगा सकते हैं। कटे पर नमक छिड़कने के लिए यह कि टोपन ने कमरा देने वाले मेहरबान से और अपने साथी अय्याशों के वालिदैन से यह कह रखा था कि उस कमरे में हम लोग हर शाम ज़हीन तिलकराज की देख-रेख में पढ़ाई-लिखाई करने की ग़रज़ से इकट्ठा होते हैं।

मेरी पढ़ाई कुछ और चौपट यों हुई चली जा रही थी कि टोपन का कहना था कि मुझे पास कराने की ज़िम्मेदारी भी तेरी ही है। तो इम्तिहान के दिनों में मुझे ख़ुद पढ़ने की बजाय कूढ़मग़ज़ टोपन को पढ़ाना पड़ता। नक़ल करने के लिए उसके वास्ते पर्चियाँ बनानी पड़तीं। यों जल्द ही टोपन ने अपने पास होते रहने का तसल्लीबख़्श इन्तिज़ाम करने की ख़ातिर यह मालूम कर डाला कि कौन मास्टर किस तरीक़े से ख़ुश होगा? फिर उसने यह जानने का सिल्सिलः शुरू किया कि उनमें से किस-किस में ऐसी क्या कमज़ोरी है, जिसका फ़ाइदः उठाया जा सकता हो?

ग़नीमत है कि उस ज़माने के उस्ताद ज़ियादःतर फ़क़ीराना मिज़ाज के हुआ करते थे। अगर आज के-से हालात होते तो यक़ीनन टोपन हर दर्जे में अव्वल आता रहता। बहरहाल ऐरेथमेटिक, इंग्लिश और जुगराफ़िया के मास्टरान को क़ाबू करने में वह कामयाब हो सका। ऐरेथमेटिक के मास्टर साहिब अपनी दूसरी शादी की शौक़ीन-मिज़ाज बीवी के हुस्न पर मरते थे और उस नख़रालू की नित नयी फ़रमाइशें पूरी करने में मारे जाते थे। ज़माने-भर को हिसाब सिखाने वाला शख़्स घरेलू ख़र्च का हिसाब न मिला पाने पर अज़हद तकलीफ़ महसूस कर रहा था। टोपन पाउडर, बिन्दी-पराँदा, तेल-फुलेल, बालसफ़ा साबुन, विलायती अँगिया, जॉर्जेट की साड़ी-जैसी चीज़ें ऐरेथमेटिक के मास्टर साहिब के

घर में पहुँचा-पहुँचाकर मास्टर साहिब को इतना मश्कूर करता रहा कि वह उसे ऐरेथमेटिक में अच्छे नम्बर देने को मजबूर होते रहें।

जहाँ तक इंग्लिश टीचर का सवाल है उन्हें अपनी बीवी से ज़्यादा अपने कमसिन तालिबे-इल्म पसन्द थे। लिहाज़ा टोपन ने मुझे उनकी ख़िदमत में पेश कर दिया। जुगराफ़िया पढ़ाने वाले मास्टर साहिब की कमज़ोरी यह थी कि वह दवा के नाम पर रोज़ानः थोड़ी विलायती दारू पिया करते थे। टोपन उन्हें गाहे-बगाहे ब्रांडी का अद्धा नज़र करता रहा। कुछ मेरी मेहनत, कुछ क़ाबू में आये मास्टरान की मेहरबानी और कुछ नक़ल का फ़ज़्ल[1] कि इम्तिहानों में टोपन का नतीजा सुधरता चला गया और तक़्रीबन उसी मिक़दार में मेरा बिगड़ता चला गया।

मेरा नतीजा बिगड़ते चले जाने में इस बात का भी बडा हाथ रहा कि मेरे कमरे में जुआख़ाने के साथ-साथ चन्द साल बाद चकला भी खुल गया। हुआ यह कि टोपन खुदरा बेचने के लिए जो कोकशास्त्र वग़ैरः लाता था उन्हें पढ़-पढ़कर हम दोनों के मन में नर और मादा के दरमियान होने वाली जिस्मानी तिज़ारत को आज़मा देखने की बेचैन ललक जाग उठी। यह वह ज़माना था जिसमें भले घर की बू-बेटियाँ पराये मर्द की ओर देखना तक पाप समझती थीं। और निचले तबक़ों की बहू-बेटियाँ भी अगर देखती थीं तो कनखियों से ही और बोलती थीं तो तनहाई में ही। टोपन 'लकी' अगर किसी मामले में नहीं था तो लड़कियों के। शरीफ़ज़ादियाँ तो उसे आता देखकर रास्ता बदल लेतीं और निचले तबक़े की लड़कियाँ भी उसकी ओर से मुँह फेर लिया करतीं। उधर मेरा तक़्रीबन ज़नानः हुस्न (स्कूल में मुझे 'हूर' पुकारा जाता था) इस क़दर दिलकश था और मेरी शाइरी का इतना चर्चा था कि शरीफ़ज़ादियाँ तक मुझे कनखियों से देख लिया करतीं। यह बात अलग है कि मैं ख़ुद इतना शर्मीला था कि उन्हें कनखियों से भी नहीं देख पाता था।

जहाँ तक निचले तबक़े की लड़कियों का सवाल है वे तो मुझे घूरने से भी परहेज़ नहीं करती थीं। तो टोपन ने मुझ पर ज़ोर डाला कि इनमें से किसी को पहले अपनी ओर खींचूँ, फिर अपने बिस्तर की ओर, और आख़िर में टोपन को

---

1. कृपा

बुला लूँ। आगे की तमाम ज़हमत वह ख़ुद उठा लेगा। इस सिल्सिले में उसने हमारे यहाँ चौका-बर्तन करने आने वाली रज्जो की छोटी बहू बिट्टन का नाम सुझाया, जो मुझे देखकर किसी सहेली से बात करते हुए अपने को कभी यहाँ, कभी यहाँ खुजलाने लगती थी। टोपन ने मुझे बिट्टन को बख़्शिश देने के लिए एक चवन्नी भी थमायी कि इससे बात बन जायेगी। बात बनते ही टोपन पलंग के नीचे से निकल आया। बिट्टन रोने-चिल्लाने को हुई लेकिन टोपन ने उसकी चीख़ अपनी हथेली से दबा दी और कहा, इस कंगाल के चक्कर में मत पड़, यह चवन्नी तक इसने मुझसे उधार ली है। मैं तेरे वास्ते कलदार रुपयों का ढेर लगवा दूँगा।

यह ढेर टोपन ने अपने अमीर अय्याश दोस्तों की मदद से लगवाया—बिट्टन को रंडी की और मेरे कमरे को कोठे की हैसियत बख़्श कर। बहैसियत दलाल वह ख़ुद बिट्टन के साथ मुफ़्त सो सका। मैं सारी बात सच-सच बयान करने बैठा हूँ लिहाज़ा मुझे यहाँ क़बूल करना पड़ेगा कि जब टोपन ने मुझसे बिट्टन छीन ली, तब मैं बिट्टन की सहेली चंचल से मुख़ातिब हुआ और चंचल को भी टोपन ने बिट्टन की मदद से मुझसे छीन लिया और अपने कोठे में ला बिठाया। आइन्दः कुछ और मामलों में भी ऐसा ही हुआ गोया लड़की मुझ पर फ़िदा हुई और टोपन ने उसे अपने क़ाबू में करके दोस्तों में चला दिया। लुत्फ़ यह कि उसने अपने अय्याश दोस्तों से यह कहना शुरू किया कि दलाल तिलक है।

तो मैंने निचले तबक़े की लड़कियों की ओर तवज्जोह देना ही छोड़ दिया कि न कोई मेरी ओर खिंचेगी और न टोपन उसे पेशे में डाल सकेगा। अब टोपन को मुझसे शिकायत होने लगी कि तू लड़कियों को पटा क्यों नहीं रहा है? मैंने उससे कह दिया कि ऐसी लड़कियों से तअल्लुक़ात रखना बदनामी और बीमारी दोनों का सबब बन सकता है। वह बोला कि तब तू किसी शरीफ़ज़ादी को क्यों नहीं पटा लेता हम दोनों के लिए? मैंने कहा कि मेरी किसी शरीफ़ज़ादी से इतनी बेतकल्लुफ़ी नहीं है कि उससे इस तरह की बात कर सकूँ।

इस पर उसने जो बात कही उसे सुनकर मुझे अपने कानों पर भरोसा नहीं हुआ। वह बोला कि कनक से तो तेरी बेतकल्लुफ़ी है, उसे क्यों नहीं पटा देता मेरे वास्ते? मेरा ख़ून खौल उठा और मैंने उसका कॉलर पकड़ते हुए

पूछा—क्या कहा तूने ? उसने निंहायत बेशरम मासूमियत से न सिर्फ़ अपनी बात दुहरा दी बल्कि यह भी पूछा कि जब तुझे मेरे साथ सोने में कभी कोई एतराज़ नहीं हुआ है तब तुझे कनक को मेरे साथ सुलवाने में क्या एतराज़ है ? क्या तू मुझसे इतनी महब्बत करता है कि मुझे किसी और के साथ सोता नहीं देख सकता ?

मैंने उसके चेहरे पर ज़ोरदार झापड़ रसीद करते हुए कहा—मैं तुझसे नफ़्रत करता हूँ कमीने ! कनक तेरी-मेरी बहन है। तुझे उसके बारे में इस तरह की बात करते हुए शर्म नहीं आती ?

वह बोला—कनक तेरी बहन है, मेरी नहीं ! और मेरी बहन है भी तो क्या ? लोग तो मेरा नाम बहन की गाली दिये बग़ैर लेते ही नहीं तिलक। यह कहकर टोपन ने वहशियानः ठहाका बलन्द करते हुए मेरे कूल्हों पर अपने हाथ दे मारे।

मैंने टोपन से कहा कि तू फ़ौरन मेरे कमरे से निकल जा। वह बोला कि मुझे निकाला तो मैं तुझे इस कमरे से ही नहीं, स्कूल से भी निकलवा दूँगा। बिट्टन वग़ैरः सारी दुन्या से कहेंगी कि तू उन्हें धन्धे में डालने की कोशिश कर रहा था।

अपने यहाँ कहावत है कि बेशर्मी तीनों लोक जीत लेती है। मैं समझता हूँ कि इसी वज़न पर यह कहावत भी होनी चाहिए कि शराफ़त तीनों लोक हार जाती है। शराफ़त अमनपसन्द होती है। अमनपसन्द इंसान सुलहदोस्त होता है। गोया अमनपसन्दगी इंसान को समझौतापरस्ती की ओर ले जाती है और जो समझौते के लिए पहल करता है उसे ही झुकना पड़ता है। तो भले ही मैं उसी वक़्त टोपन से हमेशा के लिए नाता तोड़ लेने के लिए भीतर से तड़प रहा था, मैंने न सिर्फ़ टोपन को अपने कमरे में रहने दिया बल्कि सालानः छुट्टियों में मोराँवाली लौटने पर भाभी और स्नेहबई से टोपन की कोई शिकायत भी नहीं की।

उधर टोपन ने मोराँवाली लौटते ही हम लोगों पर पहले से कहीं ज़ियादः एहसान लादने शुरू कर दिये। कोठी की ढहती छत की मरम्मत करायी। गोदाम में गन्दुम, दालें और घी वग़ैरः भरवाया। सबके लिए नये कपड़े बनवाये। और कनक को तो अपनी लाड़ली भैण बताकर इतना लत्ता-ज़ेवर दिया कि वह निहाल ही हो गयी। वह मुझसे कहने लगी कि टोपन उतना बुरा नहीं है काका,

जितना मैं समझती थी। टोपन भाभी से यह भी कहने लगा कि अब आपको कनक की शादी की भी फ़िक्र करनी चाहिए। छुट्टियों के बाद मेरे साथ मुलतान चलें, मैं सारा ज़ेवर बनवा दूँगा। इस माहौल में मेरे वास्ते बहुत मुश्किल हुआ कि मैं कनक से यह कह सकूँ कि ज़रा टोपन से बचकर रहना। यूँ कभी-कभी मुझे यह भी लगा कि शायद टोपन ने कनक के बारे में वह गन्दी-सी बात महज़ मुझे चिढ़ाने के लिए कह दी होगी। वह हैवान ज़रूर है मगर इतना तो नहीं कि जिस कनक से वह राखी बँधवाता आया है उसी का इज़ारबन्द खोलने की कोशिश करे।

सब कुछ जानते हुए भी ऐसा सोचकर मैं बड़ी भूल कर रहा था। लेकिन भोले लोगों की क़िस्मत में लोगों को समझने में भूल करते रहना ही बदा है। इंसान कितना कमीना हो सकता है इसका वह तसव्वुर ही नहीं कर पाते। आख़िर किसी नेक इंसान से कैसे यह उम्मीद की जा सकती है कि वह किसी शैतान के मन में बसी हुई बदी का सही-सही अंदाजः लगा सकेगा? यही वजह है कि मेरे-जैसे भोले इंसान बार-बार धोखा खाते हैं। उनके अफ़्सानः-ए-ज़िन्दगी का उन्वान यही होता है कि 'फिर धोखा खा गया मैं!'

तो एक दिन टोपन कहीं से कैमरा मारकर लाया और अपने इस नये हथियार को उसने सबसे पहले हम लोगों पर ही आज़माया। हम लोगों के घरेलू फ़ोटू ले चुकने के बाद उसने भाभी से कहा कि ज़रा कनक को मेरा लाया ज़ेवर-लत्ता पहनवाइए, मेरा दिया हुआ स्नो-पाउडर लगवाइए। सज-सँवर आयेगी तब इसके कुछ अच्छे फ़ोटो खींचूँगा। जब आप इसके रिश्ते की बात चलायेंगी तब दिखाने के काम आयेंगे।

भाभी को टोपन का सुझाव पसन्द आया। वह और स्नेहबई लजाती-मुस्कुराती कनक को आनन-फानन नयी सज-धज और सिंगार कराके ले आये। टोपन के दिये लत्ते-गहने में वह इतनी ख़ूबसूरत लग रही थी कि पहचान में ही नहीं आ रही थी। उसे देखकर टोपन ने मुलतान में मुझसे सुना एक फ़िक्रः इस्तेमाल कर डाला। बोला, "भाभी यह कहना मुश्किल है कि इन कपड़ों से कनक की ख़ूबसूरती को चार चाँद लग रहे हैं कि कनक के पहन लेने से इन कपड़ों को चार चाँद लग रहे हैं!" फिर उसने मेरे कान में 'देख बे देख' वाले अन्दाज़े-बयाँ में कनक के जिस्म के जुगराफ़िया का निहायत फ़ोह्श फ़िक्रों में

ज़िक्र करना शुरू कर दिया। मैंने उसे धक्का दिया और कहा कि तू फ़ौरन यहाँ से चला जा, मैं तेरी सूरत भी नहीं देखना चाहता। सब लोग हैरान हुए कि मैं ऐसा क्यों कह रहा हूँ ? मैंने कहा कि यह यहाँ से जायेगा तब बताऊँगा। भाभी गुस्सा होकर बोलीं कि टोपन क्यों जायेगा यहाँ से ? मैंने कहा कि तब मैं ही चला जाता हूँ क्योंकि मैं इस टोपन की सूरत भी नहीं देखना चाहता ! कहकर मैं कमरे से बाहर चला आया। टोपन मेरे पीछे-पीछे आया और मेरे कान में यह कहता हुआ अपने घर चला गया कि तेरी सूरत देखने की मुझे अब ज़ुरूरत ही क्या है ? कनक की सूरत देखा करूँगा।

टोपन के चले जाने के बाद भाभी उलटा मुझ पर नाराज़ होने लगीं कि तू उससे इतनी बदतमीज़ी से क्यों बोला ? मैं शिकायत करने वाले की जगह सफ़ाई देने वाला बन गया। कुल मिलाकर मैं इतना ही कह पाया कि टोपन कनक के बारे में गन्दी-गन्दी बातें कर रहा था। मुझे यह देखकर बहुत शर्मिन्दगी महसूस हुई कि मेरी बात पर कोई भी यक़ीन नहीं कर रहा है। ख़ुद कनक भी। स्नेहबई ने पूछा कि क्या गन्दी बातें कर रहा था, ज़रा हम भी सुनें। सुनाने में मेरी हया आड़े आने लगी। मैं यही कहकर रह गया कि तुम्हें सुनाने लाइक़ नहीं हैं। भाभी ने मुझ पर ला'नत भेजी कि अपने सबसे अच्छे दोस्त के बारे में अण्ट-शण्ट बातें किये जा रहा है। मैंने बाद में कनक को अलग ले जाकर यह समझाना चाहा कि टोपन से बचकर रहा कर, लेकिन फिर मेरी हया मेरी मुसीबत बनी। गोल-मोल ढंग से बात की तो उलटे कनक भाभी के पास शिकायत करने गयी कि काका गन्दी-गन्दी बातें कर रहा है।

टोपन कनक पर भाई का प्यार उँड़ेलता रहा और मुझे झूठा साबित करता रहा। मगर फिर एक दिन कनक दौड़ती-रोती हम लोगों के पास यह शिकायत लेकर आयी कि टोपन काका मेरे साथ गन्दी हरकतें कर रहे हैं। भाभी ने उससे पूछा कि टोपन ने क्या कर दिया ऐसा ? कनक ने मारे शर्म के सिर झुका लिया क्योंकि टोपन पीछे-पीछे आन पहुँचा। उसने बेशर्मी से कहा कि भाभी, मैं आपके सामने दिखाता हूँ कि मैंने क्या किया। मैंने तकिया-ग़िलाफ़ बहुत अच्छा काढ़ने पर इसे शाबाशी दी।

टोपन ने कनक को बाँहों में कसा, उसका गाल चूमा और कहा, "शाबाश भैण।" फिर कनक को बाँहों की क़ैद से आज़ाद करते हुए उसने भाभी से कहा कि मैंने कुछ ग़लत किया हो तो माफ़ी माँग लेता हूँ। भाभी बोलीं, "नहीं बेटा,

तूने कुछ भी ग़लत नहीं किया।" कनक रोती, पाँव पटकती चली गयी कि बिलकुल ग़लत किया। मैं उसके पीछे लपका। मैंने उससे कहा कि मैं तो तुझे पहले ही ख़बरदार कर रहा था, बता क्या किया इस कमीने ने? वह बोली, "तुम्हें बताते हुए शर्म आती है काका।" मैंने उससे कहा, "तो स्नेहबई को बता दे।"

शायद कनक स्नेहबई को भी बताने में शर्मा गयी क्योंकि टोपन के लिए उनके रुख़ में कोई फ़र्क़ न आया। लिहाज़ा मैंने स्नेहबई और भाभी दोनों से कहा, "टोपन की नीयत ख़राब है। वह कनक को अपनी बहन नहीं समझता। उसके बारे में गन्दी-गन्दी बातें करता है मुझसे।" भाभी ने मुझे बहुत प्यार से समझाया, "अगर टोपन कनक को अपनी बहन नहीं मानता और वह कनक के हुस्न पर फ़िदा है तो भी इसमें ख़फ़ा होने की क्या बात है बेटे? कनक से कोई और हिन्दू लड़का तो शादी करने से रहा और मुसल्मानों में देंगे तो यह कोठी भी छिन जायेगी। मैं तो शुरू से टोपन को दामाद बनाने का ख़्वाब देखती आयी हूँ। तेरे अब्बा मर्हूम बिचारे तो नीम-पागल रहे हमेशा और तू भी कभी दुन्यादारी सीख न सका। अब तक टोपन ही तेरा दोस्त होने के नाते हमें सहारा देने वाले मर्द का काम अंजाम देता आया है। आइन्दः दामाद की हैसियत से दे तो हमारे लिए इससे बड़ी ख़ुशी की बात क्या हो सकती है तिलक?"

मुझे भाभी की ये दलीलें लचर लगीं और मुझे इस बात से ख़ुशी हुई कि कनक ने टोपन से बोलना भी छोड़ दिया है। मैं ख़ुद भी उससे दूर ही दूर रहने की कोशिश करने लगा गो यह काम अब बहुत मुश्किल हो चला था चूँकि टोपन अब हमेशा हमारे यहाँ ही घुसा रहने लगा गोया शादी से पहले ही घर-जँवाई बन जाने में जुट गया। जब भी मैं और टोपन तन्हा[1] होते वह मुझसे कहता, "तिलक, एक औरत जब ख़ून के रिश्ते वाले की बात से भी ज़ियादः वज़न किसी ग़ैर-मर्द की बात को दे तब यही समझना चाहिए कि वह मर्द उसका ख़सम या यार है।"

मेरे सर से पाँव तक आग लग जाती। और भाभी और स्नेहबई का बर्ताव इस आग में घी का काम करता। मेरे मौजूद रहते हुए भी वे टोपन को 'सहारा देने वाले मर्द' का ताज पहनाकर उसी से सलाह-मश्वुरः करती रहतीं। यही नहीं, वे कनक पर ज़ोर डालतीं कि टोपन से बात करे। इसके चलते घर में ज़बरदस्त

तनाव पैदा हो गया। दो फ़िरक़े बन गये। एक में मैं और कनक, दूसरे में भाभी और स्नेहबई।

घरेलू तनाव मेरे लिए हमेशा नाक़ाबिले-बर्दाश्त साबित हुए हैं और अल्लाह का कुछ ऐसा करम हुआ है मुझ पर कि जिस घर में भी रहा मैं, उसमें तनाव पहले से आन बसा। अपने सबसे पहले घर में गोया भाभी की बच्चःदानी तक में मुझे सुकून नसीब नहीं हुआ। जैसा कि मैं बता चुका हूँ कुबड़ी स्नेहबई के जनम लेने के बाद एक अरसे तक मेरे वालिदैन को कोई औलाद नहीं हुई थी। इसका सबब यह था कि भाभी अपने नाकामयाब और नीम-पागल ख़ाविन्द से दूर ही दूर रहती थीं। दूर रहना उनके लिए ऐसा कोई मुश्किल भी न था क्योंकि लाला जी को अपना कुतुबख़ानः भाभी के ख़्वाबगाह से ज़ियादः पसन्द रहा था। इश्क़ हो या इन्क़िलाब उनके लिए हर शै जज़्बाती नहीं, इल्मी हुआ करती थी। सच पूछिए तो भाभी से निकाह भी उन्होंने इसलिए नहीं किया था कि वह लाहौर की नामी-गिरामी हसीना, रक़्क़ासः[1] और मूसीकारः[2] थीं बल्कि इसलिए किया था कि वह मुसल्मान थीं और उस दौर में अपने पुरखों के धरम से आजिज़ आ चुके लाला जी को इस्लाम एक इन्क़िलाबी मज़हब नज़र आ रहा था। अफ़सोस कि जल्द ही इस्लाम ने भी उन्हें नाउम्मीद किया—जल्द ही नाउम्मीद होना उनका नसीब था—और उन्होंने अपनी और भाभी की शुद्धि करा के उस घरेलू तनाव में कुछ और इज़ाफ़ः कर दिया जो एक ग़ैर-हिन्दू लड़की से शादी करके उन्होंने अपने लिए मोल लिया था।

ख़ैर, तो मैं बता रहा था कि एक अदद कुबड़ी औलाद को जनम देने के बाद भाभी नीम-पागल लाला जी से कोई औलाद पैदा नहीं करवाना चाहती थीं लेकिन जब लाला जी पर पूरा पागलपन सवार हुआ तब वह फिर से उनके भीतर अपना बीज बोकर रहे। भाभी को इस डर ने धर-दबोचा कि कहीं उनके पेट में पली औलाद भी पागल न हो और उन्होंने बच्चःदानी से मेरा हमल गिराने की हरचन्द कोशिश की। पैदा हुआ तो भाभी को यही डर लगा रहा कि पागल होगा। उनका यह डर शायद कभी दूर न हुआ। तो साहिब बच्चःदानी से ही जिस घरेलू तनाव से मेरा वासितः पड़ा था वह कनक के मुआमले में भाभी और

1. नर्तकी, 2. संगीतज्ञ

स्नेहबई के टोपन के हक़ में जाने से इतना बढ़ गया कि मुझे लगा मेरे दिमाग़ की नसें फट जायेंगी।

तभी शकुन्तला फूहा जी अचानक आन पहुँचीं और मैंने बेहद राहत महसूस की। फूहा जी मुझे बहुत चाहती थीं और उन्होंने एकाध मर्तबः मुझे गोद लेने की पेशकश भी की थी। फूहा जी का लाला जी से बहुत दूर का रिश्तः था मगर वह उन्हें सगे से भी ज़ियादः सगा मानती थीं क्योंकि वह सुराजी बाप की बेटी थीं। उनके ख़ाविन्द दरबारीलाल जी एक ऐसे रईस ज़मींदार थे जिनकी अमीरी पर अय्याशी का घुन लग चुका था। पहले वह लाहौर में फूहा जी की सौतों के साथ सोते रहे और बहुत दबाव डलवाने पर जब अपने गाँव और घर लौटे तो उन्होंने बीमारी को हमबिस्तर बना लिया। फूहा जी फूफड़ जी की सेहतमन्दी के लिए और अपनी कोख हरी करने के लिए हर तरीक़: आज़माने के लिए, हर ज़ियारत करने और हर पीर-फ़क़ीर की चौखट पर माथा टेकने के लिए हर वक़्त तैयार रहती थीं। उस वक़्त भी वह भाभी से यही कहने आयी थीं कि मेरे साथ भक्खर चलो, जहाँ एक पहुँचे हुए महात्मा धूनी रमाये हुए हैं।

भाभी मुझे और कनक को भी साथ ले गयीं लेकिन स्नेहबई अपनी होमियोपैथी प्रैक्टिस की ख़ातिर मोराँवाली में ही रुक गयीं। उन्होंने कहा कि आप मेरी फ़िक्र न करें, यहाँ टोपन है मेरी देख-रेख के लिए। मेरे भीतर से किसी ने कहना चाहा कि स्नेहबई, टोपन ही से तो आपको बचाना है लेकिन मैंने उसे ऐसा कहने नहीं दिया।

भक्खर वाले महात्मा जी ने तन्तर-मन्तर करने के बाद फूहा जी से कहा कि तेरी कोख तो हरी नहीं हो सकती बहन, तेरे आदमी की बीमारी अल्बत्तः दूर हो सकती है। मगर उसके लिए तुझे किसी का इकलौता बेटा गोद लेना पड़ेगा। फूहा जी बोलीं कि महाराज, मुझे इकलौता बेटा कौन दे देगा भला? इस पर महात्मा जी ने भाभी की ओर इशारा करके कहा कि इससे माँग ले। फूहा जी ने भाभी के कन्धों पर सिर रख दिया और कहा, "तिलक को मुझे गोद दे दो भाभी। इस बिचारे को एक की बजाय दो-दो माँओं का प्यार नसीब हो जायेगा और बाप का साया भी मिलने लगेगा। मैं अगर इकलौता कमाऊ पूत तुझसे लूँगी तो तेरी सारी ज़िम्मेदारियाँ भी अपने सिर पर ले लूँगी। शादियाँ कराऊँगी तेरी बेटियों की। तेरे घर में किसी चीज़ की कभी कमी नहीं होने

दूँगी।"

इधर फूहा जी यह लालच दे रही थीं, उधर महात्मा जी यह डर दिखा रहे थे कि अगर तूने अपना बेटा इसे गोद न दिया तो तेरा घर-संसार उजड़ जायेगा। भाभी मुझे गोद देने को राज़ी हो गयीं लेकिन मैं उनसे लिपटकर बिलखने लगा कि मुझे गोद मत दो।

आज कभी-कभी सोचता हूँ कि काश, भाभी ने मेरे आँसुओं की परवाह न की होती। एक तो उससे मैं ख़ुशहाली की राह पर लग गया होता और दूसरे हम सब फूहा जी के साथ तयशुदा प्रोग्राम के मुताबिक़ उनके गाँव चले गये होते। हमारे भक्खर से सीधे मोराँवाली चले जाने से मेरे लिए भाभी और स्नेहबई इतनी परायी हो गयीं जितनी कि मेरे गोद दे दिये जाने से भी न होतीं। लेकिन हमें अचानक ही घर लौटना था और मेरे मासूम दिल को एक ज़बरदस्त सदमा पहुँचना था।

हमारे घर के बड़े फाटक का कुण्डा भीतर से लगा था मगर शायद ठीक से नहीं। इसीलिए ज्यों ही मैंने उसे खटखटाने के लिए उस पर हथेली मारी वह खुल गया। मुझे स्नेहबई के कमरे की तरफ़ से टोपन की हवस से हकलाती आवाज़ सुनाई पड़ी कि काकी, शलवार नीची करने दो ठीक से। मैं तेज़ी से कमरे की ओर लपका। वहाँ देखा कि स्नेहबई पलंग पर औंधी लेटी हुई है और टोपन उसे चादर ओढ़ाते हुए दरवाज़े पर निगाह लगाये है। मुझे देखते ही वह बोला, "तिलक, तू लौट कैसे आया इतनी जल्दी?"

मैंने उसके सवाल को नज़रअंदाज़ करते हुए काँपती आवाज़ में पूछा, "कमीने, अभी तू काकी से क्या कर रहा था?" स्नेहबई वैसे ही पड़े-पड़े रुआँसी होकर बोलीं, "चिल्ला क्यों रहा है तिलक? क्या मैं अपने भाई से तेल भी नहीं मलवा सकती?"

मैंने पहले तेल की शीशी पर ग़ौर किया, फिर टोपन की हथेलियों के रूखेपन पर ग़ौर किया, कुँवारी रह जाने का श्राप पाई हुई स्नेहबई के जिस्मानी कूबड़ और किसी भी रिश्ते की इज़्ज़त न करने वाले टोपन के रूहानी कूबड़ पर ग़ौर किया और बग़ैर कुछ कहे कमरे से बाहर निकल आया। टोपन भी मेरे पीछे-पीछे आया। वह मुझसे कुछ कहने को ही था कि तभी भाभी और कनक भीतर आ गयीं। भाभी बोलीं, "अरे तिलक, तू सामान बाहर छोड़कर क्यों चला आया?"

टोपन मुझ पर हक़ारत से देखकर हँसते हुए बोला, "इसकी नीयत मुझे काकी के साथ रँगे हाथ पकड़ लेने की थी।" भाभी बोलीं, "टोपन, ऐसी वाहियात बात कहते हुए तुझे शर्म नहीं आती ?"

टोपन ने कहा, "तिलक को सोचते हुए नहीं आती इसलिए मुझे मजबूरन बोलना पड़ा है। काकी को कल से कमर और पीठ में नाक़ाबिले-बर्दाश्त दर्द हो रहा था। इसलिए मुझसे तेलमालिश करा रही थीं। मैं उनसे कह रहा था कि शलवार नीची कर लीजिए और इसने मान लिया कि मुझे बहन से हमबिस्तरी सूझ रही है। मान ही नहीं लिया, काकी के सामने इल्ज़ाम लगा दिया। वह रो रही है।"

भाभी ने मेरे गाल पर एक झन्नाटेदार झापड़ रसीद कर दिया। मैं यह कहकर रोता हुआ बाहर निकल आया कि आप लोगों को टोपन या मुझमें से किसी एक को चुनना होगा।

मैं भाभी से कह तो आया कि मुझमें और टोपन में से किसी एक को चुनना होगा आपको, मगर घर से बाहर बेसबब भटकते हुए मेरे मन में तरह-तरह के सवाल उठते रहे कि अगर भाभी ने मुझे नहीं चुना तो मेरा क्या होगा ? क्या उस हालत में मैं ताज़िन्दगी इसी तरह मारा-मारा भटकते फिरने के लिए मजबूर नहीं हो जाऊँगा ? क्या कभी ऐसा हो सकता है कि माँ अपने सगे बेटे को न चुने ? क्या कोई भी माँ इस क़द्र बेरहम हो सकती है ? भूखे-प्यासे भटकते हुए मुझे इल्हाम हुआ कि हाँ माँ भी बेरहम हो सकती है। इंसानी रिश्ते महब्बत पर नहीं, ख़ुदग़र्ज़ी पर क़ाइम हैं। इंसान ने ज़बान की खोज की ही इसलिए कि ख़ुदग़र्ज़ी को रहमदिली साबित करने वाली दलीलें दे सके। "मैं तुम पर बेरहमी कर ही इसलिए रहा हूँ कि मैं तुम पर मेहरबान हूँ !"—जैसे चुस्त-दुरुस्त फ़िक्रे आख़िर इंसानी ज़बान में यों ही नहीं पाये जाते हैं। इंसान शायद बोला ही इसलिए कि सफ़ाई दे सके और सफ़ाई देने की नौबत ही इसलिए आयी कि उसके मन में मैल था। ज़बान ढोंग की ढाल बनी और ख़ुदग़र्ज़ी की तलवार !

मैं अभी थोड़ी देर पहले कह रहा था कि घरेलू ज़िन्दगी मेरे लिए हमेशा तनाव की ज़िन्दगी रही। मगर शायद यह कहना ज़ियादः मुनासिब होता कि घरेलू ज़िन्दगी सबके लिए ही कमोबेश तनाव की ज़िन्दगी ही साबित होती है

क्योंकि घर वह जगह है जहाँ आप दूसरे इंसानों से रिश्तेदारी के रस्से से बँधे होते हैं। हर कोई आपको अपनी निगाहों से देख रहा होता है और आपसे यह कह रहा होता कि मुझे अपनी नहीं, मेरी निगाहों से देखो। उसकी ज़िद होती है कि अपने को मेरी जगह रखकर देखो और वह ख़ुद आपकी जगह पर आकर देखने को तैयार नहीं होता क्योंकि उसकी निगाह में आपकी जगह ही ग़लत होती है। यों ख़ून के रिश्ते पर मुटाती ख़ुदग़र्ज़ी घर-घर में छोटे-छोटे नरक बसा देती है।

उस रात काफ़ी भटक लेने के बाद जब मैं अपने छोटे-से नरक में घुसा तब वहाँ मुझे भाभी और स्नेहब्ई अपनी आँखें रो-रोकर लाल किये हुई नज़र आयीं और टोपन अपने रूमाल से उनके गीले गाल पोंछता हुआ और उनसे कुछ खा-पी लेने का इसरार करता हुआ मिला। मुझे आता देखकर टोपन बोला, "अरे, तू आ गया तिलक! मैं तो समझा था कि काकी पर इतना गन्दा इल्ज़ाम लगाने के बाद तू मारे शर्म के डूब मरा होगा। दोस्त, तुझे कहीं चुल्लूभर पानी भी नहीं मिला क्या?"

मैंने रोते-चिल्लाते उसे उसी से सीखी हुई गन्दी-गन्दी गालियाँ दीं और कहा, "तू फ़ौरन यहाँ से निकल जा! जिस जगह तू होगा उस जगह मैं साँस भी नहीं ले सकूँगा। आइन्दः न तू यहाँ मेरे घर आयेगा और न मुलतान में मेरे कमरे में रहेगा।"

टोपन ने कहा, "इस घर से तू मुझे नहीं निकाल सकता क्योंकि यह तेरा नहीं, भाभी का घर है। रही मुलतान की बात तो वहाँ मेरे लिए रहने के वासिते जगहों की कमी नहीं है। लेकिन सबसे पहले तो तू काकी से मुआफ़ी माँग कि तूने इन पर इतना भद्दा इल्ज़ाम लगाया।"

यह सुनकर मैंने रोती हुई भाभी और स्नेहबई से ख़ुद भी रोते हुए कहा, "मैंने काकी पर कोई इल्ज़ाम नहीं लगाया था। टोपन ने जो कुछ कहा मेरे और आप लोगों के बीच दरार पैदा करने के लिए कहा। तुम लोग टोपन से नाता तोड़ दो।"

भाभी बोलीं, "बेटे, ग़लती से ही सही तेरे मुँह से ऐसी बात तो ज़रूर निकली जिससे इल्ज़ाम की बू आती थी। तू दोनों से मुआफ़ी माँग और मुआमला रफ़ा-दफ़ा कर। टोपन से हम तो दामाद बनाकर उससे नाता और मज़बूती से जोड़ना चाहते हैं। तू तोड़ने की बात मत कर बेटा।"

मैंने चीख़कर कहा, "भाभी, टोपन से नाता जोड़ने के लिए तुम लोगों को मुझसे नाता तोड़ना होगा। आप इसकी तरफ़दारी करके क्यों मुझ पर इतनी बेरहमी कर रही हैं ?"

भाभी बोलीं, "बेरहमी तो तू कर रहा है तिलक। पहले तूने एक निहायत ही ग़लत-सी बात सोचकर अपनी बड़ी बहन और बड़े भाई पर बेरहमी की। उस पर तुर्रा यह कि शर्मिन्दः होने की बजाय तूने मेरे आगे अपने और टोपन में से किसी एक को चुन लेने की बेरहम तजवीज़ रखी जबकि तू अच्छी तरह जानता है कि तुम दोनों ही मेरी आँख के तारे हो। बात का बतंगड़ बनाकर अपनी विधवा माँ का दिल मत दुखा बेटा !"

मैंने कहा, "मैं इतना जानता हूँ भाभी कि जो टोपन से कोई रिश्तः रखेंगे उनसे मैं रिश्तः नहीं रख सकूँगा।" कहकर मैं भाभी के कमरे से अपने कमरे की ओर बढ़ गया। भाभी की आवाज़ मेरा पीछा करती रही, "टोपन से कैसे नाता तोड़ दूँ, उसने मेरे बड़े बेटे का किरदार निभाया है। उसी के रहते यह घर चल सका है। बेटा, मुआफ़ी माँगने में तुझे शर्म आ रही हो तो आकर गले ही लग जा।" लेकिन मैं गले लगने के लिए नहीं गया। मुझे लगा कि अगर मैंने 'नहीं' कह सकने के अपने हक़ का अब भी इस्तेमाल न किया तो मैं टोपन से कभी आज़ाद हो ही नहीं सकूँगा।

मैंने अगले दिन अपना सामान बाँधा और गो अभी छुट्टी का एक महीना बाक़ी था, भाभी और स्नेहबई को बिलखता छोड़कर फ़ौरन मुलतान के लिए निकल पड़ा।

मैं जब रवाना होने लगा तब टोपन ने ज़ोर से तो यही कहा कि मेरा सामान मेरे दोस्त अमीनचन्द के घर भिजवा देना। मगर बाद में तन्हाई में उसने मेरे कान में बहुत प्यार से दो बातें कहीं। पहली यह कि मुझ लकी से नाता तोड़ेगा तो बदक़िस्मती का सामना करना पड़ेगा। दूसरी यह कि स्नेहबई जैसे तेरी बहन है वैसे मेरी बहन है और मुझे तो पता है तिलक कि मेरा नाम लेने से पहले लोग-बाग बहन की गाली देना नहीं भूलते। फिर मेरे दोनों कन्धों पर हाथ मारते हुए उसने अपना वह ख़ास वहशियानः ठहाका लगाया। मुलतान लौटते हुए रास्ते-भर मेरे कानों में उसकी हँसी गूँजती रही और मेरी आँखों से आँसू झरते रहे। कुछ यह सोचकर कि टोपन से नाता तोड़ना इस मामले में तो 'अनलकी' साबित हो ही गया है कि भाभी और स्नेहबई से भी मेरा अब पहले-जैसा नाता

नहीं रह गया है। और कुछ यह सोच-सोचकर कि ख़ुदा और उसका बन्दा टोपन मुझ नेकदिल इंसान पर इस क़द्र बेरहम क्योंकर हो सके हैं?

यह तो मुझे बहुत बाद में समझ में आया कि रहम को ख़ुदा और उसके बन्दों की सबसे बड़ी सिफ़त बताने वाले लोग धोखेबाज़ हैं। ख़ुदा ख़ुद बेरहम है। कम-अज़-कम ज़माने भर के लोगों पर रहम करते डोलना उसकी फ़ितरत तो नहीं ही है। ख़ुदा बन्दों से इतनी ऊँचाई पर बैठा हुआ है कि बन्दों के लिए उसमें बेरुख़ी ही हो सकती है। और बेरुख़ी तो सबसे ज़ियादः चुभने वाली बेरहमी है। बन्दों में तो बेरहमी इस क़द्र कूट-कूटकर भरी रहती है कि उसे छिपाने के वास्ते उन्हें रहम के मज़हब और इंसानियत के फ़लसफ़े गढ़ने पड़ते हैं। नादान बच्चों से लेकर सयाने बुजुर्गों तक सभी अपने साथी इंसानों से बेरहमी करते हुए देखे जा सकते हैं। मैं ख़ुद अपने दोस्त के बारे में यह कच्चा-चिट्ठा लिखकर बेरहमी ही तो कर रहा हूँ।

मेरे रूठकर चले जाने से भाभी बहुत उदास हो गयीं और दिन-रात रोने लगीं। तब टोपन ने उन्हें समझाया कि जो भी हुआ है भक्खर वाले उन महात्मा जी के श्राप से हुआ है। आपको उनकी बात मानकर तिलक को शकुन्तला फूहा जी को गोद दे देना चाहिए। तो भाभी ने मुझे चिट्ठी भेजकर इस बात के लिए राज़ी करने की कोशिश की मगर मेरे ग़ुस्से ने मुझे राज़ी न होने दिया। टोपन ने इसका फ़ाइदः उठाकर भाभी से कहा कि तो आप मुझे गोद दिला दीजिए, मैं भी तो इकलौता बेटा हूँ। मेरे माँ-बाप की आप फ़िक्र मत कीजिए, उन्हें मैं राज़ी कर लूँगा। तो भाभी ने शकुन्तला फूहा जी से टोपन की पैरवी कर दी। भाभी से भी ज़ियादः स्नेहबई ने। शुरू में फूहा जी ने हँसकर यही कहा कि कहाँ तिलक और कहाँ यह जोकर! मगर धीरे-धीरे टोपन ने उन्हें भी रिझा ही लिया।

वह उन्हें कई मंदिरों-दरगाहों-गुरुद्वारों की ज़ियारत के लिए ले गया। फूहा जी की तरह वह भी उदासीन अखाड़े में हाज़िरी लगाने लगा और स्नेहबई से गुरु नानक साहिब और उनके फ़रज़न्द सिरीचन्द के बारे में किताबी जानकारी हासिल कर-करके फूहा जी को मुतअस्सिर करता रहा। यही नहीं, उसने फूहा जी पर ख़ुशामद का अपना जाना-माना फ़ार्मूला आज़माया। उसने फूहा जी से कहा कि आप पढ़ी-लिखी और शहरी हैं इसलिए इस इलाक़े की तमाम औरतों से बेहतर हैं। तिलक की अम्मा से भी। कहने को तो वह भी शहरी और

पढ़ी-लिखी हैं लेकिन आप सूरज हैं तो वह मामूली चिराग़ हैं। अब यही लो कि आप सुराजी हैं, मगर क़ौमी लीडर की बीवी होने के बावुजूद तिलक की अम्मा का सुराज की मुहिम से कभी कुछ लेना-देना नहीं रहा है। आपकी तरह उन्हें मज़हब से भी कोई दिलचस्पी नहीं है।

फ़ूहा जी से हमदर्दी जताते हुए टोपन ने कहा कि आप एक ऐसे शख़्स की सताई हुई हैं जिसने कभी आपकी क़द्र नहीं की, जिसने घर-गिरस्ती और ज़मींदारी के कामों से कभी कोई दिलचस्पी नहीं रखी और जो आपको कोई बेटा भी नहीं दे सका कि घर-बाहर के इतने सारे काम-काज में आपका हाथ बँटा सके। आप मुझे गोद लें या न लें लेकिन मुझे अपनी ख़िदमत का मौक़ा ज़रूर दें। सचमुच टोपन फ़ूहा जी के काम-काज में हाथ बँटाने लगा।

फ़ूहा जी ख़ुश हो गयीं और अब वह फूफड़ जी से टोपन की पैरवी करने लगीं। मगर फूफड़ जी अपने ख़ास मुसाहिब रतनचन्द का छोटा बेटा गोद लेना चाहते थे, जिसकी बीवी फ़ूहा जी से ज़बरदस्ती बहन का रिश्तः जोड़कर फूफड़ जी की बेहयाई की हद तक बेतकल्लुफ़ साली बनी हुई थी और जिसके छोटे बेटे के बारे में फूफड़ जी को यह ख़ुशफ़हमी थी कि शायद उनका ही है। फ़ूहा जी को फूफड़ जी के लिए शराब और शबाब जुटाने वाला रतनचन्द बेहद नापसन्द था इसलिए उन्होंने उसके बेटे को गोद लेने से यह कहकर इन्कार कर दिया कि मैं तो बाबा जी के बताये मुताबिक़ किसी का इकलौता बेटा ही गोद लूँगी क्योंकि वही आपके वास्ते सेहतबख़्श होगा।

ये तमाम बातें मुझे ख़ुद टोपन ने ही सुनायीं। गो मैंने उससे बोलना-चालना छोड़ दिया था वह रोज़ानः मुझसे स्कूल में बात कर लिया करता था। अक्सर मेरे घर की ख़बरें देने के लिए ही, जो उसे मुझसे ज़ियादः रहती थीं क्योंकि स्नेहबई से उसकी ख़तोकिताबत बराबर चलती रहती थी। वह मुझसे इसलिए भी बात करता था कि मेरे जले पर नमक छिड़कता रहे। मिसाल के लिए वह अरबी में कोकशास्त्र लिखने वाले शेख़ नजावी के हवाले से बताता रहता कि कुबड़ी के मज़े लेने के लिए क्या किया जाता है, कैसे किया जाता है? टोपन मुझसे इसलिए भी बातें करता था कि तमाम और लड़कों के साथ मिलकर मुझे इतना परेशान करे कि मेरा पढ़ना-लिखना दुश्वार हो जाये। तो पहले तिमाही इम्तिहान में हमेशः की तरह क्लास में अव्वल आने की जगह दसवाँ आया मैं।

नतीजः मिलने के बाद जब ड्रिल के पीरियड के लिए हम लोग खेल के मैदान की ओर जा रहे थे तब टोपन और उसके साथी गुण्डे मुझे घेरकर चलने लगे। टोपन एक ही जुम्लः दोहराता रहा कि 'लकी' से नाता तोड़ने का नतीजः कितना अनलकी रहा तिलक! जिस वक़्त हम मैदान की ओर जाने वाली सीढ़ियों से उतर रहे थे किसी ने मुझे धक्का दिया और मैं लुढ़कता हुआ नीचे जा गिरा। मैं क़समिया तौर पर यह तो नहीं कह सकता कि टोपन ने ही मुझे धक्का दिया लेकिन इतना ज़रूर जानता हूँ कि वह पीछे से मुझसे बिलकुल सटकर चल रहा था और बहुत बेशर्मी से गन्दी हरकतें कर रहा था।

गिरने से मेरे सिर पर काफ़ी चोट आयी और बायें हाथ की हड्डी भी टूटी। तब टोपन ने ही मुझे लपककर उठाया। उसी ने अनूपचन्द की गाड़ी से हस्पताल पहुँचाया। मेरे माथे पर बारह टाँके लगे। उस चोट का दाग़ आज भी देखा जा सकता है मेरे माथे पर, दिल पर। टोपन ने ही मेरे घर तार भेजा। मेरी जिस्मानी हालत पर आँसू बहा लेने के बाद भाभी मेरी दिमाग़ी हालत पर भी आँसू बहाती रहीं। बोलीं कि जो दो इंसान बचपन से लेकर अब तक तुझे सबसे ज़ियादः प्यारे रहे हैं और जो ख़ुद सबसे ज़ियादः तुझे ही प्यार करते हैं, उनके बारे में एक निहायत ही भद्दी-सी बात सोचकर तूने अपनी और उनकी सारी ख़ुशियाँ छीन ली हैं तिलक।

भाभी ने मुझ पर और उन पर टोपन के एहसानों की लम्बी फ़ेहरिस्त सुनायी और कहा कि बेटा, शराफ़त का तो यह तक़ाज़ा है कि तू टोपन और स्नेहबई दोनों से मुआफ़ी माँगे। भाभी ने अपनी बातें इतने पुरअसर ढंग से कहीं कि टोपन की अस्लीयत जानते हुए भी मेरी शराफ़त शर्मसार होने लगी। बहरहाल मैंने अपनी शराफ़त के आगे घुटने पूरी तरह नहीं टेके। सिर्फ़ स्नेहबई से मुआफ़ी माँगी, टोपन से नहीं। टोपन ने अपनी दरियादिली का सबूत देते हुए कहा कि तिलक तो मेरा दोस्त है और दोस्तों में मुआफ़ी माँगने का कोई दस्तूर नहीं भाभी।

दो ही दिन बाद शकुन्तला फूहा जी भी फूफड़ जी समेत आन पहुँचीं क्योंकि उन्हें भी टोपन ने तार भिजवाया था। इसलिए भिजवाया था कि टोपन फूफड़ जी की तबीयत ख़ुश कर सके। तो अब वह मेरी तीमारदारी करना भूल-भालकर पूरी तरह फूफड़ जी की ख़िदमत में जुट गया। उनकी रिहाइश का इन्तिज़ाम उसने अपने रईस दोस्त अनूपचन्द की कोठी में करवाया और उनके

लिए शराब और शबाब जुटाने के मामले में उसने उनके मुसाहिब रतनचन्द से भी ज़ियादः मुस्तैदी दिखायी। उनके लिए जाम ढालते हुए उसने ख़ुशामद का अपना जाना-माना फ़ार्मूला आज़माया। उसने कहा कि आप-जैसा रईस सारे मुलतानी इलाक़े में नहीं है क्योंकि आप रईस होने के साथ-साथ रईस तबीयत भी हैं जबकि इस इलाक़े में निरे कंजूस बसते हैं। यह आपकी बदनसीबी है कि आपको लाहौर की रंगीन दुन्या छोड़कर जाहिल लोगों के बीच रहना पड़ रहा है। और पूरी तरह बेड़ा ग़र्क़ करने वाली बात यह कि घर में आपको ऐसी बीवी मिली हुई है जो मिज़ाज की बहुत रूखी है।

टोपन ने फूफड़ जी का दिल जीत लिया। वह उसे गोद लेने के लिए राज़ी हो गये। जब मैं चलने-फिरने लाइक़ हो गया तब टोपन ने सुझाव दिया कि हम लोग सब मोराँवाली के शिव मंदिर और गुरुद्वारे में मत्था टेकने चलें। वहाँ फूफड़ जी टोपन को गोद लेने की बात मेरे पापाजी से भी कर सकेंगे।

मोराँवाली में टोपन नये सिरे से कनक को परेशान करने लगा। मैंने कुछ नहीं कहा। इसकी वज्ह यह थी कि शिवाले से लौटने के बाद जब टोपन ने कमरा बन्द करके इज़ारबन्द खोलते हुए मुझसे यह कहा, "देख तिलक, तेरा लकी-लिंग तो मैं हूँ। तू मुझे पूजते रहा कर। मुझसे रूठेगा तो बदक़िस्मती को बुलावा देगा।" तब मुझे हालियः[1] तज्रिबः ने यह मानने को मजबूर किया कि वह सच बोल रहा है। मुझे कई बार यह सोचकर हैरानी होती है कि मैं तब ही नहीं, आज भी इस बात पर यक़ीन करने लगता हूँ कि मेरी ख़ुशक़िस्मती टोपन के हाथ में थी। मगर शायद इसमें इतना हैरान होने की कोई बात नहीं। सोचने वाला जानवर इंसान काफ़ी सोच लेने पर भी जब किसी नतीजे पर नहीं पहुँच पाता तब अपनी समझ से परे कैसी भी किसी भी ताक़त पर ए'तिक़ाद[2] कर लेता है। टोपन से बाद में जब मैंने फिर एक बार नाता तोड़ा तब भी मुझे बदक़िस्मती का सामना करना पड़ा और मैंने हमेशा के लिए मान लिया कि सचमुच वह मेरा लकी-लिंग है।

ख़ैर, वह तो बाद की बात है। उस वक़्त तो ऐसा लग रहा था कि क़िस्मत ख़ुद लकी टोपन का साथ नहीं दे रही है। फूहा जी और फूफड़ जी ने बहुत चिरौरी की लेकिन मास्टर खिल्लुराम अपने इकलौते बेटे को गोद देने के लिए

1. हाल के, 2. विश्वास

तैयार न हुए। उन्हें स्कूल की हैडमास्टरी मिलने वाली थी। वह इस सिल्सिले में दौड़-धूप करने और अपनी बेटी का रिश्ता पक्का करने में मश्ग़ूल थे। लिहाज़ा एक बार ना कर देने के बाद वह फूफड़ जी से मिले ही नहीं। फूफड़ जी नाउम्मीद होकर लौट गये। मास्टर खिल्लुराम के इन्कार से टोपन उतना मायूस नहीं हुआ जितना कि गुस्सा।

फिर एक दिन जब मास्टर खिल्लुराम सदर बैंक से बेटी की शादी के वास्ते रुपया निकालकर लौट रहे थे किसी ने उनकी जान भी ले ली और पैसा भी। शक मेघराज पर गुज़रा जो हैडमास्टरी के लिए मास्टर खिल्लुराम के रक़ीब मास्टर हेमराज का चाचा था और हमारे इलाक़े का इकलौता दस नम्बरी था। मगर वारदात के वक़्त मेघराज फूफड़ जी से मिलने गया हुआ था, जो उसके दोस्त थे।

मुझे पक्का यक़ीन है कि मास्टर हेमराज की हैडमास्टरी का और टोपन के गोद लिये जाने का रास्तः साफ़ करने वाला यह क़त्ल मेघराज ने ही किया और इसे करवाने में टोपन का हाथ ज़ुरूर रहा। शायद फूफड़ जी का भी मगर लुत्फ़ यह कि टोपन इस क़त्ल के लिए मुझे ज़िम्मेदार ठहराता रहा। इस बिना पर कि अहमदपुर के मशहूर गुण्डे नरेन्द्र प्रताप के भाई महेन्द्र प्रताप का, जो हमारे इलाक़े का सबसे अच्छा शाइर था, और जिसने उन्हीं दिनों अपना तख़ल्लुस 'ग़ाफ़िल' से बदलकर 'आशिक़' कर लिया था, मैं शागिर्द बन गया था। उसका हमारे घर ख़ूब आना-जाना था। टोपन का कहना था कि मैंने महेन्द्र प्रताप को बता दिया कि मास्टर खिल्लुराम बैंक से पैसा निकालने गये हैं और महेन्द्र प्रताप ने इसकी ख़बर नरेन्द्र प्रताप को दे दी। तब नरेन्द्र प्रताप ने खिल्लुराम के क़त्ल के लिए हेमराज से सुपारी ले ली क्योंकि उसे खिल्लुराम को मारने के साथ-साथ लूटने का भी मौक़ा मिल रहा था। मुझे पता था कि यह इल्ज़ाम टोपन इसलिए लगा रहा है कि वह महेन्द्र प्रताप को कनक के मामले में अपना रक़ीब समझता था मगर मैं चुप लगा गया। ख़ुशक़िस्मती के देवता से लड़ना बेकार था।

तो टोपन गोद ले लिया गया। एक ही झटके में उसकी माली हालत कई गुना बेहतर हो गयी। मगर उतनी नहीं जितनी कि वह सोचे बैठा था। चन्द ही हफ़्तों में उसे पता चल गया कि फूफड़ जी की अय्याशी उनकी ज़मींदारी को

उतना ही खोखला बना चुकी है, जितना कि बीमारियाँ उनके जिस्म को। टोपन के गोद लिये जाने के बाद उनकी सेहत में थोड़ा सुधार ज़रूर हुआ मगर यह सुधार ज़मींदारी का और भी बण्टाढार करने लगा। टोपन को यह फ़िक्र हो चली कि फूफड़ जी उसके लिए अगर कुछ छोड़ जायेंगे तो अपने क़र्ज़े ही। लिहाज़ा जिस टोपन ने गोद लिये जाने से पहले मुलतान में रंगरेलियों में फूफड़ जी की पूरी मदद की थी वही गोद ले लिये जाने के बाद उनकी अय्याशी और फ़िज़ूलख़र्ची पर फूहा जी से भी ज़ियादः टोका-टाकी करने लगा। उधर फूफड़ जी को इस बात पर एतराज़ होने लगा कि टोपन उनके पैसे से अपनी माँ का ही नहीं, अपने दोस्त तिलक की माँ का भी घर चला रहा है।

इसकी सफ़ाई में टोपन ने यह कह दिया कि कनक मेरी मँगेतर है लिहाज़ा कनक की माँ की मदद करना मेरा फ़र्ज़ है। यह सुनकर फूहा जी बहुत ख़ुश हुईं और उन्होंने भाभी को आकर लताड़ा कि तूने मुझसे मँगनी की बात क्यों छिपाये रखी? कनक और टोपन की शादी की तैयारियाँ शुरू हो गयीं। कनक मुझे रो-रोकर बताती रही कि किस तरह टोपन कहता है कि शादी होने दे फिर तुझसे गिन-गिनकर बदला लूँगा। तुझे मेरी बाँहों में आने से एतराज़ था, मैं तुझे अपने दोस्तों की भी बाँहों में पहुँचा दूँगा।

तभी एक दिन महेन्द्र प्रताप ने मुझ से कहा, "मैंने अपना तख़ल्लुस 'ग़ाफ़िल' से बदलकर 'आशिक़' किया ही इसलिए कि मैं अपना दिल तुम्हारी बहन कनक को दे बैठा। गो मैं शादीशुदः हूँ, वह मुझसे शादी करने के लिए तैयार है। तुम अपनी माँ को राज़ी करो दोस्त।"

भाभी और स्नेहबई दोनों ने मुझे यह सलाह दी कि मैं अपने दिमाग़ की जाँच करवाऊँ। टोपन जैसे जाने-पहचाने शरीफ़ कुँआरे के रहते अपनी बहन एक शादीशुदः अधेड़ शाइर से ब्याहना चाहता है और वह भी ऐसा जिसका ख़ानदान दस नम्बरी है। मुझसे इसका जवाब देते न बना लेकिन कनक टोपन की शराफ़त के आगे सवालिया निशान लगाते हुए भाभी और स्नेहबई दोनों से ख़ूब लड़ी। उसने साफ़ कह दिया कि मैं तो महेन्द्र प्रताप से ही शादी करूँगी।

फिर एक दिन कनक ने रो-रोकर मुझे बताया कि काका, टोपन ने कुछ ऐसा कर दिया है कि मेरे वास्ते दो ही रास्ते बचे हैं—या तो उस हैवान से शादी कर लूँ या ख़ुदकुशी कर लूँ। मैंने भाभी से शिकायत की तो वह बोलीं, "अगर उसने

ऐसा किया भी तो क्या जुर्म किया? वह कनक को अपनी मँगेतर मानता है। ज़ुल्म तो कनक कर रही है उससे शादी न करके।"

मैंने कनक को सलाह दी कि तू महेन्द्र प्रताप के साथ भाग जा भैण। वह बोली कि अब तो वह भी नहीं हो सकता क्योंकि मेरे साथ जो कुछ किया गया इस तरह किया गया कि महेन्द्र प्रताप भी देख ले। लिहाज़ा मैं उसे यह सलाह देने पर मजबूर हुआ कि टोपन से शादी कर लेना ख़ुदकुशी कर लेने से तो क़द्रे बेहतर ही होगा। यह तो आइन्दः तज्रिबः से ज़ाहिर हुआ कि मैंने कनक को दोहरी ख़ुदकुशी की सलाह दी। सो इस तरह कि सुहाग सेज पर एक कँजड़ी को भी सुला लेने के साथ टोपन ने कनक की तौहीन का जो सिल्सिलः शुरू किया वह ख़ुद कनक को ही कँजड़ी बना देने की धमकी पूरी करने की हद तक गया। गोया कनक को जीते-जी मर जाना पड़ा शर्म से।

शर्म से मर चुकने पर भी कनक टोपन की नज़र में शायद काफ़ी नहीं मर चुकी थी। लिहाज़ा जब वह एक बच्ची की माँ बनी तब टोपन ने उससे यह कह दिया, "तूने हराम की औलाद पैदा की है। इसे जाकर अपने यार महेन्द्र प्रताप के पास छोड़ आ जिसने तेरी ख़ातिर अपना तख़ल्लुस बदलकर 'आशिक़' कर लिया था।" कनक से कह दिया मगर दूसरों के सामने ऐसा ही जताता रहा मानो उसे इस बच्ची की पैदाइश से बहुत ख़ुशी हुई हो। ज़ाहिर है कि भाभी, स्नेहबई, फूफड़ जी और फूहा जी, चारों टोपन की 'ख़ुशी' में सच्चे दिल से शरीक होते रहे। बेचारी कनक मेरे इलावः किसी से अस्लीयत बयान नहीं कर सकी। टोपन ने उसे इतना ज़ियादः सताया कि वह एक दिन बच्ची को स्नेहबई के पलंग पर छोड़कर चली गयी। कोई हफ़्ते भर बाद उसकी लाश उसी नहर में उसी जगह से मिली जिस जगह से लाला जी की मिली थी। गोया टोपन ने एक और क़त्ल कर डाला। उसकी बेटी को पहले फूहा जी ने और फूहा जी की मौत के बाद स्नेहबई ने पाला।

इस वाक़िये से मुझे ज़बरदस्त सदमा पहुँचा। मुलतान में मेरी पढ़ाई-लिखाई पहले ही चौपट हुई जा रही थी क्योंकि भले ही फूफड़ जी टोपन के वास्ते बहुत पैसा भेज रहे थे वह मुझे बदस्तूर जुआख़ाने का मालिक और परचूनिया बनाये हुए था। सच तो यह है कि मेरे कमरे में अय्याशी और तिज़ारत का शोर पहले से चौगुना हो चला था क्योंकि फूफड़ जी से मिलने वाले पैसे को टोपन बिज़नेस में डाल रहा था। मुझे और मेरे उस्तादों को शुरू से यह उम्मीद

रही थी कि मैट्रिक के इम्तिहान में मैं सारे इलाक़े में अव्वल आऊँगा और मुझे ऊँची तालीम हासिल करने के लिए वज़ीफ़: मिलेगा। मैंने लाहौर जाकर कॉलेज की पढ़ाई करने का ख़्वाब तब से अपने भीतर सँजो रखा था जब से मेरे क़लम से टूटे-फूटे अशआर निकलने लगे थे। लाहौर अदबी और सियासी मर्कज़ की हैसियत रखता था लिहाज़ा मेरे भीतर का तरक़्क़ी-पसन्द शाइर वहाँ जाने के लिए ललक रहा था। यही नहीं, लाहौर वह शहर भी था जिसके चर्चे मैं अपने घर में बचपन से ही वालिदैन के मुँह से सुनता आया था।

इम्तिहान का नतीज: आने पर जब यह पता चला कि इलाक़े में अव्वल आना तो दूर, मैं फ़र्स्ट डिवीज़न में भी पास नहीं हुआ हूँ और लाहौर में पढ़ने के लिए मुझे वजीफ़: नहीं मिल सकता, तब मैं ख़ुदकुशी करने पर आमाद: हो गया। मगर टोपन ने, जो थर्ड डिविज़न में ही सही, पास हो जाने से बेहद ख़ुश था, मुझसे कहा, यार, तुझे लाहौर में कॉलिज की पढ़ाई मैं करवाऊँगा। मैंने पूछा, "कैसे? फूफड़ जी तुझे और मुझे आगे पढ़ाने के लिए पैसा ख़र्च करने को तैयार नहीं हैं और तू फूहा जी की यह बात मान चुका है कि बेटा यहीं रहकर ज़मींदारी की देख-रेख कर और इनकी अय्याशी पर रोक लगाने में मेरा हाथ बँटा।"

टोपन ने हँसकर कहा कि सौ-सौ रुपये की शर्त रही, हम एक दिन ज़ुरूर लाहौर में कॉलिज पढ़ने जायेंगे। मैंने कहा कि मेरे पास तो सौ रुपये हैं नहीं। वह बोला, "अच्छा, चल अगर तू हार जाय तो मुझे वही दे देना तिलक, जो अब तक देता आया है—अपने दिमाग़ की अगाड़ी और जिस्म की पिछाड़ी।" मुझे पूरी उम्मीद थी कि मैं जीतूँगा लेकिन जीत टोपन की हुई जो लकी होने के साथ-साथ क़ातिल भी था। फूफड़ जी को रात सोये में साँप ने डस लिया। सियापा डालते हुए फूहा जी यही पूछती रहीं कि वह तो छत पर मंजी डालकर सो रहे थे, वहाँ साँप कैसे पहुँच गया? मातमपुर्सी करने के लिए आये हुए लोग उनकी इस हैरानी में साझेदारी करते रहे। सिर्फ़ मुझे ही यह मालूम था कि टोपन को साँप पकड़ना आता है।

जब मैंने इसका ज़िक्र टोपन से किया तब वह दोनों हाथ मेरे कूल्हों पर मारते हुए बोला, "इसी से तुझे समझ लेना चाहिए कि टोपन जितना लकी है उतना ही ज़हरीला भी। उसकी लक का फ़ाइद: उठा और अब लाहौर चलने की तैयारी कर। इधर-उधर की बेकार की बातें करेगा तो टोपन के ज़हर से जान जाने

का डर रहेगा।" लिहाज़ा मैंने फ़ैसला कर लिया कि टोपन के साँप पकड़ने के हुनर का ज़िक्र अब औरों से क्या, ख़ुद टोपन तक से नहीं करूँगा।

फूफड़ जी के गुज़र जाने के बाद हम फ़ौरन लाहौर न जा सके क्योंकि टोपन फूफड़ जी के वारिस की हैसियत से मुक़द्दमेबाज़ी में उलझ गया। जब उसे पता चला कि फूफड़ जी बहुत ज़ियादः क़र्ज़ छोड़ गये हैं तब उसने मुलतान के एक वकील की सलाह पर हिन्दू क़ानून के इस नुक़्ते से फ़ाइदः उठाने का फ़ैसला किया कि बेटे पर बाप के उन क़र्ज़ों को चुकाने की ज़िम्मेदारी नहीं होती जो बुरे कामों के लिए लिये गये हों। शुरू में फूहा जी को यह अजीब लगा कि उनका बेटा भरी अदालत में अपने मर्हूम बाप को शराबी, रंडीबाज़ और न जाने क्या-क्या साबित करवायेगा। मगर जब टोपन ने उनसे कहा—"ये सारी बातें तो दुनिया को पहले ही मालूम हैं माँ! हम क़र्ज़दारों को मूल और सूद लौटायेंगे तो तुम्हारे और मेरे खाने के ही लाले पड़ जायेंगे। तुम्हारे पास पिताजी की आत्मा की शान्ति के लिए दान-पुण्य करने के लिए कानी कौड़ी भी न बचेगी।" तब उन्होंने अपनी रज़ामन्दी दे दी।

टोपन के भरी अदालत में बाप को बदनाम करने के लिए खड़े हो जाने से बिरादरी में भले ही थू-थू हुई हो क़र्ज़दारों में घबराहट फैल गयी। उन्होंने अदालत से बाहर समझौते की पेशकश की और भागते भूत की लँगोटी जितना मुआवज़ः लेकर चले गये। इसके बाद टोपन ने फूहा जी से कहा कि मुझे और तिलक को लाहौर पढ़ने के लिए जाने दें और आप ख़ुद हरिद्वार जा बसें। मैं यहाँ की ज़मीन-जायदाद बेच देता हूँ। फूहा जी राज़ी हो गयीं। बिरादरी ने अदालत में अपने बाप के गुनाहों का कच्चा-चिट्ठा खोलने के लिए टोपन की जितनी थू-थू की थी अब उसकी उतनी ही वाहवाही जायदाद की बिक्री से मिला सारा पैसा फूहा जी के हाथ में रख देने पर की। चन्द ही लोग इस राज़ को जानते थे कि टोपन ने अच्छी-ख़ासी रक़म नम्बर दो में लेकर अपने पास रख ली है और बाक़ी रक़म फूहा जी को दी है तो इसी उम्मीद में कि वह उसे अपने गोद लिये बेटे को लौटायेंगी ही। ऐसा ही हुआ भी।

अब टोपन रईस था। तो भी लाहौर पहुँचकर वह मुझे लाला जी के उन तमाम वाक़िफ़ों से मिलाने ले गया, जिनसे मुझ यतीम की तालीम के वासिते इमदाद मिलने की उम्मीद रखी जा सकती थी। इनमें से पहले थे वही सुरेन्द्रपाल

मलिक जो मुलतान में मेरी पढ़ाई के लिए पैसा भेजते रहे थे। लाला जी की तरह वतनपरस्त और इन्क़िलाबी होने के बावजूद मलिक साहिब ने सूदख़ोरी और सट्टेबाज़ी के ख़ानदानी पेशे से ख़ानदानी दौलत में इज़ाफ़ः करते रहने से परहेज़ नहीं किया था। अपनी पहली बीवी के ख़ुदकुशी कर लेने के बाद उन्होंने अपनी सबसे छोटी साली से दूसरी शादी कर ली थी और पहली शादी के दो छोटे बच्चों की पढ़ाई को लेकर परेशान थे। तो टोपन ने मुझे उनके बच्चों का उस्ताद बनवा दिया और ख़ुद सूदख़ोरी और सट्टेबाज़ी में उनका शागिर्द बन गया। लाला जी के एक और वाक़िफ़ से उसने मुझे पाँच रुपया माहवार का वज़ीफ़ः दिलवाया और रहने के लिए कमरा भी। ग़नीमत यही हुई कि उसने इस कमरे में जुआख़ानः, परचून की दुकान या चकला नहीं खुलवाया। सो इसलिए कि अब वह टोपन नहीं रह गया था। सूद पर पैसा उठाने वाला रईस टी० के० नारकियानी बन चला था।

यह टी० के० की सूदख़ोरी का ही जल्वः था कि लहौरियों की निगाह में एक पिछड़े हुए इलाक़े से आये हुए गँवार और बेशऊर बन्दे होते हुए भी हमें बहैसियत फ़र्स्ट इयर फूल्स बहुत ज़ियादः परेशान नहीं किया गया। टोपन ने क़र्ज़ हमेशा ऐसे ही लोगों को दिया जिन्हें अपना एहसानमन्द बनाकर कोई फ़ाइदः उठाने की गुंजाइश हो या जिनसे पैसा सूद समेत वापस मिलने की उम्मीद हो। बहैसियत जुआरी भी देखते ही देखते उसकी बड़ी धाक जम गयी। लकी टोपन को बड़ा जुआ खेलने और बड़ी-बड़ी जीतें हासिल करने के लिए बड़े-बड़े लोगों के यहाँ से बुलावा आने लगा।

जहाँ तक मेरा सवाल है, चन्द ही महीनों में पढ़ाई-लिखाई, डिबेट, ड्रामा और शाइरी जैसे इदारों में मेरी ज़हानत की ऐसी धाक जम गयी कि कॉलिज में मुझे इज़्ज़त की निगाह से देखा जाने लगा। टोपन को यह सख़्त नागवार गुज़रा कि उसे तो सिर्फ़ बेइज़्ज़त नहीं किया जा रहा है, मुझे इज़्ज़त भी बख़्शी जा रही है। इज़्ज़त ही नहीं, महब्बत भी। लाहौर उस ज़माने में भी एक मॉडर्न और आज़ादख़याल शहर हुआ करता था और लड़कियों के लड़कों से मिलने पर वहाँ मुलतान जैसी पाबन्दी न थी। एक शाइर, एक एक्टर, एक डिबेटर की हैसियत से मैं बहुत जल्द ही अपने कॉलिज की ही नहीं, बाहर की लड़कियों के लिए भी हीरो बन गया और टोपन वही ज़ीरो का ज़ीरो रहा। वह फिर मुझसे कहने लगा कि मैं उसके लिए लड़कियाँ पटाने का काम करूँ। मैं इसके लिए

राज़ी न हो सकता था, न हुआ। टोपन ने मुझसे कहा, "जब अपनी भैण कनक को ही महेन्द्र और मेरे पास पहुँचाते तुझे कोई हिचक न हुई तब ग़ैर लड़कियों को मेरे वास्ते पटाने-लाने में क्यों शरमा रहा है यार?" मैंने अपने नाज़ुक हाथों से उसे एक कमज़ोर-सा धक्का दिया। मगर वाह रे परवरदिगार के फ़ौलादी हाथ कि आगे चलकर जिन दो लड़कियों ने लाहौर में मुझे अपना प्यार दिया, उन दोनों से ही टोपन की शादी हुई।

इनमें से पहली थी मैना। वह लाला जी के दोस्त वेद प्रकाश अरोड़ा की बेटी थी। भाभी ने हम लोगों को बताया था कि वेद प्रकाश भी पुराने रईस ख़ानदान से वाबस्तः हैं। तो लाहौर में टी० के० मुझे उनसे मिलाने के लिए भी बेचैन रहा। मगर पता चला कि वह हवा-बदली के लिए कसौली गये हुए हैं। कसौली में हवा-बदली का मतलब तपेदिक़ का इलाज भी हो सकता था। लिहाज़ा मेरा तो अरोड़ा साहिब से मिलने का फिर ज़रा भी मन नहीं रहा मगर टी० के० उनकी वापसी का इन्तज़ार करता रहा।

ज्यों ही टी० के० ने उनकी रंग-रोगन और मरम्मत के लिए तरसती पुश्तैनी हवेली पर बाहर से निगाह मारी त्यों ही उस पर यह ज़ाहिर हो गया कि यहाँ से इमदाद मिलने की ज़ियादः उम्मीद नहीं रखी जा सकती। वह तो फ़ौरन लौट जाना चाहता था मगर मैंने दरवाज़े पर दस्तक दी। अरोड़ा साहिब की बीवी ने दरवाज़ा खोला, बीमार के कमरे में ले गयीं। अरोड़ा साहिब एक ऐसे बड़े विलायती पलंग पर खाँसी और बुख़ार से निढाल हुए पड़े थे, जिसकी हालत पुश्तैनी हवेली की हालत से कुछ कम ख़स्तः न थी। मेरे मना करने पर भी अपनी बीवी का सहारा लेकर अरोड़ा साहिब हमसे बातचीत करने के लिए उठ बैठे। दुआ-सलाम के बाद दो-एक बातें हुई ही थीं कि उन्हें खाँसी का ख़ौफ़नाक दौरा पड़ा और उन्होंने चिलमची में ख़ून से लाल बलग़म थूक दिया। शायद टी० के० को यह लगा कि यहाँ तो उलटे इमदाद देने की नौबत आ सकती है, इसलिए ज्यों ही अरोड़ा साहिब को दुबारा लिटाकर और अपने रूमाल से उनके ओंठ पोंछकर उनकी बीवी ने हमारे वासिते शरबत लाने की पेशकश की उसने रुख़सत माँग ली। माता जी हमें फाटक तक छोड़ने आयीं और अपनी दर्दभरी दास्तान का एक अदद गुटका एडीशन उन्होंने हमारी ख़िदमत में पेश कर दिया।

उन्होंने बताया, कि "मेरे ससुर मेरे ख़ाविन्द से ख़फ़ा होकर अपनी सारी

दौलत का वारिस पहली बीवी से हुए इनके दो बेटों को बना गये, इन्हें तो बस यह पुश्तैनी हवेली ही दी। जब यह वकालत करते भी थे तब भी इनका ज़ियादः वक़्त सियासी अख़बारनवीसी में बीता करता था और वकालत से कमाया हुआ पैसा यह अख़बारनवीसी में ही गँवा देते थे। जब से तपेदिक़ ने धर दबाया है वकालत कर ही नहीं पा रहे हैं। हम लोगों की एक ही औलाद है मैना, जिसने इसी साल मैट्रिक पास किया है। वह ट्यूशन करके जो कमा लेती है उसी से किसी तरह हम अपना पेट पाल रहे हैं।"

हम बाहर गली में निकले ही थे कि एक कमसिन हसीना हवेली के फाटक की तरफ़ क़दम बढ़ाती नज़र आयी। टी० के० उसे देखता ही रह गया और वह ख़ुद इस नाचीज़ को चोर निगाहों से देखती रही। वह बोली, "आप ?" मैं कुछ कहूँ इससे पहले ही टी० के० तआरुफ़ करने-कराने लगा और ज्यों ही यह पता चला कि हसीना वकील साहिब की बेटी है, उसने कहा कि मैं वकील साहिब की मदद करने के सिल्सिले में आपसे बात करना चाहता था। मैना ने बताया कि लाला जी तो पार्टी तक से मदद लेने को तैयार नहीं होते, मगर भीतर चलिए, यहाँ तो बात हो नहीं सकती।

वकील साहिब को इस दरमियान झपकी लग चुकी थी। उनकी बीवी हमारे वासिते शरबत बनाने चली गयीं और मैना बैठक में हम लोगों से बात करती रही। ज़ियादःतर मुझसे ही। मेरा नाम सुनते ही उसके दिल में यह ख़याल आया था कि कहीं मैं वही शाइर तो नहीं हूँ जिसकी एक नज़्म लाहौर के तरक़्क़ीपसन्द रिसाले में हाल ही में शाया हुई थी। तो सौंफ और काली मिर्च का शरबत पीते हुए मुझे मैना की फ़रमाइश पर अपना ताज़ः कलाम सुनाना पड़ा। कुछ ऐसा रंग जमा मेरी शाइरी का कि शरबत से ले के रात के खाने तक मैं सुनाता रहा और मैना सुनती रही। मैं उसकी अदबी समझ, संजीदः फ़ितरत और सादा हुस्न पर दिलो-जान से न्यौछावर होता गया। मैना ने भी इस बात की कोई पर्दःदारी न की कि वह मुझ शाइर की शख़्सीयत में ज़बरदस्त कशिश महसूस कर रही है।

इस दौरान टी० के० ख़ुशामद के अपने जाने-माने नुस्ख़े से अरोड़ा साहिब और उनकी बीवी को रिझाता रहा। मैना की माँ से तो उसने कहा कि आप आम औरतों से इतनी अलग हैं कि आपको तो औरत कहा ही नहीं जा सकता। आप तो देवी हैं। जैसे शिवजी ने ज़हर पी लिया था वैसे आपने अपने ख़ाविन्द की

ज़िन्दगी का सारा दर्द अपने में जज़्ब कर लिया है। अफ़सोस कि आपकी क़ुर्बानी की घर या बाहर कहीं भी क़द्र नहीं हुई है।

मैना के बाप से उसने कहा कि आपकी-जैसी सियासी समझ किसी भी लीडर में नहीं है लेकिन अफ़सोस, आपकी तरक़्क़ीपसन्दगी ने आपको ज़माने से इतना आगे बढ़ा दिया है कि आपको कोई क़द्रदान नहीं मिल रहा है। टी० के० ने अपने को भी अरोड़ा साहिब की तरह कम्युनिस्ट बताया और कहा कि मैं एक ग़रीब घर का लड़का हूँ जिसे एक अमीर ने गोद ले लिया था। अब मैं उस अमीर की दौलत को बाँटने का काम कर रहा हूँ। मैं चाहता हूँ कि आप भी मेरी अमीरी के बोझ को हल्का करने में मदद दें। मुझसे अपने इलाज और घर-ख़र्च के लिए पैसा लेते रहें।

मगर वकील साहिब राज़ी न हुए। तब भी नहीं, जब टी० के० ने कहा कि चलिए क़र्ज़ समझकर ले लीजिए। वह बोले, "मैं तो ऐसा कोई क़र्ज़ लेने के भी हक़ में नहीं हूँ, जिसे चुका सकने की कोई उम्मीद नज़र न आती हो।" टी० के० बोला, "आपके पास इतनी बड़ी हवेली है, इसे गिरवी रखकर तो आप क़र्ज़ ले ही सकते हैं।" वकील साहिब कुछ कहते इससे पहले ही उन्हें ज़बरदस्त खाँसी उठी। उनके मना करने पर भी टी० के० ने मैना की माँ को अरोड़ा साहिब से दूर लेकिन मैना के नज़दीक ले जाकर डॉक्टर की फ़ीस, दवा और घर के ख़र्च के लिए पचास रुपया दे दिया कि क़र्ज़ ही समझकर रख लीजिए।

इसके बाद भी वह मैना की माँ को, हमेशा मैना की मौजूदगी में बक़द्रे ज़ुरूरत क़र्ज़ देता रहा। उसने मैना की माँ पर बहुत जल्द यह ज़ाहिर कर दिया कि उसके दिल में उनका दामाद बनने की ख़्वाहिश जाग उठी है। मगर अफ़सोस कि मैना टी० के० को महज़ इसलिए पसन्द करने को राज़ी नहीं हुई कि उसकी माँ टी० के० की एहसानमन्द थी। सच तो यह है कि टी० के० उसे सख़्त नापसन्द था। उसने टी० के० की बाबत यहाँ-वहाँ से—टी० के० समझता रहा कि मुझसे—जो कुछ सुना उससे उसके मन में टी० के० के वासिते नफ़्रत और दहशत पैदा हो चली थी। टी० के० मैना से तो कुछ कह नहीं सकता था। लिहाज़ा वह अपना सारा गुस्सा मुझ पर ही उतारता रहा।

उधर मैना भी मुझसे ख़फ़ा थी कि तुम हम लोगों की इमदाद के लिए टी० के० की तरह कुछ कर क्यों नहीं पा रहे हो ? तुम्हारा दोस्त गिरस्ती का ख़र्च दे-देकर मेरी माँ के दिल में घर करता चला जा रहा है। तुम कुछ तो ऐसा करो

कि मेरी माँ का दिल जीत सको। मुझे कहीं अच्छा ट्यूशन ही दिलवा दो कि मैं माँ से कह सकूँ कि टी० के० से पैसा लेना बन्द करो।

दिमाग़ पर बहुत ज़ोर डालने के बाद मुझे मैना की माँ को एहसानमन्द बनाने और मैना से घर के बाहर मुलाक़ात करते रह सकने का एक अच्छा तरीक़ः सूझा। मलिक साहब के बच्चों की ट्यूशन लेते हुए मैंने इस बात पर ग़ौर किया था कि पहली बीवी के इन बच्चों को लेकर मलिक साहिब और उनकी दूसरी बीवी में थोड़ा तनाव आने लगा है। बीवी को शिकायत थी कि ये बच्चे मुझे परेशान करते हैं और बच्चों को शिकायत थी कि यह मौसी हमें बिलकुल प्यार नहीं करती। तो मैंने मलिक साहिब को सुझाव दिया कि मैना को अपने बच्चों की गवर्नेस बना लें। उन्हें यह ख़याल बहुत पसन्द आया क्योंकि मैना दूर के रिश्ते से उनकी भांजी भी लगती थी। तो मैना अच्छी तनख़्वाह पर मलिक साहिब के यहाँ गवर्नेस बहाल हो गयी और मुझे रोज़ानः मैना से मलिक साहिब के घर में उसके वालिदैन की नज़रों से दूर बातचीत करने का मौक़ा मिलने लगा।

यह बात टी० के० को सख़्त नागवार गुज़री। जवाबी कार्रवाई करते हुए उसने मलिक साहिब को समझाया कि तिलक और तमाम बातों में अच्छा है लेकिन लँगोट के मामले में थोड़ा कच्चा है। जब से यह लाहौर आया है मैना को फँसाने की कोशिश कर रहा है लिहाज़ा जब आपने मैना को रख ही लिया है तब तिलक का अपने बच्चों को ट्यूशन पढ़ाने आना बन्द कर दें वरना इसकी हरकतों की वजह से ख़ामख़ाह आपके बच्चों को इस कच्ची उम्र में इश्क़ का सबक़ भी हासिल करना पड़ जायेगा। रहा आपके बच्चों को पढ़ाने का सवाल, उस काम को तो ख़ुद मैना बख़ूबी कर लेगी। ट्यूशनें ही पढ़ाती रही है अब तक। उस ग़रीब को चार रुपया फ़ालतू दे दीजिएगा आप।

तो इस तरह टी० के० ने एक साथ मेरा पत्ता साफ़ करा दिया और मैना पर मलिक साहिब से तनख़्वाह बढ़ा देने का एहसान भी लाद दिया। मलिक साहिब का शागिर्द तो वह बन ही चुका था लिहाज़ा उस शागिर्दगी की आड़ में वह मैना से मिलने के लिए उनके घर के चक्कर लगाने लगा। कॉलिज ख़त्म होते ही टी० के० सीधा मलिक साहिब के यहाँ पहुँच जाता। मैना से चिरौरी करता कि मेरे साथ कहीं घूमने-फिरने चलो, सिनेमा देखने चलो, कुछ खाने-पीने और ख़रीददारी करने चलो। ज़ियादःतर मैना मना कर देती लेकिन महीने में दो-एक बार तो टी० के० का

मन रखने के लिए उसे मजबूर हो ही जाना पड़ता। बहरहाल जिस दिन वह मना कर देती उस दिन भी टी० के० उसे घर छोड़ने के बहाने उसके साथ चला जाता और वहीं बैठकर उसके वालिदैन की दिलजोई करता रहता।

कहना न होगा कि इस सबकी वजह से मैना से मेरा तन्हाई में मिल सकना दुश्वार हो चला। जब भी मैंने इस बारे में टी० के० से शिकायत की वह मुझसे बोला कि मैना पर मेरा मन पहले आया था इसलिए दोस्त के नाते तेरा फ़र्ज़ हो जाता है कि तू उससे राखी बँधवा ले या फिर उसे अपनी होने वाली भाभी का दर्ज: दे। मैंने इनमें से कोई भी काम नहीं किया। मगर मैना के लिए टी० के० से लड़ भी नहीं सका।

मैना से इस तरह तक़्रीबन ज़बरदस्ती दूर कर दिये जाने पर मैं सख़्त मायूसी के आलम में दिन गुज़ार रहा था कि लाहौर में मेरी ज़िन्दगी में दूसरी और कई मानों में मैना से भी बेहतर लड़की आयी—सरस्वती। उसके वालिद गोकुलनाथ मखीजा हमारे कॉलिज में अंग्रेज़ी के हैड आफ़ डिपार्टमेण्ट की जगह सम्भालने के लिए दिल्ली से तशरीफ़ लाये थे। प्रो० प्रोफ़ेसर साहिब अंग्रेज़ी की शाइरी पढ़ाते थे और अंग्रेज़ी में ख़ुद भी कुछ कह लेते थे। मगर उनका ज़ियाद:तर कलाम उनकी माँ-बोली सिरायकी में था। आज़ाद-ख़याल, दानिशमन्द शख़्स थे और उनके यहाँ हर इतवार को पोएट्स सोसायटी उर्फ़ बज़्मे-शुअरा[1] की महफ़िल जमती थी। उभरते हुए तरक़्क़ीपसन्द शुअरा में तब तक मेरी गिनती भी होने लगी थी और गो प्रो० साहिब ख़ुद कम्युनिस्टों के ख़िलाफ़ थे अपनी बज़्म में वह उन्हें भी बहुत इसरार के साथ न्यौता देते थे। तो मैं वहाँ जाने लगा और सरस्वती से मेरी जान-पहचान बड़ी तेज़ी से बढ़ने लगी।

इसकी वज्ह यह थी कि सरस्वती ड्रामा की बेहद शौक़ीन थी और मैं लाहौर के एमेच्योर ड्रामेटिक क्लब से बहैसियत ड्रामानवीस, नग़्मा-निगार और एक्टर जुड़ चुका था। मैंने सरस्वती को उस क्लब का मैम्बर बनवाया। क्लब वाले इस ख़ूबसूरत, पढ़ी-लिखी और ड्रामा की बाबत अच्छी जानकारी रखने वाली हीरोइन को पाकर निहाल हो गये। सरस्वती ने उन्हीं दिनों इब्सन का 'डॉल्स हाउस' पढ़ा था और वह चाहती थी कि उसे उर्दू में इस तरह ढाला जाय कि वह ठेठ देसी कहानी लगे। लिहाज़ा मैंने उसकी बिना पर 'कसाई की

1. कवि-सभा

गुड़िया' उन्वान से एक नया ड्रामा लिख डाला जिसकी हीरोइन तो वही इब्सन वाली थी लेकिन जिसमें उसका ख़ाविन्द मोराँवाली के एक कसाई फत्ते जैसा था। ख़ुद मैंने इस ड्रामे में हीरोइन के शादी से पहले के आशिक़ अब्दुल का किरदार निभाया। इस ड्रामे की रिहर्सल के दौरान मुझे ऐसा लगने लगा कि अब असलीं ज़िन्दगी में भी सरस्वती मेरी माशूक़ः बना चाहती है।

टी० के० को न अदब से दिलचस्पी थी और न ड्रामा से। लिहाज़ा मैं सरस्वती की बात उससे काफ़ी दिनों तक छिपाये रख सका। वैसे भी हमारी मुलाक़ात बहुत कम हो पाती थी क्योंकि उसका ज़ियादःतर वक़्त मैना को रिझाने में ही चला जाता था। मगर एक बार फिर ग़रीबी मेरी तबाही का सबब बनी। सरस्वती ने मुझे ड्रामे के टिकटों की तीन कापियाँ भिड़ा दीं। मैं कह न सका कि इन्हें ख़ुद ख़रीदना मेरे बस का नहीं और मेरे अमीर दोस्त भी नहीं कि इन्हें बेच सकूँ। तो जब टिकट मुझसे न बिक सके तब मुझे टी० के० की क़दमबोसी करनी पड़ी। वह तैयार नहीं हो रहा था लिहाज़ा मुझे कहना पड़ा, "देख, मैंने तेरे कहने पर मैना से मिलना तक छोड़ दिया है और तू मेरी इज़्ज़त बचाने की ख़ातिर इतना भी नहीं कर सकता?" वह बोला, "खाली इज़्ज़त का चक्कर है तो मैं कुछ नहीं करूँगा। अगर महब्बत का भी चक्कर है तो मैं तुझसे ये तमाम टिकट ख़रीद लूँगा।" न चाहते हुए भी मुझे सरस्वती का ज़िक्र करना पड़ा। उसने अपनी होने वाली भाभी जी से मिलने की ख़्वाहिश ज़ाहिर की ताकि उनसे टिकटों की कुछ और कापियाँ ले सके। मैंने उसे टालने की कोशिश की मगर टाल न सका। आख़िर क्यों?

इसलिए कि मैं नेक और शरीफ़ इंसान होने की वजह से ज़ोर-ज़बरदस्ती पर उतर आने वाले टी० के० की कोई बात टालना चाहकर भी टाल नहीं सकता था? या इसलिए कि कहीं मेरे मन के किसी कोने में यह ख़्वाहिश दबी पड़ी थी कि मुझे हमेशः नीचा दिखाने वाले टी० के० को दिखा दूँ कि तूने मेरी मैना छीन ली तो क्या! देख मैंने उससे कहीं ऊँची चीज़ का दिल जीत लिया है? या इसलिए कि अपनी नादानी में मैं यह मान बैठा था टी० के० सचमुच मैना से महब्बत करने लगा है लिहाज़ा सरस्वती को वह मेरे लिए छोड़ देगा? आपको शायद यक़ीन न आये लेकिन यह तीसरी वजह ही असली वजह थी।

तो साहिब, मैं टी० के० को सरस्वती से मिलवाने ड्रामा क्लब ले गया और पहली ही नज़र में उस पर वाज़ेह हो गया कि मैंने मैना से भी ज़ियादः बढ़िया लड़की

को रिझा लिया है। तो टी० के० ने सरस्वती से टिकटों की चार कापियाँ और ले लीं और उससे कहा कि आइन्दः क्लब के लिए चन्दा-उगाही का काम आप मेरे ज़िम्मे छोड़ दें। वह क्लब का मैम्बर और ख़ज़ांची दोनों एक साथ बन गया और इस हैसियत से सरस्वती की चमचागीरी करने लगा। जले पर नमक छिड़कते हुए उसने मुझ पर यह तोहमत लगायी कि यार, जो भी हसीन लड़की आती है तू उस पर चालू हो जाता है। बोला, "तूने मैना का दिल तोड़ रखा है। तुझे पता है कि वह तुझे पसन्द करती है, मुझे नहीं, फिर भी तू उसे छोड़-छाड़कर इस सरस्वती पर चालू हो गया है। खोते, तुझे क्या इतना भी नहीं मालूम कि इस तरह की ऊँचे ख़ानदान की आज़ादख़याल और नकचढ़ी लड़कियाँ तेरे-जैसे ग़रीब और गँवार देहाती लड़के के किसी काम की नहीं होतीं ? तू जा, अपनी मिडिल-क्लास मैना को सम्भाल। इस विलायती बुलबुल को मेरे वास्ते छोड़ दे।"

मेरी मिडिल क्लास मैना को टी० के० 'कसाई की गुड़िया' के पहले ही शो में अपने साथ लाया। स्टेज पर आशिक़ का किरदार निभाते हुए जब-जब मेरो निगाह पहली क़तार में बैठी हुई मैना की निगाह से मिली तब-तब मुझे ऐसा महसूस हुआ कि मैना कह रही है कि तुम कैसे आशिक़ हो तिलक, जो तुमने मुझे इस कसाई टी० के० के सुपुर्द कर दिया है ? शो के बाद टी० के० ने मैना को घर पर छोड़कर आने का ज़िम्मा मुझे दे दिया और ख़ुद सरस्वती को डिनर कराने ले गया।

सारे रास्ते मैना ने रो-रोकर यही शिकवा दोहराया कि तुमने तो मुझे भुला ही दिया तिलक। मैंने उससे कहा, "मैं तुम्हें भूल सकता हूँ भला ? हाँ, मैंने टी० के० की बात पर यक़ीन कर लेने की भूल ज़रूर की है। वह मुझसे कहता रहा कि तुम उससे प्यार करती हो। मैना ने जानना चाहा कि तिलक, तुम्हें उसकी बात पर यक़ीन कैसे आ गया ? मैंने तो उसकी यंह बात कभी नहीं मानी कि तुम किसी और लड़की से आशनाई कर रहे हो ? मैंने हाथ जोड़कर कहा, "मैना मुझे मुआफ़ कर दो। मैं जानता हूँ कि बचपन के दोस्त की बात को जवानी की माशूक़ः की बात से ज़ियादः वज़न देकर मैंने जो गुनाह किया है वह नाक़ाबिले मुआफ़ी है। मगर मुझे उम्मीद है कि मेरा यह बड़ा गुनाह तुम्हारी बेइन्तिहा[1] रहमदिली की निगाहों में छोटा ही ठहरेगा।"

---

1. असीम

टी० के० ने अब मैना को मेरे नज़दीक लाने में कोई कसर न उठा रखी। वह मुझे सिनेमा के टिकट लाकर देता कि मैना के साथ चला जा। कोई गहना-कपड़ा लाकर देता कि मैना को दे दे। इसकी एवज़ में वह यह चाहता था कि मैं सरस्वती को उसके नज़दीक लाने की कोशिश करूँ। यह बहुत ही मुश्किल काम था क्योंकि सरस्वती-जैसी शाइस्तः लड़की के लिए टी० के० -जैसा फूहड़ लड़का किसी भी हालत में क़ाबिले-इश्क़ हो नहीं सकता था। लेकिन फिर भी मैंने अपनी तरफ़ से सरस्वती और टी० के० को नज़दीक लाने की कोशिश की ताकि टी० के० का रुख़ मैना की ओर से और सरस्वती का रुख़ मेरी ओर से हटे और मेरी और मैना की उल्फ़त बेरोक-टोक आगे बढ़ सके। मैंने एक फ्रांसीसी कॉमेडी का तर्जमः किया ताकि उसमें सरस्वती के बरअक्स टी० के० को हीरो बनाया जा सके, लेकिन रिहर्सल के दौरान यह ज़ाहिर हो गया कि टी० के० डायलॉग न याद रख सकता है, न बोल सकता है। फिर उसने यह ज़िद की कि मैं उसे शाइर बना दूँ ताकि वह भी मेरे साथ सरस्वती के घर बज़्मे-शुअरा में शिर्कत करने जा सके।

मैंने उसे सिरायकी ज़बान में नज़्में और ग़ज़लें लिखकर देनी शुरू कीं और उनमें मुलतानी क़ाफ़ियों का सूफ़ियानः रंग और अंग्रेज़ी की रूमानी शाइरी का मीठा-मीठा दर्द दोनों मिला दिये। ऐसा करने में मुझे दो फ़ाइदे नज़र आये। पहला तो यह कि टी० के० के नाम से लिखी गयी अपनी इस सिरायकी शाइरी को मैं अपनी उर्दू की तरक़्क़ीपसन्द और हंगामःख़ेज़ शाइरी से बिलकुल अलाहदः रख सकता था और दूसरा यह कि चूँकि ख़ुद प्रो० मखीजा अपनी माँ-बोली में लिखते थे और अपने कलाम में सूफ़ी कलाम और रूमानी शाइरी दोनों की झलक दिखाते थे। लिहाज़ा टी० के० का कलाम उन्हें पसन्द आयेगा और वह उसे पहले अपना शागिर्द और बाद में दामाद बना लेंगे। मैंने प्रो० साहिब से ही अंग्रेज़ी की वह कहावत सुनी थी कि नक़्शे-क़दम पर चलना ख़ुशामद का सबसे कामयाब तरीक़ः है।

तो क्या तअज्जुब जो मेरे क़लम से निकली हुई सिरायकी शाइरी सुनाकर टी० के० प्रोफ़ेसर साहिब की निगाहों में मुझसे कहीं ज़ियादः होनहार शाइर ठहर सका। उन्हें हमदर्दी होने लगी कि बेचारे की अंग्रेज़ी कमज़ोर है इसलिए क्लास और इम्तिहान में अपनी बात ठीक ढंग से कह नहीं पाता है। उन्होंने टी० के० को घर बुलाकर अंग्रेज़ी सिखानी शुरू की। टी० के० उनसे अच्छी अंग्रेज़ी लिखना

तो नहीं सीख पाया लेकिन उसने ऑक्सफ़ोर्ड में पढ़े प्रोफ़ेसर साहिब का लहजा और तलफ़्फ़ुज़ ज़रूर अपना लिया। इसी के चलते टी० के० बाद में लोगों को इस धोखे में रख सका कि नेहरू ख़ानदान के बच्चों की तरह उसे भी तालीम हासिल करने के लिए विलायत भेजा गया था। यह बात अलग है कि नेहरू ख़ानदान के बच्चों की तरह ही वह भी वहाँ से बग़ैर कोई डिग्री हासिल किये लौट आया।

प्रोफ़ेसर साहिब इतने भुलक्कड़ थे कि अपनी दुन्यादार बीवी द्रौपदी को दिन में चार-पाँच मर्तबः माथा पीटने का मौक़ा देते थे। पैसा बचाना और एक के दो बनाना उन्हें बिलकुल नहीं आता था। टी० के० उनका मुफ़्त का पी० ए० बन गया और उनकी दुन्यादारी की ज़िम्मेदारियाँ निभाने के साथ-साथ अपनी जानकारी और अपनी क़िस्मत के सहारे उनकी जमा-पूँजी तेज़ी से बढ़ाने लगा। प्रोफ़ेसर साहिब की बीवी उससे बेहद मुतअस्सिर हुई। उन्होंने प्रोफ़ेसर साहिब से कहना शुरू किया कि आप जैसे कमाने-धमाने के मामले में सिफ़र शख़्स को टी० के० -जैसा ही घरजँवाई लाना चाहिए जो कमाने-धमाने के मामले में सयाना हो। ख़ुद प्रोफ़ेसर साहिब टी० के० की शाइरी और चमचागीरी से बेहद ख़ुश हो चुके थे लिहाज़ा उन्होंने भी अपनी बिटिया को यह समझाना शुरू किया कि टी० के० तेरे लिए अच्छा ख़ाविन्द साबित होगा।

मगर सरस्वती की टी० के० के बारे में यह राय नहीं बदली कि वह जाहिल है। टी० के० की ख़ुशामद का भी उस पर कोई असर न हुआ। प्रोफ़ेसर साहिब ने उससे कहा कि टी० के० आला दर्जे का शाइर है और कोई भी शाइर जाहिल हो नहीं सकता। इस पर सरस्वती ने उनसे कह दिया कि टी० के० आपकी बज़्म में जो कुछ सुनाता है अपने दोस्त तिलक से लिखवाकर लाता है। उसका कहने का ढंग कुछ ऐसा था कि प्रोफ़ेसर साहिब को लगा कि ख़ुद मैंने सरस्वती से ऐसा कहा है। अब सच यह था कि सरस्वती मुझसे शिकायत करती रही थी कि क्यों तुम अपने अहमक़ दोस्त टी० के० को मुझ पर थोप रहे हो ? वह यह भी कहती रही थी कि तुम क्यों उस शख़्स को अपना वह इश्क़िया कलाम पापा की बज़्म में सुनाने देते हो जो यक़ीनन तुम मेरी शान में लिखते हो और ख़ुद मुझे सुनाते हुए शर्माते हो ? इस सबका जवाब मैं अपनी चुप्पी से देता आया था और मैंने कभी कुछ कहा भी था तो यही कि सरस्वती, टी० के० तुम्हें बहुत चाहता है। इस पर सरस्वती ने गुस्सा होकर पूछा था—क्या तुम मुझे नहीं चाहते हो

तिलक ? जिसके जवाब में हाँ कह सकना मेरे लिए नामुमकिन था क्योंकि मैं झूठ बोल ही नहीं पाता।

प्रोफ़ेसर साहिब ने बेटी के मुँह से सुना हुआ इल्ज़ाम टी० के० के सामने दोहराया और सो भी बेटी की मौजूदगी में ही। इस पर टी० के० ने उनसे यह कहा कि अस्लीयत तो यह है कि तिलक की उर्दू शाइरी भी मेरी लिखी हुई है। उसका गला अच्छा है इसलिए मैंने उसे अपना वह कलाम सुनाने को दे दिया है, जो मैंने कम्युनिस्टों के असर में आकर लिखा था और जिसे अब मैं अपना मानना ही नहीं चाहता। उसने प्रोफ़ेसर साहिब की बिटिया को अलग से यह भी बताया कि तिलक में एक बड़ी ख़ामी यह है कि वह हर किसी हंसीना को अपने जाल में फँसाना चाहता है। उसने कहा, "इस वक़्त भी वह एक साथ चार लड़कियों से चक्कर चलाये हुए है। अगर तुम्हें यक़ीन न हो तो इसी वक़्त मेरे साथ घर चलो।"

टी० के० सरस्वती को लेकर घर पहुँचा। यह जानते हुए पहुँचा कि उसके सामने ही मैना का मुझसे वहाँ मिलने के लिए आना तय हुआ था। जैसे ही मैंने सरस्वती से कहा कि इनसे मिलो, ये मैना हैं, सरस्वती बोली कि ये भी शायद उन चार लड़कियों में से हैं जिन्हें तुम एक साथ फँसाने की कोशिश कर रहे हो ? मैं कुछ सफ़ाई देता इससे पहले ही वह चली गयी। और अब बारी थी मैना की। वह भी यह कहकर चली गयी कि एक तो मैं हूँ, एक वह है जो अभी आयी थी, बाक़ी दो कौन हैं यह तुम मुझे लिखकर भेज देना तिलक, क्योंकि अब मैं तुमसे कभी नहीं मिलूँगी। दोनों लड़कियों के चले जाने के बाद टी० के० ने कहा, "तू सरस्वती के यहाँ मेरा पत्ता काटने चला था इसलिए मैंने मैना के यहाँ तेरा पत्ता काट दिया।" जब उसने मुझे बताया कि प्रोफ़ेसर साहिब के यहाँ क्या हुआ तब मैंने भाभी की क़सम खाकर कहा कि मैंने सरस्वती से तेरे ख़िलाफ़ कभी कुछ नहीं कहा है टी० के०। टी० के० बोला, "अगर ऐसा है तो तू जाकर प्रोफ़ेसर साहिब से कह दे कि वह सिरायकी शाइरी तो मेरी लिखी हुई है ही, तेरी उर्दू शाइरी भी मेरी लिखी हुई है। और हाँ, ड्रामा क्लब से इस्तीफ़ा दे दे ताकि तेरा सरस्वती से मिलते रहने का वह बहाना भी ख़त्म हो जाय।"

पहले मैं क्लब से इस्तीफ़ा देने गया। इत्तिफ़ाक़न वहाँ सरस्वती ही मुझे मिली। उसने मेरा इस्तीफ़ा नामंज़ूर करके अलग रख दिया और मेरे सामने वफ़ादारी के इम्तिहान का एक पर्चा रखा जिसमें कुल दो ही बातें करने को कहा

गया था। पहली यह कि मैं सरस्वती के पापा को जाकर बता दूँ कि टी० के० की सिरायकी शाइरी मेरी लिखी हुई है और दूसरी यह कि मैं आइन्दः टी० के० और मैना दोनों से कोई तअल्लुक़ न रखूँ। मैं पर्चे के पहले सवाल के जवाब में यह कहकर उठ गया कि मैं तुम्हारे पापा से ही मिलने जा रहा हूँ। जब उसे पता चला कि मैंने उसके पापा से क्या कहा तब उसने मुझे नाबदान के कीड़े से भी नीची हैसियत बख़्शते हुए अपनी ज़िन्दगी से बर्ख़ास्त कर दिया। मैंने इसका ज़ियादः अफ़सोस नहीं किया और मैना की ग़लतफ़हमी दूर करने में जुट गया।

उसे ख़ुश करने के लिए मैं अपना सारा ख़ाली वक़्त उसके बीमार बाप की तीमारदारी में लगाने लगा। उधर टी० के० सरस्वती का दिल जीतने की ख़ातिर उसे फ़िल्म हीरोइन बनवाने के चक्कर में जुट गया। इस सिल्सिले में उसने एक मशहूर प्रोड्यूसर डायरेक्टर की ख़ुशामद शुरू की और सुरेन्द्रपाल मलिक समेत अपने तमाम रईस वाक़िफ़ों से फ़िल्म के वास्ते पैसा जुटाने की मुहिम भी शुरू कर दी। मगर अफ़सोस, न वह फ़िल्म बन पा रही थी और न सरस्वती के साथ टी० के० की बात बन पा रही थी। एक दिन जब उसने सरस्वती का बोसा लेने की कोशिश की तब सरस्वती ने पहले जाकर कुल्ला किया और फिर उसे चेतावनी दी कि आइन्दः ऐसी हरकत की तो मैं तुम्हारे मुँह पर थूक दूँगी। टी० के० ने मुझे यह बताते हुए जानना चाहा कि मैना के साथ मैं कितनी तरक़्क़ी कर पाया हूँ? मैंने उसे कुछ नहीं बताया।

सच तो यह है कि शुरू में बताने को कुछ था भी नहीं, क्योंकि भले ही मैना मुझसे बातचीत करने लगी थी मगर उसकी किसी भी बात से इश्क़ की भीनी-भीनी महक मुझे नहीं मिल रही थी। यही नहीं, वह बीमार के कमरे से बाहर मिलने की मेरी तमाम कोशिशों को भी अनदेखा कर रही थी। मगर जिस दिन डॉक्टर ने यह बताया कि मैना के वालिद के बच सकने की अब कोई उम्मीद नहीं है, उस दिन मैना एक झटके से मेरे नज़दीक आ गयी। डॉक्टर की बात सुनते ही वह उठी और अपने आँसुओं से लड़ती हुई कमरे से बाहर चली गयी। उसकी माता जी बीमार के पास बैठी रहीं और मैं डॉक्टर को छोड़ने फाटक तक गया। जब मैं लौटा तब मैना बीमार के कमरे में लौटी न थी। मैंने इधर-उधर देखा और फिर मुझे मुमटी से उसकी सिसकियों की आवाज़ सुनाई पड़ी। मैं वहीं जा पहुँचा।

उसके सामनें खड़े होकर मैंने उसका चेहरा उठाया और कहा, "रोओ मत

मैना, तुम्हारी और तुम्हारी माँ की पर्वरिश करने के लिए मैं तो हूँ ना।" अपनी बड़ी-बड़ी डबडबाई आँखों से मुझे देखते हुए मैना ने पूछा, "सुनो तिलक, तुम मुझसे धोखा तो नहीं करोगे ना? तुम्हारा दोस्त टी० के० तो कहता है कि तुमने कई लड़कियों का दिल तोड़ा है।" मैंने स्याह आसमान में उभरते चौदहवीं के चाँद को इश्क़ के देवता का दर्जा दिया और उसे हाज़िर-नाज़िर मानते हुए मैना से कहा, "टी० के० झूठ बोलता है। तुम्हीं मेरी पहली माशूक़: हो और आख़िरी भी। मैं ताज़िन्दगी तुम्हारा रहूँगा।" मैना ने अपना सिर मेरे सीने पर टिका दिया और यह कहते हुए मेरा कुर्ता भिगोने लगी कि मुझसे धोखा मत करना तिलक, मुझसे धोखा मत करना¨ ! मैंने उसे बाँहों में भरा और अपनी ओर देखने को कहा कि ज़रा मेरी आँखों में देखो, बस तुम ही तुम बसी हो। ज्यों ही उसने अपना चेहरा उठाया, मैंने उसकी पुरनम आँखों को चूम लिया और उस खारेपन को पिया, जिसमें साइंस वालों के मुताबिक़ कभी ज़िन्दगी ने पहली अँगड़ाई ली थी। मैना ने मारे शर्म के अपना चेहरा पीछे हटाया मगर कुछ इस तरह कि मेरे होंठ अब उसके उन होंठों की सीध में आ गये, जिनसे अब भी आधी-अधूरी सिसकी निकल रही थी। मैंने उसके लबों पर अपने लब रख दिये और उसके जिस्म पर अपनी बाँहों का कसाव बढ़ा दिया। जिस तरह मैना ने मुझे भी बाँहों में कस लिया, जिस ख़ूँख़ारी से उसने अपने होंठों से मेरे होंठों को कभी पीना और कभी पीसना शुरू किया, उससे साफ़ ज़ाहिर हो गया कि मैना भी हमारी उल्फ़त को ख़्वाबगाह तक पहुँचाने के लिए शुरू से उतना ही तड़पती रही है जितना कि मैं।

जिस तेज़ी से मौत मैना के वालिद को दबोचती रही उसी तेज़ी से मुमटी में मेरा और मैना का जिस्मानी जुनून बढ़ता रहा। हर नये-नये अदीब की तरह मैं भी अपनी ज़िन्दगी को फ़ौरन से पेशतर अदब में ढाल देने के लिए उतावला रहा करता था। लिहाज़ा मैं 'मुमटी' उन्वान से डायरी वाले अन्दाज़ में एक अफ़्सान: लिखने बैठ गया, जिसमें मैंने यह शाइरान: ख़याल पेश किया कि महब्बत ही मौत के घिनौने जादू को तोड़ सकती है। चिता के ख़याल से उपजे बैराग का तोड़ गोया पलंग तोड़ने में ही है। अफ़्साने में मैंने दिखाया कि जिस घर में मौत मँडला रही है उसकी मुमटी में हीरो-हीरोइन एक-दूसरे को बाँहों में लिये बुढ़ापे और मौत के आगे ज़िन्दगी और जवानी की चुनौती रख रहे हैं। सेक्स गोया

मौत को ठेंगा दिखाने की एक शानदार गो नाकामयाब कोशिश है।

यह तो मैं अब समझ सका हूँ कि मातमी माहौल में भी अगर सेक्स ज़ोर मारता है तो महज़ इसलिए कि इंसान एक जानवर है। इंसान बनकर दुख-दर्द झेलने से बेहतर उसे यह लगता है कि जानवर बनकर मज़े लूट ले। मगर चूँकि इंसान सोचने वाला गोया दिमाग़दार जानवर होता है लिहाज़ा अपनी जानवरों-जैसी हरकतों को ऊँचे फ़ल्सफ़े का जामा पहना पाता है। इंसान सबसे ख़तरनाक जानवर है क्योंकि भगवान ने उसे बातें बनाकर अपनी बात मना लेने और अपने ग़लत काम को सही साबित कर दिखाने वाली सूझ और ज़बान दी है। टी० के० -जैसे इंसान अक़्लमन्द इसीलिए ठहराये जाते हैं कि उनमें दूसरे की जान लेकर अपनी जान बचाने वाली जानवरों-जैसी होशियारी होती है।

निहायत ग़लीज़ फ़ल्सफ़ः पेश करने वाले इस अफ़्साने को लिखकर मैंने अपनी ज़िन्दगी की सबसे बड़ी ग़लती की। आज जब मैं ख़ुद सोचने बैठता हूँ तब मुझे तअज्जुब होता है कि जिस वक़्त मेरे सालानः इम्तिहान सिर पर थे, मुल्क के तक़सीम किये जाने की बात फ़ज़ा में थी और फ़साद की आहट सुनाई दे रही थी, मैं इस तरह का अफ़्सानः जीने और लिखने में क्योंकर जुट सका? टी० के० उस ज़माने में प्रोफ़ेसर मखीजा समेत कई लोगों से यह शर्त बद चुका था कि मुल्क का बँटवारा ज़ुरूर होगा। उसने लाहौर छोड़कर बम्बई चले जाने की तैयारी शुरू कर दी थी और इस सिल्सिले में अपनी ज़मीन-जायदाद अच्छे दामों पर बेचने और अपने असामियों से क़र्ज़ की रक़में वसूलने में जुटा हुआ था। उसे इस बात की भी जल्दी थी कि सरस्वती से उसकी शादी हो जाये।

जिस दिन मुल्क के बँटवारे का फ़ैसला हुआ वह प्रोफ़ेसर साहिब से शर्त का एक हज़ार रुपया वसूल करने पहुँचा। प्रोफ़ेसर साहिब घर पर नहीं थे। उसने सरस्वती की माताजी से कहा कि आप प्रोफ़ेसर साहिब से कहें कि उस एक हज़ार रुपये से सरस्वती के वासिते शादी का ज़ेवर बना दें। मैं इम्तिहान का नतीजः आते ही बम्बई चला जाऊँगा और इसे दुल्हन बनाकर साथ ले जाऊँगा। माताजी ने उसका माथा चूम लिया। मगर जब टी० के० ने तन्हाई में सरस्वती का बोसा लिया तब उसने अपनी चेतावनी के मुताबिक़ उसके मुँह पर थूक दिया। टी० के० ने सरस्वती को फ़र्श पर दे गिराया और बाद में प्रोफ़ेसर साहिब के सामने शर्त के एक हज़ार और पिछले क़र्ज़ों के दस हज़ार रुपयों का सवाल पेश किया जिसे हल करने में वह लुट गये।

उस दिन सरस्वती के घर से लौटने के बाद उसने सारी दास्तान सुनायी और फिर कहा, "तेरी सरस्वती तुझे लौटा रहा हूँ, तू मेरी मैना मुझे लौटाने के लिए तैयार हो जा।" मैं बहुत रोया-गिड़गिड़ाया और मैंने उससे कहा कि तू इस तरह की बातें मत कर, मैना का बाप अपनी आख़िरी साँसें गिन रहा है और वह बिचारी दिन-रात रो रही है। उसने कहा, "तब तो मेरा मैना के आँसू पोंछने जाना बहुत ज़ुरूरी है।" वह मैना के घर गया और जैसा कि बाद में पता चला कि जब मैना ने उसे शादी की बात करने पर झिड़क दिया तब वह तीमारदारी के बहाने मैना के बाप के सिरहाने जा बैठा और मैना की माँ के सामने ही उसने उन्हे अब तक दिये क़र्ज़ की रक़म जोड़कर बतायी। और जब इस पर मैना के बाप ने मैना की माँ को कोसना शुरू किया तब टी० के० ने उनसे कहा कि आप अपनी आत्मा की शान्ति के लिए अपनी हवेली मेरे पास गिरवी रख जाइए। मैं मैना से शादी करने का फ़ैसला कर चुका हूँ इसलिए गिरवी रख दिये जाने के बावुजूद हवेली आप लोगों की ही रहेगी।

मैना के बाप ने हवेली गिरवी रख दी और उसी रात उनका इन्तिक़ाल हो गया। अगले दिन मेरा आख़िरी पर्चा था। ज़ाहिर है उसकी तैयारी के लिए मुझे वक़्त नहीं मिला। जिस दिन इम्तिहान का नतीजः आया, मैं अपने फ़ेल होने और टी० के० के थर्ड डिवीज़न में पास हो जाने का रोना रोने मैना के घर गया। उसकी माता जी पड़ोस में कथा सुनने गयी हुई थीं। मैना, जो अपने वालिद के इन्तिक़ाल से भीतर से बिलकुल टूट चुकी थी, मेरी आँखों में आँसू छलकते देखकर ज़ार-ज़ार रोने लगी कि मेरी वजह से तुम्हारा नतीजः इतना ख़राब आया। मैंने मैना को इस इल्ज़ाम से बरी करते हुए अपनी बाँहों में भर लिया और बेतहाशा चूमते हुए कहा कि मेरे लिए तुम्हारी महब्बत से बढ़कर इस दुन्या में और कोई चीज़ नहीं है।

फिर हम दो भीतर से टूटे हुए इंसान एक-दूसरे को भीतर से जोड़ने की कोशिश में उस पलंग पर लेट गये जिस पर कोई दो महीने पहले मैना के बाप ने दम तोड़ा था। जब मुझे होश आया तब मैंने अपने को बहुत शर्मिन्दः महसूस किया और मैना से कहा कि मैं जल्दी ही तुमसे शादी कर लूँगा। तब मैना बोली कि उससे पहले तो तुम्हें टी० के० का क़र्ज़ उतारने के लिए रक़म जुटानी पड़ेगी तिलक, नहीं तो मेरी माता जी हवेली नीलाम हो जाने के डर से मुझे टी० के० से शादी करने के लिए मजबूर कर देंगी।

अपने कमरे की ओर लौटते हुए मैं सारे रास्ते यही सोचता रहा कि टी० के० का क़र्ज़ा उतारने के लिए मैं क़र्ज़ कहाँ से ले सकूँगा ? और कमरे में पहुँचकर मैंने पाया कि अब मेरा क़र्ज़ लेना भी किसी काम का साबित न होगा। टी० के० ने मेरी अलमारी का ताला तोड़कर वह नोट-बुक निकाल ली थी जिसमें मैना की तस्वीर पड़ी हुई थी और मेरी ताज़ःतरीन कहानी 'मुमटी' लिखी हुई थी। नोट-बुक मुझे लौटाते हुए उसने कहा कि मैं तेरा शुक्रियः करना चाहता हूँ तिलक कि तूने अच्छी ज़मीन तैयार कर दी है और अब मैं जाकर उसमें बीज बो सकता हूँ। कहा और मेरे कन्धों पर दोनों हाथ मारते हुए वही नाक़ाबिले बर्दाश्त ठहाका बलन्द किया। मैं उसके पाँव पकड़कर गिड़गिड़ाने लगा मगर वह अपने घुटने से मेरे लँगोट पर वार करके मुझे दर्द से दोहरा करके छोड़ गया। उसने जाकर मैना को ख़बर दी कि तिलक ने 'मुमटी के मम्मे' उन्वान से एक अफ़सानः लिखा है, जिसे वह अपने दोस्तों को सुनाता डोल रहा है। इसमें हीरो का नाम 'मैं' है और हीरोइन का नाम मैना। मैना का वकील बाप मर रहा होता है और हीरो-हीरोइन मुमटी में एक-दूसरे से लिपटकर तमाम ऐसी बातें करते रहते हैं जिन्हें करते हुए शादीशुदः जोड़े तक शर्माते हैं।

मैं मैना को सफ़ाई देने पहुँचा। मैं कुछ बोलूँ इससे पहले ही उसने मुझे एक यादगार झापड़ रसीद कर दिया। फिर वह बोली, "एक तो तुमने मुझे माँ बनने की राह पर लगा दिया और दूसरे, तुमने टोपन का क़र्ज़ उतारने के लिए मुझे रक़म देने की बजाय उसे अपने और मेरे बारे में सारी बातें बता दी हैं। अब और क्या करना चाहते हो कमीने ?" उसकी माँ ने पड़ोसियों को बुला लिया और मुझे धक्के मारकर निकलवा दिया।

टी० के० मैना से शादी करके उसकी पुश्तैनी हवेली अच्छे दामों पर बेचकर उसकी माता जी और अपनी अम्मा को लेकर बम्बई चला गया। मैं भी लाहौर से मोराँवाली चला गया और वहाँ मेघराज के यहाँ मुंशी का काम करने लगा कि ख़ाली से बेगार भली। कोई आठ महीने बाद लकी टी० के० की ख़ुशक़िस्मती के बारे में दो बातें सुनने को मिलीं। पहली यह कि टी० के० बम्बई जाकर लाला जी के वाक़िफ़ों से मिला है। उसने मैना को लाला जी की भांजी बताकर उनसे हमदर्दी और इमदाद हासिल की है। उनमें से एक ने उसे मलाड में अपना पुराना मकान रहने को दे दिया है और दूसरे ने ठेकेदारी के काम में अपने साथ रख लिया है। टी० के० को लकी साबित करने वाली दूसरी बात यह

कि उसे अठमासा बेटा हुआ है।

यह ज़िक्र तब का है जब हमारा मुल्क अपनी आज़ादी की अगवानी क़त्लेआम और आगज़नी से कर रहा था। ज़बरदस्त तनाव का माहौल था। तअज्जुब होता है कि उस आलम में भी हम लोगों के ख़यालात की दौड़ अपने तक और अपने सगे वालों तक महदूद थी। और आंप जानते ही हैं कि भाभी और स्नेहबई के लिए तो टी० के० से ज़ियादः सगा कोई था ही नहीं। यही वजह थी कि हमारे घर में दंगे-फ़साद का तज़्किरः उतना नहीं होता था जितना कि लकी टोपन का कि देखो सही वक़्त से बम्बई चला गया और बम्बई जाकर ख़ूब तरक़्क़ी कर रहा है। उधर मुल्क में बढ़ते तनाव से मेरे दिमाग़ की नसें फटी जा रही थीं। आज़ादी की शक्ल ग़ुलामी से बदतर होती देख मेरा दिल छलनी हुआ जा रहा था। मैं जब भी इस बारे में कुछ कहता भाभी रोने लगतीं। इसलिए नहीं कि मुल्क में हालात बहुत ख़राब हो गये थे बल्कि इसलिए कि उन्हें मेरी दिमाग़ी हालत बिगड़ती हुई मालूम होती। मैंने उन्हें स्नेहबई से कहते सुना, "जब हिटलर ने यूरोप का हुलिया बदरंग कर रखा था तब लाला जी इसी तरह की बातें करते-करते पागल हो गये थे। यह तिलक बिल्कुल अपने वालिद पर गया है और मुझे शुरू से इस बात का डर रहा है कि कहीं यह भी उनकी तरह पगला न जाय।"

भाभी की यह भूल थी कि वह मुझे लाला जी का अवतार माने हुई थीं। अगर मैं पूरी तरह से लाला जी-जैसा होता तो बहुत पहले ख़ुदकुशी कर चुका होता। टी० के०-जैसे हैवान का ग़ुलाम न बना होता। लाला जी-जैसे ठेठ इंसान तो इस दुन्या को झेल ही नहीं सकते। वे पगला जाते हैं और पागलपन का आख़िरी सबूत देने के लिए ख़ुदकुशी कर लेते हैं। बहरहाल मैं उन आम इंसानों में से भी नहीं था जो ज़िन्दः रहने की ख़ातिर जानवर होने की शर्त निभाते हैं। लिहाज़ा मैंने भाभी की यह तजवीज़ ठुकरा दी कि मैं उनकी ख़िदमत के लिए घर में एक अदद बहू ले आऊँ। जी हाँ 'मेरे पागलपन' के इलाज के लिए उन्होंने यही नुस्ख़ा तजवीज़ किया था! तो मैं एक अदीब की हैसियत से ज़माने का दुख-दर्द देखने के लिए और किसी दिन काग़ज़ पर उतार देने के लिए उस ख़ौफ़नाक माहौल में भी साँसे लेता रहा और यह सोच-सोचकर हैरान होता रहा कि मेरे बिरादर ख़ून-ख़राबे के बीच भी अपना एक सिरे से खाने वाला और

दूसरे सिरे से हगने वाला रोज़मर्र:पन जिये चले जा रहे हैं। उनके लिए ख़ूनी तवारीख़ तक अख़बार में छपकर महीने के महीने रद्दी में बिकने वाली या बेतार पर सवार होकर इस कान से घुसकर उस कान से निकल जाने वाली शै है। मुझे लाला जी का कहा याद आता रहा कि 'मॉडर्न इंसान ख़ुदग़रज़ बेवफ़ा, हिस्ट्री जुगराफ़िया भूल गया सफ़ा'।

चन्द ही महीनों बाद क़ौमी फ़साद के माहौल में मुल्क को टुकड़ा-टुकड़ा आज़ादी मिली। मैं मोराँवाली से भाभी, स्नेहबई और कनक की बेटी मीना को, जो अब स्नेहबई की बेटी कहलाती थी, साथ लेकर पहले गडरा रोड और फिर वहाँ से अजमेर पहुँचा।

अजमेर पहुँचकर मैंने नौकरी के लिए बहुत हाथ-पाँव मारे मगर ग़ैर-तज्रिबेकार बी० ए० फ़ेल को नौकरी देने के लिए कोई भी तैयार न हुआ। तब भाभी ने मुझ पर ज़ोर दिया कि मैं दिल्ली जाकर लाला जी के वाक़िफ़ों से मिलूँ, जो कांग्रेसी होने के नाते अब हुकूमत से जुड़ गये थे। लेकिन दिल्ली जाकर पता चला कि इस दरमियान टी० के० उनसे मिलकर लाला जी के खाते में उनकी हमदर्दी पूरी की पूरी वसूल कर चुका है। बदतर यह कि उसने इन लोगों के कान मेरे ख़िलाफ़ भर दिये थे कि मैं लाला जी की वह नालायक़ औलाद हूँ जिससे परेशान होकर उन्होंने ख़ुदकुशी कर ली थी। मुझे यह देखकर हैरत हुई कि टी० के०, जो बँटवारे से बहुत पहले अपनी ज़मीन-जायदाद बेचकर बम्बई पहुँचा था, बाक़ाइद: न सिर्फ़ रिफ़्यूज़ी, बल्कि मुलतान से आये हुए 'पुरुषार्थियों' का सरग़नः भी बना हुआ था। हालाँकि वह अपनी ज़मीन-जायदाद बेचकर आया था तो भी उसने झूठे-सच्चे काग़ज़ात दिखाकर मुआवज़ः भी हासिल कर लिया था। उधर मुझे बहुत हाथ-पाँव मारने पर भी कोई मुआवजः नहीं मिला।

लकी टी० के० बेईमानी से बरकत की राह पर आगे बढ़ता चला गया। बम्बई में टी० के० को लाला जी के एक वाक़िफ़ ने मलाड में अपना जो बँगला रहने के लिए दे दिया था वह उसने उनके गुज़र जाने पर उनकी बेवा को किराये के लिए हैरान-परेशान करके सस्ते में हथिया लिया। इसी के साथ उसने लाहौर से लाये हुए पैसे से मलाड से लेकर बांद्रा तक के इलाक़े में ज़मीन-जायदाद ख़रीदने का सिल्सिल: शुरू किया। लाला जी के जो वाक़िफ़ दिल्ली और बम्बई में हुकूमत की बाग़डोर सम्भाल चुके थे उनकी मदद से उसने सरकारी क़ानूनों

का अपनी जेब-भराई और हुक्मरान की जेब-गरमाई के लिए जमकर इस्तेमाल किया। मिसाल के लिए उसने यार-दोस्तों से फ़र्ज़ी कोआपरेटिव हाउसिंग सोसाइटियाँ बनवायीं और उनके लिए सरकारी ज़मीनें कम दामों पर हासिल कीं और उन पर इमारतें बनाने के लिए भी वे तमाम सहूलियतें लीं जो ऐसी सोसाइटियों को दी जाती हैं। इस तरह बिल्डिगें बनवाने-बेचने के धन्धे में उसने ज़बरदस्त मुनाफ़अ: कमाया। शेयर और सट्टा बाज़ार में और जुए में भी वह बदस्तूर अच्छा पैसा पीटता रहा।

उधर मेरे घर में फ़ाक़े का आलम था। मुझे एक बार फिर इस बात का सबूत मिल रहा था कि टोपन ग़लत नहीं कहता कि 'तिलक, तेरी लक मेरे लिंग में है'। सबसे पहले मैंने टोपन की तरह ठेकेदारी का धन्धा अपनाने की सोची। इसके लिए दरकार थी पूँजी और पूँजी के नाम पर हमारे पास वही थोड़ा-सा ज़ेवर और पैसा था, जो टी० के० बम्बई जाते समय मीना के वासिते स्नेहबई को दे गया था। स्नेहबई मुझे वह पैसा-ज़ेवर देने के लिए तैयार न थी कि यह तो मीना की शादी के लिए है। मैंने कहा कि 18 रुपया सैकड़ा ब्याज पर मुझे दे दो वरना मीना समेत हम सब भूखों मर जायेंगे। अफ़सोस कि मैंने ठेक़ेदारी का जो पहला ही काम हाथ में लिया उसी में ज़बरदस्त घाटा उठाया।

इसके बाद मैंने तय किया कि दूसरे रिफ़्यूज़ी नौजवानों की तरह मैं भी टॉफ़ी-जैसी कोई खाने की चीज़ या अमृतधारा-जैसी कोई दवा थोक के भाव ख़रीद या बनाकर रेलगाड़ी में खुदरा बेचने का धन्धा करूँ। जैसे पड़ोसी करमचन्द रेलगाड़ी में चूरन बेच-बेचकर कचहरी रोड उर्फ़ महात्मा गांधी मार्ग में बड़ा पनसारी बन सका है, वैसे मैं भी बन जाऊँगा। मुझे पूरी उम्मीद थी कि मेरा मुलतान का तज्रिब: इस धन्धे में बहुत काम आयेगा। मगर अफ़सोस कि चन्द ही दिनों में यह साबित हो गया कि मुलतान में मैं इसीलिए कामयाब हो सका था कि टी० के० का हाथ मेरे सिर और कूल्हों पर रहता था। एक शाम किशनगढ़ अड्डे से अजमेर के आउटर सिगनल पर उतरते हुए मैं गिर पड़ा और मेरी दायीं जाँघ की हड्डी टूट गयी। गोया मुझे इस धन्धे से कुछ हासिल हुआ तो लचकती हुई चाल।

प्लास्टर बँधाये घर में पड़े-पड़े मैंने अपनी क़लम को अपनी आमदनी का ज़रीअ: बनाने की कोशिश की। अफ़सोस कि मेरी तरक़्क़ी-पसन्द शाइरी ऐसे

रिसाले ही छापने को तैयार होते थे जो माली लिहाज़ से ख़ुद कतई तरक़्क़ी नहीं कर पाये थे। उर्दू अख़बारनवीसी में भी पैसा बना सकने की गुंजाइश नहीं के बराबर थी। बदतर यह कि मुझे एक भी पैसा न दे सकने वाले ये रिसाले ही मुझे लकी टोपन के और-और पैसे वाला होता चले जाने की ख़बरें सुना रहे थे। स्नेहबई पड़ोसन से जो फ़िल्मी रिसाले माँग लाया करती थी उनमें भी अब टी० के० के बारे में मज़मून शाया होते ही रहते थे। दूसरे धन्धों में पैसा कमाने के बाद वह ग्लैमर की तलाश में फ़िल्म इंडस्ट्री की ओर बढ़ा था और वहाँ भी उसे पैसा ही पैसा मिलता जा रहा था। एक आर्टिकल से यह पता चला कि वह प्रोमिला नाम की एक नयी हीरोइन पर्दे पर लाने वाला है। साथ में छपी तस्वीर देखने से ज़ाहिर हुआ कि प्रोमिला और कोई नहीं, वह सरस्वती ही है जो कभी टी० के० के मुँह पर थूक चुकी थी! वही अब उससे लिपटकर फ़ोटो खिंचवाने में फ़ख्र महसूस कर रही थी।

फिर स्नेहबई को अपने एक मरीज़ की मार्फ़त पता चला कि लकी टी० के० को सरस्वती एक अजीब इत्तिफ़ाक़ से मिली। हुआ यूँ कि नेहरू जी के साथ फ़ोटो खिंचवाने के लालच से टी० के० एक रिफ़्यूज़ी कैम्प में पहुँचा और वहीं मिस साराभाई बीमार और बदहवास सरस्वती को लेकर आ पहुँची। फ़साद में डैडी जी और मम्मीजी दोनों का क़त्ल अपनी आँखों के सामने होता देखकर सरस्वती अपने होशो-हवास खो बैठी थी और पागलों की तरह यहाँ-वहाँ भटकती रही थी। मिस साराभाई बहुत दिनों से उसकी शिनाख़्त कराने की कोशिश कर रही थी। टी० के० ने मिस साराभाई से कहा, "मैं इसे पहचानता हूँ। यह मेरे प्रोफ़ेसर साहिब की बेटी है। इसके इलाज और पर्वरिश की ज़िम्मेदारी आप मुझ पर छोड़ दीजिए।"

जब सरस्वती जिस्मानी और दिमाग़ी तौर से सेहत-याफ़्तः हुई तब उसने अपने को टी० के० का इतना शुक्रगुज़ार पाया कि टी० के० के लिए उसके मुँह से थूक नहीं, थैंक यू ही निकलना। टी० के० ने उससे कहा, "अब मैं फ़िल्म प्रोड्यूसर बन गया हूँ लिहाज़ा तुम्हारी फ़िल्म स्टार बनने की तमन्ना ज़ुरूर पूरी करूँगा।" सरस्वती ने अपने को और भी ज़ियादः एहसानमन्द महसूस किया। यह सब सुनाते हुए स्नेहबई मुझसे बार-बार यह कहती रहीं, "देख टोपन ख़ुद भी कुछ बन गया है और दूसरों को भी कुछ बन जाने में मदद दे रहा है। शाइरी वक़्त बरबादी के सिवा कुछ भी नहीं है। न इसकी कोई दाद मिलती है और न

कोई इसके दाम मिलते हैं।" मैंने उनसे कहा, "अगर दाद कहीं नहीं मिलती है काकी, तो बस अपने घर में। घर के जोगी जोगड़े होते आये हैं।" यह सुनकर भाभी बोलीं, "घर चलाने के लिए जोगी भी किस काम के?" मुझे तब भी यह बात कचोटती थी और आज भी कचोटती है कि मेरे सगों ने मुझे कभी अदीब नहीं माना।

भाभी और स्नेहबई दोनों ने मुझसे ज़िद की कि सारे गिले-शिकवे भूलकर तू टोपन को ख़त लिख। वह ज़ुरूर तुझे फ़िल्मों के लिए गीत और डायलॉग लिखने का काम दे देगा। तो मैंने ख़त लिखा। जवाब न आने पर फिर लिखा। फिर-फिर लिखता गया और हर ख़त में गिड़गिड़ाहट की मिक़दार बढ़ाता चला गया क्योंकि भाभी ने कहा कि तू ठीक से मुआफ़ी माँगेगा तभी वह पसीजेगा। पहला ख़त भेजने के कोई आठ महीने बाद टी० के० एक दिन हमारे दरवाज़े पर नमूदार हो गया। इतनी बड़ी हस्ती के, सो भी फ़िल्मी, आ जाने से हमारे घर में ही नहीं, मुहल्ले में भी हलचल मच गयी। उसने भाभी से कहा कि मैंने बम्बई के एक रिसाले में तिलक की नज़्म पढ़ी और पढ़ते ही ख़याल आया कि क्यों न इसे फ़िल्मों के काम में अपना अदबी सलाहकार बना लूँ? साथ में जो पता दिया हुआ था उस पर मैंने इसके लिए ख़त डाला लेकिन इसने कोई जवाब नहीं दिया। लिहाज़ा मैं ख़ुद आ गया।

जब भाभी ने कहा कि मैंने तो तिलक से तेरे नाम कई ख़त लिखवाये थे बेटा, तब वह बोला, "आपने लिखवाये ज़ुरूर होंगे भाभी, मगर इसकी ख़ुद्दारी ने इसे उन ख़ुतूत को डाक में डालने से रोक दिया होगा।" फिर उसने मुझे बाँहों में भरकर कहा, "यार, गुस्सा थूक और भाभी वग़ैरः को साथ लेकर बम्बई आ जा। मैं तुम लोगों के लिए किसी तरह की कोई कमी नहीं होने दूँगा। ख़ासकर इस प्यारी-सी मीना के लिए। अदबी सलाहकार की हैसियत से तुझे तीन हज़ार रुपया माहवार दूँगा और अगर तूने मेरी फ़िल्मों के लिए कुछ लिखा तो उसका पैसा अलग से दूँगा।"

फिर भी मेरा मन यह मानने को तैयार न था कि यह टी० के० की भलमनसाहत बोल रही है, ख़ुदग़र्ज़ी नहीं। यों मेरे पास भाभी के इस सवाल का भी कोई माकूल जवाब न था कि बम्बई में टोपन का तेरे बिना ऐसा कौन काम अटका पड़ा है कि उसे तुझे बुलाने की ग़र्ज़ हो? उधर नन्ही मीना तो चाकलेट खिलाने वाले टी० के० अंकल पर इतनी ज़ियादः फ़िदा हो चुकी थी कि उनके

साथ जाने के लिए अपना बिस्तर गोल कर भी चुकी थी। स्नेहबई और भाभी भी जाने को बिलकुल तैयार बैठे थे। मेरे पास इसके इलावः कोई चारा न था कि अटैची में अपना सामान रखना शुरू करूँ।

बम्बई में टी० के० ने हम लोगों को एक फ़्लैट मुफ़्त में रहने को दिया, जिसमें स्नेहबई की होमियोपैथी प्रैक्टिस टी० के० के रईस दोस्तों की मेहरबानी से अच्छी चल निकली। भाभी की ख़िदमत के लिए उसने एक नौकरानी रख दी और मीना का दाख़िलः एक अच्छे स्कूल में करा दिया। अपने डायरेक्टर और म्यूज़िक डायरेक्टर से उसने मेरी बहुत तारीफ़ की और कहा कि तिलक से ज़ुरूर कुछ लिखवाइए। भाभी बोलीं, "अब तो तू मान जा तिलक कि तेरा बड़ा भाई तुझे किसी बदनीयती से यहाँ नहीं लाया है। तुझे उसका शुक्रगुज़ार होना चाहिए।" मैं शुक्रगुज़ार हुआ भी।

मगर मुझे तीन बातों से परेशानी होती रही। पहली यह कि बच्ची मीना से टी० के० इस तरह पेश आता है मानो वह जवानी की दहलीज़ पर खड़ी होने को है। लाड़-प्यार के नाम पर वह उसे बच्चियों के नहीं, औरतों के से लिबास पहनाता है और तवायफ़ाना साज़-सिंगार कराता है। मैंने दबी ज़बान से घर में इतना ही कहा कि टोपन तो मीना को बिगाड़ ही देगा। भाभी ने डपट दिया कि तुझे तो ख़ुश होना चाहिए तिलक कि बिचारी मीना को अब बाप का प्यार मिलने लगा है।

मुझे दूसरी परेशानी इस बात से थी कि टी० के० अपने अदबी सलाहकार को अपने बीवी-बच्चे के साथ छोड़कर रोज़ानः सरस्वती उर्फ़ प्रोमिला के साथ रंगरेलियाँ मनाने चला जाता है। पहले दिन जब उसने मैना से कहा कि मैं तेरे यार को ले आया हूँ तब मेरा माथा ठनका। उसके जाने के बाद मैना यह कहकर ख़ुद भी चली गयी, "मैं हैरान हूँ तिलक कि तुम सब कुछ जानते-समझते हुए भी यहाँ आ गये हो। अब आ गये हो तो मुझसे दूर ही दूर रहना।" मैना संजीदः शुरू से थी, अब उदास भी हो चली थीं। उसकी उदासी का सबब मैं समझ सकता था। मगर महीनों तक उससे इस बारे में मेरी कोई बात न हो सकी। जब टी० के० मुझे उसके पास छोड़ जाता तब वह अपने को घर-गिरस्ती के किसी काम में उलझा लेती या ताश खेलने के लिए अपनी सहेलियों को बुला लेती या ख़ुद उनके पास चली जाती। मैं बैठा-बैठा उसके बेटे जयकिशन से खेलता

रहता या फ़िल्मों के लिए नग़मे या अफ़्साने लिखता रहता।

मेरी तीसरी परेशानी यही थी कि टी॰ के॰ की फ़िल्म कम्पनी मेरे क़लम से निकला एक लफ़्ज़ भी इस्तेमाल नहीं कर रही थी। और मुझे रह-रहकर अपना यह शुब्हः याद आ रहा था कि डायरेक्टर और म्यूज़िक डायरेक्टर से मेरी सिफ़ारिश करते हुए टी॰ के॰ ने मुस्कुराकर आँख मारी थी। एक दिन टी॰ के॰ से मैंने इस बारे में शिकायत की। उसने डायरेक्टर और म्यूज़िक डायरेक्टर को मेरी मौजूदगी में डाँटा और कहा कि इनसे अगली फ़िल्म के डायलॉग और गीत लिखवाइए। पहले डायरेक्टर ने मुझसे डायलॉग लिखवाये। पढ़कर यह सलाह दी कि आप पारसी थियेटर के लिए डायलॉग लिखें, फ़िल्मों के लिए नहीं। जब मैंने कहा, "मैं हर तरह का डायलॉग लिख सकता हूँ, फ़रमाइए आपको किस तरह के डायलॉग चाहिए?" तब वह बोले, "जनाब, हमें तो दूसरी तरह का डायलॉग राइटर ही चाहिए।"

फिर म्यूज़िक डायरेक्टर ने मेरे नग़मे बेकार ठहराकर मुझे ज़लील किया मगर थोड़े शाइस्तः ढंग से। वह बोले, "बन्दापरवर, क़सूर आपका नहीं है, आप जैसा आला दर्जे का शाइर फ़िल्मी नग़मे लिखने-जैसा घटिया काम कर ही नहीं सकता।" इस पर मैंने कहा, "क़िब्ला, मेरी कोई ग़ज़ल ही ले लीजिए।" वह बोला, "हुज़ूर, आप तो शुअरा के शाइर हैं, अवाम के नहीं। फ़िल्म देखने वाले आपकी ग़ज़ल क्या ख़ाक़ समझेंगे?"

मैं जाकर टी॰ के॰ से ख़ूब लड़ा कि तूने मुझे यहाँ इसीलिए बुलाया है कि मुझे अपने डायरेक्टर और म्यूज़िक डायरेक्टर से ज़लील करा सके। वह बोला, "मैंने तुझे इसलिए बुलाया है कि तेरा भी मन बहला रहे और तेरी पुरानी माशूक़ः मैना का भी। लेकिन तू तो उससे बोलता तक नहीं है। बस, उसके बेटे को ही खिलाता रहता है दोस्त!" मैंने उससे कहा कि "मैं यहाँ अदबी काम करने आया हूँ, तेरी गिरस्ती चलाने नहीं। तुझे मुझसे फ़िल्मों के लिए कुछ भी न लिखवाना हो तो साफ़ कह दे और तू मुझे दोस्त मत पुकारा कर मेरे दुश्मन! तू मेरी नज़्म की तारीफ़ करके मुझे बम्बई महज इसलिए लाया कि मेरे कलाम की अपने चमचों से तौहीन करवा सके।" वह हँसकर बोला, "तुझे लगता हो कि तू अच्छा लिख रहा है और हम लोग इस्तेमाल नहीं कर रहे हैं, तो तू किसी और प्रोड्यूसर को दे आ, मैं तुझे रोकूँगा नहीं। मगर तिलक फ़िल्म इण्डस्ट्री में धन्धा किया जाता है। माल अच्छा होता है तो जानी दुश्मन तक लेता है। माल कूड़ा हो तो

जिगरी दोस्त भी फेंक देता है।"

मैं दूसरों के पास गया और यह देखकर दंग रह गया कि इस बीच टी० के० उन सबको फ़ोन कर चुका है कि तिलकराज हमारा माहवारी तनख़्वाह लेने वाला राइटर है, इसने हमारे लिए जो लिखा है उसे आप नहीं ले सकते। मैं सीधा टी० के० के दफ़्तर गया और मैंने उसे अपना इस्ते'फ़ा दे दिया। वह हँसकर बोला, "अगर तू समझता है कि अब दूसरे प्रोड्यूसरों के लिए लिख सकेगा तो यह तेरी भूल है। मैं प्रोड्यूसरों का सरग़नः हूँ। यही नहीं, मेरी नौकरी छोड़ने के साथ ही तुझे मेरा फ़्लैट भी ख़ाली करना पड़ेगा। इस दुन्या में तुझे जो कुछ भी चाहिए वह तुझे सिर्फ़ मुझ से मिल सकता है तिलक—पैसा, इज़्ज़त, बीवी, बेटा और हाँ, सच्ची महब्बत भी। उसने मेरे कन्धों पर दोनों हाथ मारे और ज़ोर से हँस दिया।" मुझे रोना आ गया। रोते-रोते मैंने कहा, "मैं आज ही अजमेर वापस चला जाऊँगा।" वह फिर हँसा और इस बार उसने अपने हाथ मेरे कूल्हों पर मारे। बोला, "तू तोता है कि खोता तिलक, जो अपनी मैना को छोड़कर जाने की सोच रहा है?"

फिर उसने अपना रेशमी रूमाल निकालकर मेरी ओर बढ़ाया और कहा, "ले पकड़, इससे पहले अपने आँसू पोंछ फिर मेरे घर जाकर अपनी माशूक़ः मैना के। मुझसे तनख़्वाह लेता रह। शे'रो-शाइरी का अपना शौक़ पूरा करता रह। मेरे घर को अपना घर जान और मेरे बीवी-बच्चे को अपना बीवी-बच्चा मान। इससे बढ़िया ऑफ़र तुझे कहीं नहीं मिलेगा दुन्या में।" मैं काफ़ी देर तक आँसू बहाता रहा लेकिन फिर मेरे मन ने मुझसे कहा कि आज तक आँसुओं से किसी की बेबसी धुली नहीं है तिलक! तेरी माँ-बहन तेरे साथ अजमेर चलने को हरगिज़ तैयार न होंगी। तू वहाँ तन्हा रह जायेगा और यहाँ तेरा बेटा और उसकी माँ दोनों तेरी कमी महसूस करेंगे।

तो मैंने टी० के० से रूमाल ले लिया और अपने आँसू पोंछ लिये। टी० के० ने उसी दिन मैना और उसकी माँ की द्वारिका जाने की ख़्वाहिश पूरी कर दी। साथ में भेजा मुझे। इस सफ़र में मैना मुझसे बातचीत करने के लिए मजबूर हुई। हम दोनों को अपनी-अपनी बेबसी और अकेलापन एक-दूसरे पर ज़ाहिर करना पड़ा। सफ़र से लौटने पर भी यह सिल्सिलः जारी रहा। हम एक-दूसरे को बताते रहे कि किस तरह हमारे लिए टी० के० सितमज़रीफ़[1]

1. अत्याचार करने वाला

साबित होता रहा है और हम न जाने क्यों सितमगिर्वीद:[1] बनते रहे हैं। धीरे-धीरे मैना की दर्दभरी दास्तान मुझे सुनने को मिली।

शादी होते ही टी० के० ने मैना को अपनी पाँव की जूती की हैसियत बख़्शी। हर रात वह उसकी छातियाँ उघाड़कर कहता, "तोते की मैना, वह 'मुमटी के मम्मे' वाली कहानी मैं तेरी ज़बानी सुनना चाहता हूँ। ज़रा तफ़सील से बता कि तूने तिलक के साथ कब-कब क्या-क्या किया?" इसके जवाब में जब मैना रोकर कहती, "प्लीज़, इस तरह की बातें मत करो।" तब वह कहता, "जब तुझे अपने मरते हुए बाप और उसकी तीमारदारी में जुटी हुई माँ की आँखों में धूल झोंककर मुमटी में तिलक के साथ वह सब करने में कोई शर्म नहीं आयी तो अब मुझे बताने में क्यों शर्मा रही है तोते की मैना?"

जब शादी के आठवें महीने ही जयकिशन पैदा हो गया तब टी० के० ने मैना से यह कहना शुरू किया, "अब तो यह मान ले कि तेरा यह अठमासा बेटा तिलक के साथ तेरे नाजायज़ तअल्लुक़ात की ही देन है। मुझे लगता है कि नीचे पलंग पर तेरा बाप दम तोड़ रहा होगा और ऊपर मुमटी में तेरा यार तेरी कोख में अपना बीज बो रहा होगा। तेरे बाप की आत्मा ऊपर को जाते-जाते मुमटी में तुम्हें देखकर ग़श खा गयी होगी और तेरे पेट में पड़ते हुए बच्चे में गिर पड़ी होगी!"

मैना रोती-गिड़गिड़ाती तो टी० के० उसकी दोनों छातियों पर हाथ मारकर उसी वहशियानः ढंग से हँसकर कहता, "रोती क्यों है? मैं तुझे कभी छोड़ने वाला नहीं हूँ।" मैना तब यह सोचकर ख़ुश हो लेती कि टी० के० उसका दामन नहीं छोड़ेगा। मगर टी० के० तो शायद यह कहना चाहता था, मैं तुझे ज़िन्दः नहीं छोड़ूँगा, तड़पा-तड़पाकर मारूँगा। उसने खुलेआम दूसरी औरतों से तअल्लुक़ात रखने शुरू कर दिये। मैना बर्दाश्त कर गयी। फिर वह दिल्ली से किसी प्रोमिला को पकड़ लाया और उसे अपनी बीवी की तरह ही रखने लगा। उसके साथ शूटिंग के सिल्सिले में वह हफ़्तों-महीने ग़ायब रहता। जब एक दिन मैना को पता चला कि प्रोमिला और कोई नहीं, वही लाहौर वाली सरस्वती है, तब उसने दबी ज़बान से अपने ख़ाविन्द से शिकायत की कि आप तो मेरी सौतन ले आये हो। टी० के० हँसकर बोला, "तो तू मेरा सौता बुला ले। तिलक का पता

1. अत्याचार सहने वाले

दूँ तुझे ?"

मैना ने कहा, "आप अपनी सरस्वती के साथ ख़ुश रहिए, मुझे कुछ नहीं चाहिए। मेरी तो सिर्फ़ इतनी विनती है कि घर से इतना ग़ायब मत रहा करें। आपके पीछे मेरा और बच्चे का देखनहार कोई नहीं रह जाता। "टी० के० ने अपने दोनों हाथ उसकी छातियों पर मारकर वही घिनौनी हँसी हँसते हुए कहा कि तू भी अपने आशिक़ तिलक को बुला ले। मैना बिचारी इसके जवाब में यही कह सकती थी कि मैं आपकी ब्याहता हूँ, मेरा तिलक से कोई मतलब नहीं है।

अफ़सोस कि तभी भाभी और स्नेहबई की ज़िद के आगे मजबूर होकर मैंने टी० के० को ख़त भेजने शुरू कर दिये कि मुझे बुला ले। वह उन्हें ला-लाकर मैना को देता रहा कि तेरा यार तुझे हमबिस्तर बनाने के लिए तड़प रहा है, रोज़ी-रोटी का तो बस बहाना है। चिट्ठी लिखकर उसे बुला ले और तन-मन की प्यास मिटा ले अपनी भी, उसकी भी। ज़ाहिर है कि मैना ने टी० के० की यह नापाक तजवीज़ ठुकरा दी। मैना ने यह सोचकर तसल्ली कर ली कि सरस्वती को तो रखेल का दर्जः मिला हुआ है, ब्याहता तो मैं ही हूँ। मगर फिर टी० के० ने उससे यह कहना शुरू कर दिया कि तू मुझे तलाक़ दे दे ताकि मैं सरस्वती से शादी कर सकूँ। इसके लिए मैना न राज़ी हो सकती थी, न हुई।

इसी के बाद टी० के० अजमेर जाकर मुझे बुला लाया और मैना से उसने कहा, "तिलक को बुलाने में तुझे तो शर्म लग रही थी, मैं ख़ुद बुला लाया हूँ। उसके साथ तेरा वक़्त अच्छा कटेगा।" मैना ने कह दिया, "आप ही मेरे जीवन-साथी हो। मेरा वक़्त जो भी कटना है, जैसा भी कटना है आपके साथ ही कटना है।" इसीलिए वह महीनों तक मुझसे दूर ही दूर रही।

ख़ैर साहिब, जब मैना ने अब तक मुझसे दूर ही दूर रहने की वजह पर रोशनी डालनी शुरू की तब मैंने न सिर्फ़ उसके आँसू पोंछे बल्कि टी० के० के हाथों लगे अपने दिल के ज़ख़्म उसे दिखाते हुए ख़ुद भी रो पड़ा। इस तरह रोज़ानः एक-दूसरे के सामने आँसू बहाते हुए, टी० के० के किये हुए सितमों को याद करते हुए मैं और मैना फिर एक-दूसरे के नज़दीक आने लगे और यह महसूस करने लगे कि टी० के० ने हमारे दिल पर जो ज़ख़्म किये हैं उन पर मरहम का काम अगर कोई चीज़ कर सकती है तो वह महब्बत ही, जो कभी लाहौर की एक मुमटी में पनपी थी और जिसकी एक मुमताज़ निशानी हमारी

गोद में खेल रही थी।

ज्यों ही हमने नौमासे जयकिशन को नौमासा माना, एक-दूसरे को बहैसियत उसके माँ-बाप पहचाना, त्यों ही हमारे लिए एक-दूसरे को अपना शरीके-हयात न मानना नामुमकिन हो गया। जयकिशन के बोसे लेते हुए हम एक-दूसरे के बोसे लेने लगे। मुझे टी० के० की ख़्वाबगाह अपनी ख़्वाबगाह नज़र आने लगी और टी० के० की बीवी, अपनी बीवी। यही टी० के० चाहता भी था। अनजाने ही मैं उसके जाल में फँस गया था।

एक दिन टी० के० ने मुझे अलग ले जाकर कहा, "मैंने तलाक़ के लिए मैना के ख़िलाफ़ अदालती कार्रवाई शुरू करने की सोची है। उसमें तुझे मेरी ओर से गवाही देनी होगी।"

सुनकर मैं सक्ते में आ गया। मैंने उससे कहा, "मैं इस तरह की कमीनी हरकत नहीं कर सकता।" टी० के० ने तिजोरी खोली और मेरे सामने फ़ोटुओं का एक लिफ़ाफ़ः फेंकते हुए बोला, "कमीनी हरकत तो तू मेरे बेडरूम में कई दिनों से कर रहा है। मैं वहाँ मौजूद नहीं रहता मगर मेरा ख़ुफ़िया कैमरा तो चौबीसों घण्टे वहीं रहता है। तू गवाही नहीं देगा तो ये तस्वीरें देंगी। जा, मैना को समझा कि मुझे तलाक़ देने और जयकिशन को मेरे सुपुर्द करने को राज़ी हो जाय। नहीं तो अदालत में मुझे इन तस्वीरों का इस्तेमाल करना पड़ेगा।"

पहले मुझे समझ में ही नहीं आया कि टी० के० से क्या कहूँ और कैसे कहूँ! फिर मैंने यह कहा, "तू तलाक़ लेता ही क्यों है? तू सरस्वती से शादी कर ले। मैना कोई क़ानूनी अड़ंगा नहीं लगायेगी। मैं उसे समझा दूँगा।"

टी० के० बोला, "यार, जो औरत अपने बाप को मरता छोड़कर तुझे अपने मम्मों से दूध पिलाने के लिए मुमटी में जाती रही थी उस पर मैं तो एतबार कर नहीं सकता।" यह कहकर उसने हँसते हुए अपने दोनों हाथों से मेरा सीना नोच लिया।

मैंने उसके पाँव पकड़ लिये कि मुझ पर और मैना पर ऐसी ज़ियादती न कर। वह बोला, "मैं क्या करूँ दोस्त! सरस्वती इस ज़िद पर अड़ी हुई है कि तब तक पूरी तरह मेरी न होगी जब तक बाक़ाइदः मैं उससे शादी न कर लूँगा। जा, मैना को राज़ी कर। तलाक़ के बाद तू उससे बाक़ाइदः शादी कर लेना। तुम्हारी गिरस्ती का ख़र्चा मैं उठाऊँगा।"

तो मैं मैना के पास गया और मैंने उसे सारी ऊँच-नीच समझायी। मैंने

बातचीत को शुरू करने का नुक़्तः यह रखा कि मैं उससे शादी करना चाहता हूँ और टी० के० सरस्वती से। मैंने ख़ुफ़िया कैमरे से खींची हुई तस्वीरों का कोई ज़िक्र उसके सामने नहीं किया। तलाक़ की बात के लिए तो वह राज़ी हो गयी मगर अपने बच्चे को टी० के० के सिपुर्द कर देना उसे मंज़ूर नहीं हुआ। वह बार-बार यही कहती रही कि तिलक, जयकिशन तो हमारे प्यार की निशानी है। ऐसी क्या मजबूरी है कि हम उसे टी०.के० जैसे हैवान के सिपुर्द कर दें? मैंने समझाया कि टी० के० के यहाँ बच्चे की पर्वरिश बेहतर हो सकेगी। यही बहस चल रही थी कि टी० के० मुस्कुराता हुआ कमरे में आ पहुँचा। बाद में मुझे पता चला कि न सिर्फ़ कमरों में ख़ुफ़िया कैमरे लगे हुए थे बल्कि ऐसा इन्तिज़ाम भी था कि एक कमरे में बैठे हुए वह दूसरे कमरे का नज़ारा ले सके और वहाँ होती बातचीत भी सुन सके।

टी० के० के हाथ में फ़ोटुओं का एक और लिफ़ाफ़ः था जो उसने मैना के आगे रख दिया और बोला, "अपनी मजबूरी के फ़ोटो देख ले मैना, जो तेरे और मेरे इस साझे के यार तिलक की मदद से उतारे गये हैं। अगर तू जयकिशन को मेरे सिपुर्द नहीं करेगी तो मैं ये तस्वीरें अदालत के सिपुर्द कर दूँगा। और फिर अदालत हरगिज़ तुझे बच्चे की सिर्पुदागी नहीं देगी।"

मैना ने पहले मेरे शर्मसार चेहरे को देखा। फिर लिफ़ाफ़े को ज़रा-सा खोलकर भीतर झाँका। वह काँप उठी। काँपते हुए हाथों से उसने लिफ़ाफ़ः मेरे चेहरे पर दे मारा। और कमरे से भाग खड़ी हुई। मैं उसके पीछे लपका कि मैना, कहाँ जा रही हो, मेरी बात तो सुनो मगर टी० के० ने मुझे कमर से पकड़ लिया। मैना जाते-जाते बोली कि मुझे कुछ नहीं सुनना है तिलक, अब मैं वहीं जा रही हूँ जहाँ जाकर ही कोई शरीफ़ लड़की तुम्हारे और टी० के० जैसे घटिया इंसानों की सोहबत की कालिख से छुटकारा पा सकती है।

मैंने अपने को छुड़ाने की कोशिश की, टी० के० ने और भी कसकर चिपका लिया और उसी वहशियानः ढंग से हँसते हुए बोला कि जाने दे उसे। तुझसे महब्बत करने के लिए मैं तो मौजूद हूँ तिलक। टी० के० की हैवानी हँसी से मैना की माँ की इंसानी चीख़ टकरायी। उसने अपनी बेटी को सातवीं मंज़िल के झरोखे से छलाँग लगाते हुए देखा था।

मैना की ख़ुदकुशी से मेरे भीतर एहसासे-गुनाह बहुत शिद्दत से पैदा हुआ। मैना की माताजी ने इस एहसास को बढ़ाते रहने में कोई कसर उठा न रखी।

उन्होंने टी० के० से तो कभी कुछ नहीं कहा मगर मुझे कोसती रहीं कि तिलक न तू मेरी बेटी की ज़िन्दगी में आता और न उसे अपनी ज़िन्दगी से हाथ धोना पड़ता। मैंने उनसे कहना चाहा कि माता जी, न टोपन मेरी ज़िन्दगी में आता और न मैं लाला जी से लेकर मैना तक एक-एक करके उन लोगों को खोता चला जाता जिन्हें मैंने दिलो-जान से प्यार किया। मैंने कहना चाहा मगर मैं कह नहीं सका क्योंकि मैं मैना की दर्दनाक मौत के बाद भी उस यमदूत टी० के० को अपनी ज़िन्दगी से दूर कर नहीं पाया था। इतना कुछ होने पर भी मैं दोस्त और मुलाज़िम दोनों की हैसियत से उससे जुड़ा हुआ था। उन्हें यह समझा सकने की कोशिश करना भी बेकार था कि अगर मैं मैना की मौत के बावजूद मैना के क़ातिल से अपना नाता जोड़े हुए हूँ तो इसीलिए कि मैं नहीं चाहता कि मैना और मेरे प्यार के तोहफ़े जयकिशन को सौतेली माँ के आने पर किसी तरह की आँच पहुँचे।

मैना के उठाले के फ़ौरन बाद टी० के० ने सरस्वती से शादी कर ली और उसे हनीमून के लिए विलायत ले गया। सरस्वती विलायत जाने के हक़ में नहीं थी। वह चाहती थी कि टी० के० पहले उस फ़िल्म को पूरा करे जिसमें उसने सरस्वती को दूसरी हीरोइन का रोल दिया था और जिसमें उसके सीनों की शूटिंग केंचुए की रफ़्तार से चल रही थी। टी० के० उससे कहता रहा था कि तुम्हारी-जैसी नयी और सो भी बड़ी उम्र की लड़की को साइन किया है इसलिए डिस्ट्रीब्यूटर पैसा लगाने में हिचक रहे हैं। ख़ुद मैं अपना पैसा लगाने में इसलिए हिचक रहा हूँ कि जब तुम मेरी ज़िन्दगी की ही हीरोइन नहीं बन रही हो तब तुम्हें अपने पैसे से अपनी फ़िल्म की हीरोइन क्यों बनाऊँ? ज़िन्दगी की हीरोइन बनने के लिए सरस्वती ने शादी की शर्त रखी थी।

बिचारी सरस्वती को उम्मीद थी कि गँवार और ग़रीब घर के लड़के टी० के० की अमीर और शाइस्तः घर की लड़की सरस्वती को नंगा करके उससे गाँव की बोली में गन्दी-गन्दी बातें कहने और गन्दे-गन्दे काम करने की बरसों पुरानी मुराद पूरी होते ही एक अरसे से अटकी हुई वह फ़िल्म तेज़ी से पूरी हो जायेगी जिसमें मैं हीरोइन हूँ। लेकिन शादी हो जाने पर भी टी० के० ने सरस्वती के सीनों की शूटिंग शुरू नहीं की। उसने कहा कि यहाँ अभी मैना की ख़ुदकुशी का शोर है इसलिए हमें हफ़्ते-दस दिन के लिए हनीमून के लिए विलायत चले

जाना चाहिए। उस हफ़्ते-दस दिन के हनीमून को टी० के० किसी न किसी बहाने खींचता ही चला गया।

जब दो महीने बाद सरस्वती बम्बई लौटी तब डॉक्टरनी ने उसे यह ख़बर दी कि तुम्हारा पाँव भारी है और डायरेक्टर ने यह ख़बर दी कि फ़िल्म तो इस बीच किसी और एक्ट्रेस को लेकर पूरी कर ली गयी है। सुनकर सरस्वती आगबबूला हो गयी और टी० के० से ख़ूब लड़ी। टी० के० ने उससे कहा, "अब तुम एक्ट्रेस की तरह बात करना छोड़ दो और मेरी बीवी की तरह, मेरे होने वाले बच्चे की माँ की तरह, बात करना सीखो। तुम्हें लेने से फ़िल्म बिकने वाली नहीं थी। दूसरी एक्ट्रेस को लेते ही हाथोहाथ बिक गयी और हम लोगों को अच्छा मुनाफ़अः हुआ। यह तुम्हारे लिए ख़ुशी की बात होनी चाहिए, नाराज़गी की नहीं।" फिर मेरी मौजूदगी की परवाह न करते हुए टी० के० ने सरस्वती की छातियों पर हाथ मारे और हँसकर कहा, "अपना गुस्सा थूक दे, मगर मेरे चेहरे पर मत थूकना पहले की तरह वरना बहुत घाटे में रहेगी। मैना की ख़ुदकुशी से तू इतनी बदनाम हो चुकी है कि बिरादरी में तुझे कहीं कोई हमदर्दी नहीं मिलेगी। फ़िल्मों में भी तेरे लिए कोई जगह नहीं बची है क्योंकि सब जगह ख़बर फैल चुकी है कि तुझे अपनी पहली फ़िल्म से हटा दिया गया है।"

सरस्वती के चेहरे पर नफ़रत का नक़्शः खिंच गया। उसने अपने मुँह में थूक भरा। टी० के० ने ऐन मौक़े पर मेरे गालों को सरस्वती के थूक दागते होंठों के आगे कर दिया। हँसकर बोला, "तेरा थूक अब सही निशाने पर पहुँचा है सरस्वती। तेरी सारी तबाही तेरे इस पहले यार तिलक ने करायी है। तेरी महब्बत और नफ़रत दोनों का यही असली हक़दार है।"

फिर टी० के० ने अपने रूमाल से मेरे गाल पर से सरस्वती का थूक पोंछा और सरस्वती को मेरी ओर खींचते हुए बोला, "तूने अपने यार को नफ़रत का थूक तो लगा दिया है अब इसकी ज़बान से ज़बान लिपटाकर इसे महब्बत का थूक भी लगा दे।" यह कहकर टी० के० ने अपना वही जाना-पहचाना ठहाका बलन्द किया और अपने दोनों हाथ कमरे से रोकर भागती हुई सरस्वती के कूल्हों पर दे मारे। फिर वह मुझसे मुख़ातिब हुआ और बोला, "तिलक, तू मेरा मुँह क्या देख रहा है? जा दौड़कर सरस्वती की दिलजोई कर। कहीं तेरी वजह से तेरी दूसरी माशूकः को भी ख़ुदकुशी न करनी पड़े।" मेरी तबीयत हुई कि टी० के०

के मुँह पर थूक दूँ मगर अफ़सोस कि उस हैवान की मौजूदगी में मेरा मुँह घबराहट से सूख जाया करता था।

सरस्वती ने ख़ुदकुशी नहीं की। उसने टी० के० की इस कोशिश को भी कामयाब नहीं होने दिया कि मैना की तरह सरस्वती भी अपने पहले, सच पूछिए तो आख़िरी, आशिक़ तिलक के आग़ोश में सुकून तलाश करे। वह अक्सर मुझे सरस्वती के साथ तन्हा छोड़ जाने लगा लेकिन मैंने और सरस्वती ने एक-दूसरे से दूरी बनाये रखना ही मुनासिब समझा। हम दोनों के लिए ही यह ज़ुरूरी था कि अपने साझी दुश्मन टोपन की चाल में न आयें। यों भी जय की वजह से मेरे और सरस्वती के बीच तनाव बढ़ने लगा। वह सौतेले बेटे जय का बुरा चाहती और मैं जय को आँच न आने देने के लिए ही ज़िन्दा था।

सरस्वती ने अपना पूरा ध्यान घर-गिरस्ती और बिज़नेस में लगा दिया। कुछ ही महीने बाद उसने अपने पहले बेटे सुन्दर को जनम दिया और एक तरह से उसकी ज़िन्दगी का सारा मक़्सद ही यह बन गया कि टी० के० का वारिस जयकिशन नहीं, सुन्दर बने। गो इसके बाद सरस्वती को एक बेटा—गोपाल, और बेटी नीलम और हुई, टी० के० से उसका नाता एक तरह से टूट ही गया। टी० के० मुझसे बहुत कहता रहा कि सरस्वती के पलंग पर जो जगह मैंने ख़ाली की है उस पर तू जाकर लोट जा। बाद में ख़ुद सरस्वती यह चाहने लगी कि जय को बरबाद करने के लिए मुझे अपनी ओर मिला ले और इस ग़र्ज़ को पूरा करने के वास्ते वह पुराने प्यार की दुहाई देने लगी मगर मैं इसके लिए तैयार न हुआ।

टी० के० मुझ पर ला'नत भेजता रहा कि मैं तुझे इतना मौक़ा दे रहा हूँ फिर तू क्यों नहीं अपनी बरसों पुरानी साध पूरी करे ले रहा है ? मैंने उससे साफ़ कह दिया कि मैं सरस्वती को बेइज़्ज़त करने में तेरी मदद हरगिज़ न करूँगा। इसके बदले में उसने मुझे सरस्वती के सामने अपने पलंग पर खींचकर बेइज़्ज़त किया और उससे कहा, "यह तिलक तुझ पर तो बाद में मरा है, मुझ पर तो शुरू से मरता रहा है। इसीलिए यह ख़ुशी से मेरे वासिते लड़कियाँ पटाकर लाने का काम करता रहा है। दोस्त से ज़ियादः यह मेरा दलाल है।"

टी० के० ने सरस्वती से ही नहीं, और तमाम लोगों से भी कई मर्तबः यह कहा कि तिलक मेरा दलाल है। शराब और शबाब मुहैया कराता है। मुझे

सबसे ज़ियादः अफ़सोस इस बात से हुआ कि आगे चलकर उसने मेरे बेटे जयकिशन को भी यह समझा दिया कि मैं हुस्न के बाज़ार का दलाल हूँ। वह मान भी गया क्योंकि उसकी तवज्जोह इस ओर गयी कि जो भी लड़की एक दिन मेरे साथ दिखाई दी, अगले दिन टी० के० का बिस्तर गरमाती हुई पायी गयी। इसका सबब वही था जिसका ज़िक्र मैं मुलतान और लाहौर वाले दौर का क़िस्सः सुनाते समय कर चुका हूँ। यही कि हर लड़की मेरी ही ओर खिंचती थी, टी० के० की ओर नहीं। जी हाँ, उसकी बेशुमार दौलत और फ़िल्म स्टार बना देने की ताक़त के बावुजूद भी नहीं। और उधर टी० के० ने क़सम खा रखी थी कि जो भी लड़की तिलक की ओर खिंचेगी उसे मैं हमबिस्तर बनाकर रहूँगा। वह मुझे मजबूर कर देता कि मैं अपनी माशूक़ः को उसकी माशूक़ः बनवा दूँ।

टी० के० इन तमाम लड़कियों को सरस्वती से इन्ट्रोड्यूस कराते वक़्त मेरी गर्लफ्रैण्ड्स बताया करता था। जले पर नमक छिड़कने के लिए वह मुझसे ही उनका खाता तैयार करवाता था और सामने आकर या ख़ुफ़्यः कैमरों से उनके अपने साथ उर्यां फ़ोटू, वीडियो टेप और फ़िल्में उतरवाया करता था। यही वजह है कि टी० के० उन मौक़ों पर भी मुझे अपने साथ रखता था, जिनमें बाहया इंसान किसी तीसरे की मौजूदगी की बात सोच भी नहीं सकते। इस बेहयाई को टी० के० अपनी बेतकल्लुफ़ी की निशानी ठहराता था। जिन माशूक़ाओं को उसके साथ अपनी नंगी तस्वीरें उतरवाने से परहेज़ नहीं होता था, उनके सामने वह अपनी बेहयाई को अपनी वफ़ादारी की निशानी भी ठहरा देता था। वह उनसे कहता था, "भले ही मेरी सैक्स की भूख के लिए अब तुम्हारी-जैसी पाँच सितारा ख़ुराक हाज़िर रहती है, मैं इस बात को भुला नहीं सकता कि तिलक वह टिक्कड़ है जिससे मैंने पहले-पहल अपनी जिस्मानी भूख मिटायी थी। यह मेरा हमज़ाद है। मैं इसका साथ कभी नहीं छोड़ सकता। उस वक़्त भी नहीं जब तुम-जैसी गरम-गुदगुदी चीज़ वक़्त काटने के लिए मेरे पास मौजूद हो।"

इसी के चलते मुझ पर टी० के० का दिया हुआ ख़िताब सी० सी० उर्फ़ कॉन्सटैन्ट कम्पैनियन चस्पाँ हो गया। उसने मुझे अपने हर अच्छे-बुरे काम का साझेदार बनाया और आप जानते हैं कि टी० के० अच्छे से अच्छा काम भी किसी बुरे मक़सद से ही करता था। मसलन वह अपनी ही बेटी मीना को एक अनजान

यतीम लड़की बताकर और उसकी किसी अमीर राजकुमारी-सी पर्वरिश करके लोगों में वाहवाही लूट रहा था। मगर यह 'नेक' काम भी वह इस बदनीयती से कर रहा था कि एक दिन उसे हमबिस्तर बनायेगा। वह लोगों की मौजूदगी में भी उसे 'मेरी गर्लफ्रैण्ड' कहकर पुकारा करता था और उसका बोसा ले लिया करता था। तन्हाई में वह मुझसे अक्सर पूछा करता कि लड़की की नथ उतारने की सही उमर क्या बतायी गयी है तिलक ?

अभी यह दास्तान आधी ही हुई है लेकिन मेरा क़लम इससे ऊबने लगा है और मुझे इसे लिखते हुए मितली उठ रही है। मैं अब तफ़सील से कुछ भी बयान नहीं करना चाहता। कच्चा-चिट्ठा लिखने के पैसे लिये हैं लिहाज़ा मोटा-मोटी बात पूरी करूँगा। वैसे भी किसी शैतान की बुराई का ब्योरा क्यों देता चलूँ जबकि उसमें दुहराव ही दुहराव हैं ? मगर पता नहीं क्यों ख़ुदा की अच्छाई का और शैतान की बुराई का दुहरावों से भरा पड़ा अफ़्सानः सुनाना और सुनना दोनों ही इंसान की ख़ास कमज़ोरियाँ रही हैं। अपनी-अपनी जगह पर मामूली होते हुए भी, रोज़मर्रःपन जीते हुए भी हम न मालूम क्यों ग़ैरमामूली और ग़ैबी[1] के तलबगार होते हैं ? हमें कुछ ऐसा चाहिए जिसका किरदार, जिसकी हस्ती, हमारे रोज़मर्रः के किरदार और हस्ती से लाखों गुनी बढ़-चढ़कर हो। इसीलिए हम भगवान और शैतान की एक ही रंग और एक ही रस वाली कहानियाँ सुनते-सुनाते उकताते नहीं हैं, भले ही वे हम मामूली इंसानों को ग़ैरमामूली मुसीबतों में डालती रही हैं। काश, दरिन्दों[2] और परिन्दों की तरह हम लोग भी अपने मामूलीपन में ख़ुश रह सकते होते ! तब न हमारे भगवान हमें लड़ा पाते, न हमारे शैतान। हमें न कोई किसी जन्नत से लुभा पाता और न किसी दोज़ख़ का डर दिखा पाता और हम अपनी मामूली धरती पर मामूली ढंग से जी लेने के बा़द एक दि़न मुस्तक़िल तौर पर मर जाया करते।

ख़ैर, आपके कहने पर क़िस्सः छेड़ा है तो पूरा तो करना ही पड़ेगा। मुख़्तसर यह कि टी० के० कामयाबी की नित नयी ऊँचाइयाँ छूता रहा और मैं उसके साथ घिनौनेपन की नित नयी गहराइयों तक उतरता रहा। मैं उसका साथी कुछ तो इसलिए बना रहा कि मैं किसी और काम का रह ही नहीं गया

1. आस्मानी, 2. पशुओं

था। मगर उससे भी ज़ियादः इसलिए बना रहा कि मुझे मैना और अपनी महब्बत की निशानी जयकिशन की सलामती की फ़िक्र थी। मुझे इस बात का एहसास था कि सरस्वती की ज़िन्दगी का एक ही मक़सद बचा है कि टी० के० की समूची दौलत का वारिस अपने लाड़ले बेटों सुन्दर और गोपाल को बनवा दे। वह जयकिशन से बहुत बुरी तरह से पेश आती थी। ख़ुद टोपन को जयकिशन से, जिसको वह हमेशा मेरे आगे 'मैना का बेटा' क़हकर याद किया करता था, कोई ख़ास दिलचस्पी न थी। मैना की माँ बूढ़ी और बीमार हो चली थी और मैना की ख़ुदकुशी ने उसे भीतर से तोड़ दिया था, लिहाज़ा जयकिशन की पर्वरिश की सारी ज़िम्मेदारी मुझ पर ही थी। मैंने टी० के० पर उसकी माशूक़ाओं की मार्फ़त बराबर यह दबाव डलवाया कि वह जयकिशन का जायज़ हक़ न मारे। एक तरह से यह कहा जा सकता है कि जयकिशन को बचपन में माँ का प्यार मिला तो टी० के० का बिस्तर गरमाने वाली इन माशूक़ाओं की बदौलत ही।

अफ़सोस कि ज्यों ही जयकिशन थोड़ा सयाना हुआ बाप-बेटे में (क़ानूनी तौर पर तो टी० के० को उसका बाप कहना ही पड़ेगा) झगड़े शुरू हो गये। झगड़े इसलिए हुए कि टी० के० को जयकिशन से बेहद जलन होने लगी। इसकी पहली वजह तो यह थी कि मुक़द्दर का सिकन्दर होने के मामले में जयकिशन टी० के० से भी आगे निकला। अपने सौतेले भाइयों की तरह जयकिशन फ़िल्मी धन्धे में नहीं गया। उसने टी० के० का छोड़ा हुआ ज़मीन-जायदाद ख़रीदने, बनाने और बेचने का धन्धा अपनाया और उसमें ज़बरदस्त कामयाबी हासिल की। कामयाब तो उसके सौतेले भाई भी हुए लेकिन वे उतना पैसा नहीं कमा सके जितना जयकिशन अपने धन्धे में निहायत आराम से कमाता चला गया। उसका धन्धा देश में ही नहीं परदेस में भी ख़ूब पनपा क्योंकि उसने लन्दन के जयन्त रमानी की बदसूरत, हमेशा बीमार रहने वाली और अपने से उम्र में चौदह साल बड़ी तलाक़शुदः बेटी मोहिनी से शादी कर ली। टी० के० से कहीं-कहीं ज़ियादः अमीर जयंत रमानी और उसकी बिटिया मोहिनी ताज़िन्दगी जयकिशन के एहसानमन्द रहे। ससुर ने उसे बिज़नेस की दुन्या में आगे बढ़ाया और बीवी ने दूसरी औरतों से उसके तअल्लुक़ात पर कभी कोई एतराज़ नहीं किया। उधर सुन्दर और गोपाल दोनों ने छोटी-मोटी और ग़रीब घरों की फ़िल्मी स्टारों से शादी करके माली तबाही

और दिमाग़ी परेशानी मोल ली।

मैं कह रहा था कि मोहिनी को जयकिशन के लड़कियों से चक्कर चलाते रहने पर कभी कोई एतराज़ नहीं हुआ। अब इसमें इतना और जोड़ना ज़ुरूरी है कि टी॰के॰ को जयकिशन का अपनी तरह लँगोट का कच्चा साबित होना और दूसरों की माशूक़ाओं को अपना हमबिस्तर बनाने की फ़िराक़ में रहना शुरू से सख़्त नागवार गुज़रा। सो इसलिए कि जयकिशन की निगाह ख़ुद टी॰के॰ की माशूक़ाओं पर ही टिकी, जिनका औसत सिन उतना ही घटता चला जा रहा था, जितनी कि टी॰के॰ की उम्र बढ़ती जा रही थी। मैं बता चुका हूँ कि इन माशूक़ाओं से ही जयकिशन को बचपन में ममता मिलती रही थी। इधर जयकिशन जवानी में क़दम रखने लगा उधर टी॰के॰ अपने बूढ़े जिस्म और बढ़िया बिस्तर में गरमाहट पैदा करने के लिए ऐसी लड़कियाँ लाने लगा जो जयकिशन की माँ की उम्र की थीं नहीं और जिन्हें जयकिशन बड़ी बहन बनाने के लिए तैयार न था। टी॰के॰ की पिछली माशूक़ाओं से वह शफ़क़त[1] वसूलता रहा था तो अब इन माशूक़ाओं से बुलहवसी[2] लूटने लगा।

लड़कियों को हमबिस्तर बनाने के मुआमले में बूढ़ा और बौना टी॰के॰ ख़ूबसूरत लहीम-शहीम नौजवान जयकिशन के सामने कहीं टिक ही नहीं पा रहा था। जयकिशन के मेरे बेटे और वारिस होने का मेरे लिए इससे बड़ा सबूत कोई नहीं हो सकता था कि उस पर भी लड़कियाँ पहली नज़र में फ़िदा होने लगीं। लेकिन जहाँ शाइस्तगी मुझे अपने पर फ़िदा होने वाली लड़की को फ़ौरन बिस्तर पर खींच लेने से हमेशा रोकती रही वहाँ टी॰के॰ के साये में पले होने की वजह से जयकिशन दिल के खुलने का इन्तिज़ार किये बग़ैर ही इज़ारबन्द खोल लेने में यक़ीन करता रहा। दर्यादिली के मुआमले में वह मेरा बेटा साबित हुआ लिहाज़ा अपने साथ सोने वाली सब लड़कियों को उसने महब्बत के साथ-साथ खासा माल-मत्ता भी दिया। इसका नतीजा यह हुआ कि टी॰के॰ की सारी माशूक़ाएँ उसके पलंग से अपना बोरिया-बिस्तर उठाकर जयकिशन के पलंग पर ले गयीं। टी॰के॰ को जयकिशन से जलन होने की यह दूसरी वजह थी। बाद में जब जयकिशन ने मोहिनी से शादी कर ली तब जलन की तीसरी वजह यह हो गयी

---

1. वात्सल्य 2. शारीरिक सुख

कि जयकिशन का ससुर टी० के० से कहीं ज़ियाद: अमीर निकला और टी० के० ने महसूस किया कि ससुर की सरपरस्ती से एक दिन ख़ुद जयकिशन टी० के० से ज़ियाद: पैसे वाला बन जायेगा।

ख़ैर, ये तो आगे की बातें हैं। उस समय तो जलन का सबब यही था कि जयकिशन उन लड़कियों से चक्कर चला ले रहा था ज़िनसे टी० के० चक्कर चलाना चाहता था। टी० के० के मन में धुँधुवाती इस जलन को हवा देते रहने का काम सरस्वती ने अंजाम दिया। बाप-बेटे में तनाव बढ़ाने में उसने कोई कसर न छोड़ी। जैसा कि मैं बता चुका हूँ कि वह चाहती थी कि टी० के० अपना बड़ा बेटा सुन्दर को माने, जयकिशन को नहीं। उसी ने जयकिशन को टी० के० के ख़ास धन्धे—यानी फ़िल्मों से दूर रखा और सुन्दर को शुरू से ही उसमें झोंक दिया। यह बात दीगर है कि उसका जयकिशन को फ़िल्मों से दूर रखना ही जयकिशन की कामयाबी का सबसे बड़ा सबब बना क्योंकि उसने ज़मीन-जायदाद का धन्धा अपनाया और इस सिल्सिले में उसकी मुलाक़ात लंदन के उस अमीर से हुई जो बाद में उसका ससुर बना। ख़ैर, सरस्वती ऐसी चालें चल रही थी कि टी० के० जयकिशन से नाराज़ होकर उसका नाम अपने वारिसों की फ़ेहरिस्त में से काट दे। सरस्वती से यह बात छिपी हुई नहीं थी कि जयकिशन टी० के० का नहीं, मेरा बेटा है। लिहाज़ा उसे पूरी उम्मीद थी कि टी० के० एक दिन हराम की औलाद जयकिशन को अपना वारिस न मानने के लिए राज़ी हो जायेगा।

उधर मेरी बराबर यही कोशिश थी कि जयकिशन और टी० के० में इतनी अदावत न हो जाय कि टी० के० जयकिशन का नाम वारिसों की फ़ेहरिस्त में से हटा दे। मैं जयकिशन को बराबर समझाता रहता कि जब तक टी० के० ज़मीन-जायदाद का काम करने वाली अपनी कम्पनी बाक़ाइद: तुम्हें सौंप नहीं देता तब तक उससे झगड़ा मत करो बेटा। मगर वाह री क़िस्मत कि जयकिशन ने एक के बाद एक दो ऐसे चक्कर चलाये जिनसे ख़ुद मेरे और उसके बीच भी तनाव पैदा कराया जा सका। टी० के० ने जयकिशन का नाम अपने वारिसों की फेहरिस्त में से काट दिया और जयकिशन ने मेरा नाम अपने बुज़ुर्गों की फ़ेहरिस्त में से। इन दोनों चक्करों का ज़िक्र करते हुए मुझे बेहद रूहानी तकलीफ़ पहुँच रही है। मगर मैंने सारी हक़ीक़त सच-सच बयान करने का जो क़ौल किया था वह मुझे

मजबूर कर रहा है कि—

जाने मुज़्तर[1] की हक़ीक़त को नुमायाँ कर दूँ,
दिल के पोशीदः[2] ख़यालों को भी उर्यां[3] कर दूँ।

पहला चक्कर था मीना से। मीना से जयकिशन के चक्कर चलाने पर टी० के० के एतराज़ का सबब यह नहीं था कि वह सौतेले ही सही, भाई-बहन के बीच जिस्मानी तअल्लुक़ात क़ायम होना ग़लत समझता था बल्कि यह था कि वह अपने को मीना का बाप नहीं, आशिक़ समझता था। मैं टी० के० के मीना को गर्लफ्रैण्ड मानने और पुकारने पर, उसे बार-बार अपने से चिपकाने पर एतराज़ करता आया था मगर भाभी और स्नेहबई दोनों मेरे एतराज़ को ही क़ाबिले-एतराज़ ठहराती रही थीं। उनका कहना था कि हमें तो ख़ुश होना चाहिए कि मीना को पैदाइश के बरसों बाद ही सही अपने बाप से भरपूर प्यार मिल तो रहा है।

सच्चाई जानने के लिए भाभी तो ज़िन्दः नहीं रही लेकिन स्नेहबई अपनी आँखों से यह देख सकीं कि टी० के० ने मीना को जिस लाड़-प्यार से बिगाड़ा है वह किसी सिर चढ़ाने वाले बाप का नहीं, एक मासूम बच्ची पर अपनी मर्दानगी आज़माने वाले हैवान का है। जिस दिन स्नेहबई ने टी० के० को मीना को अपने प्यार से रौंदते हुए पकड़ा उस दिन मीना की सत्रहवीं सालगिरह थी। वह मीना से यह सुनकर और भी टूट गयी कि टी० के० अंकल से उसके ऐसे तअल्लुक़ात तीन बरस से चले आ रहे हैं। स्नेहबई टी० के० से लड़कर मीना के साथ हरिद्वार चली गयीं। वहाँ उन्होंने मीना की शादी किसी प्राइमरी स्कूल में पढ़ाने वाले एक आर्यसमाजी नौजवान से करा दी। टी० के० के साथ अमीरी और अय्याशी की आदी हो चुकी मीना को यह शादी क़तई रास नहीं आयी। रोज़ झगड़ा होने लगा।

मीना रोज़ानः टी० के० को ख़त भेजती रही कि आओ और मुझे गिरस्ती के इस नरक से बचा ले जाओ। टी० के० उसका हर ख़त खोलकर मेरे आगे रख जाता कि तू ही बता कि इसका क्या जवाब दूँ? वह कहता कि अबे, अब तो मान जा कि यह मेरे मीना को बिगाड़ने का मुआमलः नहीं है बल्कि मीना के मुझे

1. व्यग्र हृदय, 2. ढके हुए, 3. नंगा

बिगाड़ने का मुआमलः है। कोई छह महीने तक यह सिल्सिलः चला फिर टी० के० ने अपने ख़ास गुर्गे बिन्दा को लोकेशन देखने के बहाने हरिद्वार भेजा। मैं पहले बता चुका हूँ कि टी० के० को क़त्ल जैसे संगीन जुर्म करने से कभी कोई परहेज़ नहीं रहा था। बम्बई आकर उसके एक नामी-गिरामी हस्ती बन जाने के बाद कोई फ़र्क़ आया था तो यही कि टी० के० धोखाधड़ी, हेराफेरी, लूटपाट और क़त्ल जैसे छोटे-मोटे काम ख़ुद न करके अपने मैनेजरों और गुर्गों से करवाने लगा था। तो जब बिन्दा के हरिद्वार से लौटने पर मुझे स्नेहबई का ख़त मिला कि मीना के शौहर का क़त्ल हो गया है और पुलिस को न क़ातिल का पता चल रहा है न क़त्ल के मक़्सद का तब यह समझने में मुझे देर न लगी कि क़त्ल किसने किया है, किसने कराया है, और किस मक़्सद से कराया है ?

मैं हरिद्वार जाने लगा तो टी० के० बहुत ज़िद करके और बिज़नेस के तमाम ज़ुरूरी कामों का हर्ज कराकर मेरे साथ हो लिया। वहाँ पहुँचे तो पता चला कि स्नेहबई एक अरसे से बीमार हैं और होमियोपैथिक दवाओं से उन्हें कोई फ़ाइदः नहीं हो रहा है। टी० के० बहुत इसरार करके और तक़्रीबन ज़बरदस्ती उन्हें और मीना को वापस बम्बई ले आया। स्नेहबई एलोपैथिक इलाज कराने के लिए तैयार न थीं। टी० के० ने बिन्दा के पहचान के किसी ऐसे हकीम से स्नेहबई का इलाज करवाया कि उनकी हालत और तेज़ी से बिगड़ने लगी और इलाज शुरू होने के दस दिन बाद ही वह गुज़र गयीं। टी० के० ने गोया एक और क़त्ल करवा डाला।

इन क़त्लों का ज़िक्र मैंने किसी से नहीं किया क्योंकि मैं तब तक समझ चुका था कि पैसे को ख़ुदा का दर्जः देने वाली आज की दुन्या में टी० के०-जैसे क़ामयाब इंसान के सौ ख़ून भी मुआफ़ होते हैं लेकिन मुझ जैसे नाकामयाब इंसान की जायज़ आह को भी संगीन जुर्म का दर्जः दिया जाता है। मैं टी० के० की ज़ियादती पर और अपनी बेबसी पर ग़ौर करके रात-दिन रोता रहता था। मैं कुछ सुकून महसूस करता था तो यही सोचकर कि एक दिन जयकिशन को सब कुछ बता दूँगा। और फिर वह मेरी और मैना की तरफ़ से टी० के० से कसकर इन्तक़ाम[1] लेगा। अब आपसे क्या छिपाऊँ, मुझे यह देख-देखकर बेहद ख़ुशी होती रही थी कि ख़ुशक़िस्मत होने और कामयाबी की ख़ातिर किसी भी बात में

1. बदला

परहेज़ न करने के मुआमले में जयकिशन मेरा नहीं, टी० के० का ही बेटा साबित हो रहा है। अभी थोड़ी देर पहले मैंने कहा था कि मैं टी० के० की विरासत से जयकिशन का नाता जोड़े रखने के लिए टी० के० से नाता जोड़े हुए था। अब मैं इसमें इतना और जोड़ना चाहता हूँ कि मैं टी० के० से इसलिए भी जुड़ा हुआ था कि जयकिशन से जुड़ा रहना चाहता था और यह सोचे हुए था कि ज्यों ही जयकिशन बालिग़ होगा मैं उसके सामने साबित कर दूँगा कि वह मेरा बेटा है और इसके साथ ही हम दोनों टी० के० से नाता तोड़ लेंगे।

लेकिन मीना के बम्बई लौटने से सब कुछ गड़बड़ हो गया। जयकिशन अपने से तीन साल बड़ी मीना पर शुरू से फ़िदा था। मैं उसे समझाता आया था कि मीना तुम्हारी सौतेली बहन है। तुम उसे नाम लेकर मत पुकारा करो, काकी पुकारा करो। लेकिन अब जब स्नेहबई के गुज़रने के बाद टी० के० ने मीना को ए'लानिया रखेल बना लिया और उसे मेरे ही फ़्लैट में कमरा दिलवा दिया तब जयकिशन को यह समझाना नामुमकिन हो गया कि मीना टी० के० की बेटी है। उधर उसे यह मान लेने में कोई परेशानी न हुई कि मैं दलाल हूँ और अपने ख़ानदान की बहू-बेटियाँ तक टी० के० की ख़िदमत में हाज़िर करता रहा हूँ। वह खुल्लमखुल्ला मीना को अपनी माशूक़ः बनाने में जुट गया। जब मैंने इस पर एतराज़ किया तब वह बहुत ख़फ़ा हुआ।

इसी के कुछ दिन बाद टी० के० ने मीना को जयकिशन के साथ पकड़ लिया। दोनों में ख़ूब झगड़ा हुआ। जयकिशन ने कहा कि मीना मेरे साथ रहेगी क्योंकि मैं उसे अपनी बीवी बनाना चाहता हूँ जबकि आप उसे अपनी रखेल बनाना चाहते हैं। इसके बाद ही टी० के० ने मीना को ग़ायब करवा दिया। चूँकि मीना मेरे साथ रहती थी इसलिए जयकिशन को यह शक गुज़रा कि उसे ग़ायब करवाने में मेरा भी हाथ है। वह मुझसे नाराज़ हो गया और उसने मेरे यहाँ आना-जाना छोड़ दिया।

मीना के इस तरह ग़ायब हो जाने से मैं खुद बहुत फ़िक्रमन्द था। इस दुन्या में मेरे रिश्तेदारों में एक बिचारी वही तो बची थी। मैंने जयकिशन से कहा, "मेरा मीना को ग़ायब कराने में कोई हाथ नहीं रहा है। मैं तो ख़ुद उसकी सलामती को लेकर परेशान हूँ।"

इसके जवाब में वह बोला, "आप मुझसे बनिए मत। ख़ुद मम्मी जी ने मुझे

बताया है कि आपने मीना को आस-पास किसी और शहर में छिपा दिया है इसलिए पापा जी अक्सर कार से शाम को कहीं जाकर अगली सुबह देर से लौट रहे हैं।"

मैंने भगवान की सौगन्द खाकर उसे बताया कि मुझे सचमुच यह नहीं पता है कि मीना को टी० के० साहिब ने कहाँ छुपा रखा है! वह बोला, "ऐसा हो ही नहीं सकता, तुम तो उनके सी० सी० हो। अगर सचमुच पता नहीं है तो भी सी० सी० होने का फ़ाइदः उठाकर पता करो और बताओ।"

मैंने बहुत कोशिश की मगर कुछ पता नहीं चल सका। इतना तय था कि टी० के० मीना से मिलने कहीं जाता है। लेकिन तब कार में अपनी बग़ल वाली जगह अपने सी० सी० को देने की बजाय वह अपने गुर्गे बिन्दा को दिया करता था। दो-ढाई महीने बाद कार लेकर कहीं जाने का उसका यह सिल्सिलः भी ख़त्म हो गया और उसने नये सिरे से मुझे अपना सी० सी० बना लिया। जब मैंने उससे पूछा कि मीना कहाँ चली गयी तब उसने कहा, मीना की तरफ़ से तू बेफ़िक्र रह वह अपना ख़ानदानी पेशा करने चली गयी है। फिर एक दिन बिन्दा की माशूक़ः लिली ने, जो देस-परदेस में अमीर अय्याशों के लिए भले घर की लड़कियाँ सप्लाई करने के धन्धे में थी, मुझे फ़ोन किया, "टी० के० साहिब से किसी बहाने छुट्टी लेकर मेरे पूना वाले घर में पहुँचिए, मीना आपसे मिलना चाहती है। अपनी और मीना की जान की ख़ैरियत चाहते हों तो टी० के० साहिब को हर्गिज़ इस बात की हवा न लगने दें कि मेरे बुलाने पर आप पूना जा रहे हैं।"

पूना पहुँचकर मालूम हुआ कि बिन्दा मीना को लिली के हाथों बेच गया था। पेशे में डालने से पहले लिली ने मीना की डॉक्टरी जाँच करवाई तो पता चला कि उसके पेट में बच्चा है और सफ़ाई कराना अब मुमकिन नहीं है। लिली को मीना पर रहम आ गया और उसने उसे फ़ौरन पेशे में नहीं डाला। मुझे बुलाने का सबब यह था कि मीना को एक लड़की हुई थी और लिली ने मीना की दर्द भरी दास्तान सुनने के बाद यह मंज़ूर कर लिया था कि इस बच्ची की पर्वरिश पेशेवर औरतों की नापाक दुन्या से दूर की जाय और टी० के० को इसकी पैदाइश की कभी ख़बर न लगने दी जाय। मीना ने ही यह सुझाव दिया था इस मुतअल्लिक़ सलाह-मश्वुरः के लिए तिलक मामा को बुला लिया जाय।

ज़च्चः-बच्चः अस्पताल के प्राइवेट वार्ड में मेरे पहुँचते ही मीना मुझसे लिपट गयी और उसने रो-रोकर मुझे बताया कि किस तरह जयकिशन के साथ

उसे पकड़ लेने के बाद टी० के० ने उसे हँस-हँसकर यह ख़बर दी कि तू मेरी ही बेटी है। उसने कहा, "तुझे हमबिस्तर बनाने में मैंने इसलिए परहेज़ नहीं किया कि तू तवायफ़ों के ख़ानदान से है। तेरी माँ, तेरी नानी, तेरी नानी की माँ, तेरी मौसी सब पेशा करती थीं। अब तू भी कर। अगर आइन्दः तेरी कभी कोई बेटी हुई तो वह भी पेशा करेगी।"

मीना मुझसे बोली, "मामा जी, मेरी बेटी को टी० के० से बचाइए, ख़ानदानी पेशे से बचाइए। इसकी पर्वरिश किसी शरीफ़ ख़ानदान में कराइए और टी० के० के कान में इस बात की भनक भी न पड़ने दीजिए कि मेरी कोई बेटी हुई है।"

मैंने मीना के आँसू पोंछे और कहा, "टी० के० ने तुझसे सरासर झूठ बोला है। तेरी माँ, नानी कोई भी तवायफ़ नहीं थी। हम ख़ानदानी लोग हैं। मैं तुझसे वादः करता हूँ कि मैं टी० के० को कभी इस बात की ख़बर ही नहीं लगने दूँगा कि तेरी कोई बेटी हुई है। उसे क्या मैं ख़ुद तुझे ही नहीं बताऊँगा कि तेरी बेटी की पर्वरिश मैं कहाँ करा रहा हूँ। हाँ, उसके जन्मदिन पर मैं उसे ज़ुरूर तुझे दूर से दिखा दिया करूँगा।"

मीना टी० के० से इतना घबरायी हुई थी कि उसने अपनी बेटी को साल में एक बार दूर से देख लेने का मेरा फ़िल्मी सुझाव नामंज़ूर कर दिया चूँकि उसे इस 'सीन' में कभी-न-कभी विलेन टी० के० का आ जाना और माजरा समझ जाना लाज़िमी लग रहा था। ख़ैर तो, मीना लिली के साथ लन्दन चली गयी। मैं उसकी बेटी को अजमेर में अपने पुराने पड़ोसी अजित और शीला रमानी को गोद दे आया जो एक अरसे से औलाद के लिए तरस रहे थे। मैंने उन्हें यह नहीं बताया कि सोनी किसकी बेटी है? कुछ ही महीने बाद वे लोग अजमेर छोड़कर हाँगकाँग जा बसे।

हाँगकाँग में अजित का सिले-सिलाये कपड़े बनाने का धन्धा अच्छा चल निकला। इसका फ़ाइदः ये हुआ कि मीना की बेटी की, जिसका नाम उन लोगों ने सोनी रख दिया था, पर्वरिश के लिए टी० के० की निगाह बचाकर पैसा भिजवाने की ज़ुरूरत नहीं रह गयी। मीना की ख़बर मुझे लिली से मिलती रही और उसकी मार्फ़त ही मैं मीना तक उसकी बेटी की राज़ी-खुशी की खबर पहुँचाता रहा। अफ़सोस कि कुछ बरस बाद मीना की सिफ़लिस दिमाग़ में फैल जाने से मौत हो गयी। मैं टी० के० को मीना का भी क़ातिल मानता हूँ।

अगर मीना की वजह से जयकिशन मुझसे रूठा तो रीटा की वजह से वह मुझसे नाता ही तोड़ बैठा। सितम यह हुआ कि मीना और रीटा वाले चक्कर एक के बाद एक हुए। जब मैं मीना की बेटी को अजमेर में अजित को गोद देकर लौट रहा था तब रीटा मुझे अपने सामने वाली बर्थ पर पाँव पसारे और खिड़की से पीठ टिकाये एक फ़िल्मी रिसाला पढ़ती हुई मिली। रिसाले के कवर पर टी० के० की तस्वीर थी और टी० के० की घिनौनी शक्ल के पीछे मुझे रीटा की सलोनी सूरत नज़र आ रही थी। उसने मुझे अपनी ओर देखते हुए देख लिया तब मैंने बतौर सफ़ाई कहा कि मैं आपको नहीं, कवर पर छपी अपने दोस्त की तस्वीर को घूर रहा था। ज़ाहिर है कि मेरी यह सफ़ाई बातचीत का मसाला जुटा गयी। यों भी फ़िल्मी रिसाला पढ़ने वाली कोई भी लड़की टी० के०-जैसी जानी-मानी फ़िल्मी हस्ती के दोस्त से टी० के० के बारे में ज़रूर कुछ जानना-पूछना चाहती। और फिर रीटा तो, जैसा कि थोड़ी-बहुत बातचीत होने पर पता चला, स्टेज पर शौक़ियः काम कर चुकी थी और फ़िल्मों में क़िस्मत आज़माने ही बम्बई जा रही थी। उसने मुझसे मदद माँगी और मैंने मदद करने का वादः किया। बम्बई में उसका कोई ठौर-ठिकाना न था लिहाज़ा मैंने उसे पड़ोस में अपने एक दोस्त के यहाँ पेइंग गैस्ट रखवा दिया और उसका सारा ख़र्च ख़ुद उठाने का ज़िम्मा ले लिया।

एक साथ नरम और गरम, हसीन और ज़हीन रीटा ने देखते ही देखते मेरा दिल जीत लिया और मैंने उसे शरीके-हयात बना लेने का फ़ैसला किया। मगर दिक़्क़त यह थी कि रीटा तो फ़िल्मस्टार बनकर हर आँख वाले का दिल जीतना चाहती थी और मेरे साथ आयी ही इसलिए थी कि मैं टी० के० से कहकर उसे फ़िल्मस्टार बनवा दूँगा। हालाँकि उस दौर में टी० के० का नारा यह था कि 'तेरह से छोटी और अठारह से बड़ी मादा के साथ सोना गुनाह है' और अपने को तेईस साल का बताने वाली रीटा सत्ताईस-अट्ठाईस से कम की न थी, फिर भी मैंने रीटा को टी० के० से मिलाकर ख़तरा मोल लेना मुनासिब नहीं समझा। मैं रीटा से यही कहता रहा कि टी० के० साहिब तुम्हारी उम्र की लड़की को हीरोइन बनाने के लिए तैयार नहीं हैं। उनकी फ़िल्म शुरू होगी तो तुम्हें छोटा-मोटा रोल दे देंगे। उनकी मसरूफ़ियात[1] इतनी ज़ियादः है कि चाह कर भी वह तुमसे

---

1. व्यस्तता

मिलने का वक़्त नहीं निकाल पा रहे हैं।

मेरा दिल तब धक से रह गया जब एक दिन रीटा ने मुझे बताया कि मैंने टी० के० साहिब से फ़ोन पर बात कर ली है और उन्होंने मुझे मिलने का वक़्त दे दिया है। मैंने फ़ोन पर फ़ौरन टी० के० से बात की और उससे कहा, "रीटा एक शरीफ़ ख़ानदान की बड़ी उम्र की लड़की है जिससे मैं शादी करना चाहता हूँ। तू इसे कोई छोटा-मोटा रोल देकर इसकी फ़िल्मों में काम करने की तमन्ना पूरी कर दे।" लेकिन मेरी बात का उस पर उलटा असर पड़ा।

जब मैं और रीटा उससे मिलने गये तब वह बोला कि तू इसके लिए कह रहा था कि कोई छोटा-मोटा रोल दे दे? अरे, यह तो इन्टरनेशनल फ़िल्म की हीरोइन बनने लाइक़ है। उसने रीटा के स्क्रीन टैस्ट का इन्तिज़ाम करा दिया। बाद में मैंने रीटा को समझाया कि इन्टरनेशनल फ़िल्म के स्क्रीन टैस्ट के चक्कर में मत पड़ो, टी० के० तुम्हें हीरोइन नहीं बनायेगा, हमबिस्तर बना लेगा लेकिन वह बोली, "तुम ख़ुद भी तो मुझे हमबिस्तर ही बनाना चाहते हो तिलक, हीरोइन नहीं! तुम-जैसे मुर्दों के प्यार की दौड़ पलंग तक ही होती है। इतना बड़ा प्रोड्यूसर मेरा स्क्रीन टैस्ट लेना चाहता है और तुम मुझे रोक रहे हो! यही है तुम्हारा प्यार!"

मैंने रीटा को समझाया कि मेरा प्यार ही तुम्हें रोक रहा है। मुझे टी० के० के इस 'स्क्रीन टैस्ट' की अस्लीयत मालूम थी। मैंने टी० के० को कभी सच्ची कहानियाँ-नुमा किसी विलायती रिसाले में छपी एक आपबीती सुनायी थी कि किस तरह हीरोइन बनने के लिए आयी एक नादान लड़की को स्क्रीन टैस्ट की तैयारी के नाम पर छपी हुई हिदायतें दी गयीं कि ड्रेसिंग रूम में जाकर अपने कपड़े उतारो, फ़ीते से अपने जिस्म की नाप लो, नंगे बदन अपना वज़न लो, बाथरूम में नहाओ और फिर डॉक्टरनी से अपनी जाँच कराने जाओ वग़ैरः।

मैंने रीटा से कहा, "टी० के० ने इसी तरह का लेकिन इससे भी ज़ियादः घिनौना एक स्क्रीन टैस्ट ईजाद कर लिया है और स्क्रीन टैस्ट के बाद उसकी फ़िल्म दिखाकर वह हीरोइन बनने के लिए आयी नादान लड़कियों को ब्लैकमेल करता है। तुम्हें भी करेगा।"

रीटा हँसी। बोली, "अगर टी० के० इतना कमीना इंसान है तो तुम उसके सी० सी० क्यों बने हुए हो? मैं ज़ुरूर स्क्रीन टैस्ट दूँगी। तुम मारे जलन के मुझे रोक रहे हो।"

फिर मैं टी० के० के पास जाकर गिड़गिड़ाया कि रीटा को मत बिगाड़, मैं उससे शादी करना चाहता हूँ। किसी को तो मेरे वास्ते छोड़। वह मेरी जाँघों पर हाथ मारते हुए बोला, "मैं तो सबको ही तेरे वासिते छोड़ता आया हूँ—अपनी बीवियों तक को। अब तू कुछ कर ही न सके तो मैं क्या करूँ ?" मेरे कानों में अपनी वहशियानः हँसी गुँजाता हुआ वह रीटा का स्क्रीन टैस्ट लेने चला गया।

रीटा ने ख़ुद तो मुझे कभी कुछ बताया नहीं लेकिन मैंने उस टैस्ट की फुटेज देखी है और मुझे पता है कि उसके सहारे ही टी० के० ने रीटा को हमबिस्तर बनाया। शायद रीटा भी टी० के० की बिगाड़ी हुई दूसरी लड़कियों की तरह कॉलगर्ल बन जाती लेकिन तभी उसकी ज़िन्दगी में जयकिशन आ गया और टी० के० से रीटा को छीन लेने के लिए वह इतना उतावला हुआ कि उससे शादी करने को तैयार हो गया। तब टी० के० को यह याद आया कि रीटा से तो मैं शादी करना चाहता था लिहाज़ा उसने रीटा को कुछ ब्लैकमेल करके और कुछ पैसे का लालच देकर मुझसे शादी के लिए राज़ी कर लिया। ज़ाहिर है कि इसकी वजह से जयकिशन मुझसे हमेशा के लिए ख़फ़ा हो गया।

जयकिशन ने मुझे अंकल पुकारना छोड़ दिया। उसने मुझसे घरोपा तो बनाये रखा लेकिन घरेलू नौकर का-सा दर्जः देकर। चन्द महीनों बाद उसने लंदन के उस रईस की इकलौती बदसूरत और बड़ी उम्र की बेटी को शरीके-हयात[1] बनाकर ख़ुद अपने को उसका शरीके-दौलत[2] बना लिया और बहुत ठाठ से विलायत में रहने और बिज़नेस करने लगा। आशिक़ी में ही नहीं, बिज़नेस में भी वह टी० के० का रक़ीब बन गया। फिर टी० के० ने सरस्वती के भड़काने पर उसका नाम अपने वारिसों की फ़ेहरिस्त में से काट दिया। मैंने कोशिश की कि नौकर की हैसियत से ही सही, अपने बेटे जयकिशन से जुड़ा रह सकूँ मगर वह तो मुझसे बात करने तक को तैयार न था और अब आपसे झूठ क्यों बोलूँ, ख़ुद मैं इस डर से उसके ज़ियादः नज़दीक नहीं आना चाहता था कि कहीं वह मेरी बीवी रीटा को अपनी रखेल बनाने में न जुट जाये।

जयकिशन के विलायत चले जाने के बाद मैं अपने को बेहद अकेला और पिटा हुआ महसूस करने लगा। अपने बेटे के सहारे बुढ़ापा काटने की और मरने

1. जीवनसंगिनी, 2. सम्पद्रा का साझेदार

से पहले टी० के० से अपनी और मैना की तमाम बेइज़्ज़ती का बदला इकट्ठा ले सकने की मेरी उम्मीदों पर पानी फिर गया था। जिस रीटा की वजह से जयकिशन मुझसे हमेशः के लिए बिछड़ गया था उससे मुझे निकम्मी-सी और मुझसे नफ़रत करने वाली औलाद के सिवा कुछ न मिला। ख़ुद उसने कभी मुझे प्यार नहीं किया क्योंकि उसका ख़याल था कि उसकी ज़िन्दगी को तबाह करने में मेरा भी उतना ही हाथ रहा है जितना कि टी० के० का। एक ओर वह टी० के० के पैसों की ज़ुरूरत मुझसे भी ज़ियादः शिद्दत से महसूस करती रही और दूसरी ओर वह मुझ पर ला'नत भी भेजती रही कि तुम टी० के० -जैसे घटिया इंसान से जुड़े हुए हो और तुममें उससे लड़ने-भिड़ने की ताक़त तो दूर, इतनी मर्दानगी भी नहीं है कि अपनी बीवी-बच्चों की ख़ातिर कुछ कमा-धमा सको कि बार-बार हमें उसके आगे हाथ न पसारना पड़े।

ख़ुद टी० के० की बराबर यह कोशिश रही कि रीटा मुझसे नफ़रत करे। वह न सिर्फ़ बार-बार उसकी मौजूदगी में मुझसे यह कहता रहा कि तेरी बीवी शादी से पहले मेरे साथ सोती रही है बल्कि जब भी मैं या रीटा उससे पैसे माँगते तब वह मेरे सामने ही रीटा को बिस्तर में खींच लेता। हर पहली तारीख़ को जब वह रीटा को माहवारी भत्ता नक़द देने आता तब भी 'माहवारी प्यास-बुझाई' की माँग करता। अगर कभी मैं उससे इकट्ठा बहुत बड़ी रक़म माँगता—बच्चों के बड़े होकर पहले देश में फिर परदेस में बोर्डिंग में रहकर पढ़ने के लिए चले जाने के बाद इसकी ज़ुरूरत अक्सर महसूस होने लगी—तो टी० के० रीटा के साथ-साथ ख़ुद मुझे भी बिस्तर में खींच लेता। ज़ाहिर है इस सबसे मेरे बीवी बच्चों की निगाह में मेरी इज़्ज़त उस धूल से भी कमतर हो चली जिसमें टी० के० मेरी इज़्ज़त को शुरू से मिलाता आया था।

धीरे-धीरे मैंने जयकिशन के अपने से दूर चले जाने का अफ़सोस करना छोड़ दिया। धीरे-धीरे मैंने उस नरक में ही ख़ुश रहना सीख लिया जो टी० के० नारकियानी के हाथों मुझे नसीब हुआ था। धीरे-धीरे मेरे तईं शैतान टी० के० कुछ वैसा ही हो चला जैसा हिन्दू भगत के लिए उसका भगवान होता है कि प्रभु, मैं तो तेरे क़दमों में आ गिरा हूँ क्योंकि मेरी सारी दुन्या इनमें ही सिमट आयी है। मेरे लिए तो कहीं और ठौर ही नहीं है। अब तू लात भी मारे तो उसी को तेरा परसाद समझकर सिर-आँखों से लगाऊँगा। धीरे-धीरे मेरा वुजूद गोया पूरी तरह टी० के० के वुजूद में समा गया। मैं तिलक नहीं रह गया, टी० के० का सी० सी०

बन गया। अब सी० सी० के मानी आप टी० के० की तरह कॉन्सटैन्ट कम्पेनियन लगाते, या मेरे दुश्मनों की तरह चीफ़ चमचा या मेरी सबसे बड़ी दुश्मन सरस्वती की तरह चीफ़ कॉनक्यूबाइन—मुझे कोई फ़र्क़ न पड़ता।

अक्सर लोग जुगराफ़िया की किताबों में यह पढ़कर तअज्जुब करते हैं कि टुण्ड्रा और सहरा जैसी बेरहम आबोहवा और बेदिल कुदरत वाली जगहों पर भी इंसान ख़ुशी से रहते हैं लेकिन मुझे इससे कोई हैरानी नहीं होती। इंसान किसी भी हाल में जी सकता है। इंसान हर हाल में जीते रहना चाहता है। टी० के० के साथ ज़िन्दगी का बड़ा हिस्सा काट लेने के बाद मुझे तो इसमें कोई शुब्हः रह नहीं गया है कि ज़िन्दगी में इंसान का इकलौता मक़्सद जीते रहना होता है। वह तो मरकर भी जीना चाहता है। इसीलिए नाम अमर करने के तमाम अच्छे-बुरे नुस्ख़े आज़माता है। अजी वह ख़ुदकुशी भी करता है तो यही सोचकर कि इस बहाने वह कुछ लोगों के गुनहगार दिलों और ख़ौफ़नाक सपनों में ज़िन्दः रह सकेगा।

तो मैं टी० के० नारकियानी के दिये नरक में उसी तरह इत्मीनान से रहने लगा जिस तरह भैंस कीचड़ में रहती है। उस नरक में उसकी बिखरायी गन्दगी वैसे ही मज़े से लप-लप खाने लगा जैसे सूअर पाख़ानः खाता है। मुझे उसका सी० सी० होने में जितनी शर्म महसूस होती थी उतना ही, बल्कि उससे भी ज़ियादः फ़ख़्र हासिल होने लगा। मुझे यह सोच-सोचकर अच्छा लगने लगा कि उसकी ताक़त मेरी ताक़त है। वह कुचल सकता है तो मैं उसके क़दमों पर बिछ चुकने के बाद अब औरों को उससे कुचलवा सकता हूँ। धीरे-धीरे उसके हर पाप की मुझ पर पूरी छाप पड़ गयी। धीरे-धीरे मैंने उसको अपने में पूरी तरह उतार लिया। वह शैतान ही मेरा ख़ुदा बन गया। एक रात उसकी सोहबत में ब्लू लेबल स्कॉच व्हिस्की पीते हुए मैंने सूफ़ी शाइर के अल्फ़ाज़ उधार लेकर उससे ठीक ही कहा था कि—

मेड़ा धरम भी तू, मेड़ा भरम भी तू,
मेड़ा शरम भी तू, मेड़ा शान भी तू।

गो वहाँ 'शर्म' से शाइर की मुराद यह थी कि, 'तू ही मेरी लाज का राखनहार है' और यहाँ मेरी मुराद यह थी कि 'तू ही मेरी लाज-शरम का लेवनहार है!'

कभी टी० के० की वहशियानः हँसी सुनकर मेरा ख़ून खौलता था और

तबीयत होती थी कि हथौड़े से इसकी बत्तीसी तोड़ दूँ। कभी उसकी उस हँसी का शिकार बनने पर मुझे अपनी बेबसी पर रोना आता था मगर धीरे-धीरे मैं समझ गया कि खिसियाकर ही सही अपने पर उसके साथ-साथ ख़ुद भी हँसना निहायत ज़ुरूरी है क्योंकि ज़माना तो हर कामयाब हैवान की हँसी में खुलकर साथ देता है। ज़माना तो शैतान की हर नाजायज़ हरक़त को एक निहायत लतीफ़ शरारत ही मानता है। तो टी० के० के साथ-साथ मैं ख़ुद अपने पर हँसने लगा, और दूसरों पर भी।

आप कह सकते हैं कि मैं एक कमज़ोर इंसान साबित हुआ। मैं यह अर्ज़ करना चाहता हूँ कि इंसान होने का मतलब ही कमज़ोर होना है। यह ग़ौरतलब है कि बलवान भगवान और पुरज़ोर शैतान का तसव्वुर करना और उनके मुक़ाबले में अपने को नाचीज़ पाना इंसान की सबसे बड़ी कमज़ोरी है। बहरहाल, मुझ कमज़ोर इंसान के भीतर शैतान टी० के० की सोहबत के बावुजूद जो कमज़ोर-सी इंसानियत बक़ाया रह गयी थी वह कभी-कभी यह सोचकर ही ख़ुश हो लेती कि फ़िल्म की आख़िरी रील में बलवान भगवान टी० के० को नेस्तनाबूद करके रख देगा। दो-चार सालों में कभी एक बार रंगरेलियों से भरी किसी रात ज़ुरूरत से कुछ ज़ियादः ही पी लेने के बाद मैं टी० के० को उसके भूले-बिसरे नाम टोपन से पुकारते हुए याद दिलाने की हिमाक़त कर बैठता था कि टोपन, परमात्मा की लाठी बेआवाज़ होती है।

इसके जवाब में वह कहता, "मुझे मालूम है यार! अरे, वही बेआवाज़ लाठी तो परमात्मा तेरे भीतर दिये हुए है।" कहता और रात के सन्नाटे को अपनी ख़ौफ़नाक हँसी से गुँजाता हुआ मेरे दोनों कूल्हों पर अपने गुदगुदे हाथ दे मारता। बाद में बढ़िया एयरकंडीशंड कार से घर लौटते हुए, बीवी-बच्चों के पास जाते हुए, मैं भगवान से टी० के० की शिकायत करता और यह जानते हुए भी कि यह कार, वह घर, वे बीवी-बच्चे, सभी टी० के० के दिये हुए हैं, भगवान से अर्ज़ करता कि अपनी बेआवाज़ लाठी मेरे भीतर से निकालकर उस टी० के० के सिर पर दे मार जो मेरे-जैसे मामूली इंसानों की क्या बिसात, ख़ुद तेरी बेइज़्ज़ती करता आया है! मगर परमात्मा तो जैसे कानों में रूई दिये पड़ा था।

मैंने महसूस किया कि यह परमात्मा की बेआवाज़ लाठी वाली बात भी कमज़ोर इंसानों ने अपने को झूठा दिलासा देने के लिए सोची होगी। इस

बेआवाज़ लाठी को किसी तरह का कोई आसमानी इंसाफ़ करते हुए आज तक तो कहीं देखा नहीं गया है। आप लोगों पर होने वाले हादसों का जायज़: लेकर देखें, यही नतीज: निकलेगा कि अगर परमात्मा की कोई लाठी है तो वह न सिर्फ़ बेआवाज़ है बल्कि अन्धी और बहरी भी है। फ़रियादी का सिर तोड़ देती है और सितमगर को उस पर हँसने के लिए छोड़ देती है। अब आप यही देखिए जिन दिनों मैं टी० के० को परमात्मा की बेआवाज़ लाठी का डर दिखा रहा था उन्हीं दिनों मैं गुस्लख़ाने के फ़र्श पर लगे संगेमरमर पर फिसल गया और मेरी उस टाँग में फ़्रैक्चर हो गया जो अब तक सही-सलामत थी। मैं पहले बता चुका हूँ कि मेरी एक टाँग तो अजमेर में किशनगढ़ अड्डे से गिर जाने से टूट गयी थी। आइन्द: मुझे लाठी टेक-टेककर चलना पड़ा। टी० के० मुझसे बोला, "परमात्मा ने रहम खाकर अपनी बेआवाज़ लाठी तेरे भीतर से निकालकर तेरे हाथ में थमा दी है ताकि तू उसका मुझ पर इस्तेमाल कर सके।" कहकर उसने वही तिलमिला देने वाला ठहाका बलन्द किया और अपने दोनों हाथ मेरे कन्धों पर इतने ज़ोर से मारे कि लाठी मेरी हथेली से छूट गयी। टी० के० ने लाठी उठाकर मुझे बहुत प्यार से दी और पुचकार कर कहा, "अपना गुस्सा भीतर मत रख, लाठी चलाकर उतार दे।" मगर साहिब, भला इंसान अगर लाठी ही चला सकता तो भलाई मादरे कमज़ोरी न होती।

उस दौर में मुझे कुछ ख़ुशी थी तो यही कि विलायत जाकर जयकिशन ने बहुत तरक़्क़ी कर ली है और ख़ुशहाली के मुआमले में टी० के० को बहुत पीछे छोड़ दिया है। लेकिन ख़ुद जयकिशन को इससे तसल्ली न थी। टी० के० की तरह जयकिशन भी यह मानता था कि ख़ुद कामयाब हो जाने भर से बात नहीं बनती। बात तो तब बनती है जब रक़ीब नाकामयाब भी हो। जयकिशन टी० के० को बरबाद होना देखना चाहता था। उसे इस बात का बेहद अफ़सोस था कि टी० के० और उसके बेटे नाकामयाब नहीं हो रहे हैं। टी० के० बदस्तूर बम्बइया फ़िल्म इंडस्ट्री का बेताज बादशाह बना हुआ है और उसका बड़ा बेटा सुन्दर बहैसियत डायरेक्टर बहुत नाम कमा रहा है। उसकी सभी फ़िल्मों ने सिल्वर जुबली की है कि उसे जुबली सुन्दर का नाम दे दिया गया है।

टी० के० को बरबाद करने की ग़र्ज़ से जयकिशन विलायत से अक्सर बम्बई आने लगा और टी० के० के चमचों से उसके अंदरूनी भेद लेने की

कोशिश करने लगा। जब उनसे कुछ हाथ न लगा तब उसने फिर से मेरी ओर दोस्ती का हाथ बढ़ाया। अफ़सोस कि मुझे भी टी० के० की बिज़नेस के ऐसे कोई छेद-भेद मालूम नहीं थे जिनकी मदद से जयकिशन टी० के० को बरबाद करने की अपनी ख़्वाहिश पूरी कर सकता। मैं तो उसके घर के और बिस्तर के भेद दे सकता था। वही मैंने दिये। मिसाल के लिए मैंने ही उसे बताया कि सुन्दर और गोपाल दोनों की अपनी बीवियों से खटपट होने लगी है क्योंकि वे अपनी-अपनी नयी 'खोजों' के चक्कर में पड़ गये हैं। और हाँ, मैंने ही उसे बताया कि भले ही टी० के० सठिया चुकने के बावुजूद कमसिन लड़कियों को हमबिस्तर बनाने में जुटा रहता है मगर अब वह कुछ कर-धर पाता नहीं है। इसीलिए उसने 'ज़बानी मुबाशरत'[1] का वह फ़्रांसीसी तरीक़: आज़माना शुरू कर दिया है, जिसे अंग्रेज़ी में 'क्यूनीलिंगस' कहा जाता है। मुझे क्या पता था कि टी० के० के इस भेद की जानकारी के सहारे ही आगे चलकर जयकिशन टी० के० को नेस्तनाबूद करेगा।

ख़ैर, तब जयकिशन टी० के० की बरबादी के लिए इतना ज़ियाद: बेचैन था कि उसने तन्तर-मन्तर जानने वालों की मदद लेने से भी परहेज़ नहीं किया। पता नहीं यह उनकी दी हुई आहुतियों का असर था कि मेरे उजड़े दिल से उठती आहों का मगर आख़िरकार पर्वर्दगार के कान में जूँ रेंगी। उन्हें टी० के० के गुनाहों का एहसास हुआ। उन्होंने अपनी बेआवाज़ लाठी उठायी और टोपन पर ताड़-ताड़ मारनी शुरू कर दी।

ख़ुदा ने देखते ही देखते क्या-क्या कर डाला, क्या से क्या कर दिखाया यह लिखते हुए मेरा क़लम हिचकता है क्योंकि मैं मॉडर्न अदीब हूँ और मुझे परमात्मा की बेआवाज़ लाठी का इस तरह बेतरतीब ढंग से चलते ही चले जाना क़िसी अच्छे अफ़्साने में शामिल करने लाइक़ नहीं लगता। मगर यहाँ तो सच्चाई बयान करने की क़ैद है, भले ही वह कितनी भी नामुमकिन क़िस्म की हो। यों मैं समझता हूँ कि आप भी यक़ीनन कभी-न-कभी यह सोचकर हैरान हुए होंगे कि अगर पर्वर्दगार जज है तो उसके यहाँ इंसाफ़ के मुआमले में देर और अन्धेर दोनों क्यों होते रहते हैं? क्या इसलिए कि उसने भी इंसाफ़ देने के लिए एक हंगामी दफ़्तरशाही खड़ी कर रखी है? अगर वह सुख़नवर है तो

---

1. संभोग

उसकी 'ज़माना', 'दुन्या', 'ज़िन्दगी' और 'वक़्त' जैसे उन्वानों से आने वाली तमाम फ़िल्में इतनी बेतुकी क्यों साबित होतीं रही हैं? क्या वह भी अपनी फ़िल्मों की कहानी ख़ुद नहीं लिखता? ऐसे घटिया गुमनाम अफ़्सानःनिगारों से लिखवाता रहता है जिनमें आपस में कोई तालमेल नहीं है? या कहीं ऐसा तो नहीं कि उसे अपने बन्दों की भलाई-बुराई की, उनके साथ इंसाफ़ करने की क़तई फ़िक्र नहीं रहती? वह तो बस अपनी कुदरत की, अपनी लीला की धाक जमाने की धुन में रहता है? उसका नुस्ख़ा यह है कि न समझ में आने वाली नासमझी की बातें किये चलूँ ताकि इंसानी समझ से परे रह सकूँ?

जो हो, तीन महीने के छोटे से अरसे में 'लकी' टी० के० को कई बार और कई तरह से बदक़िस्मती का सामना करना पड़ा। जयकिशन के साथ जुए में दस लाख रुपये हार जाने-जैसे छोटे-मोटे हादसों का ज़िक्र करने बैठूँ तो कई पन्ने रँगने पड़ेंगे, लिहाज़ा चन्द बड़ी-बड़ी बातों का ही ज़िक्र करूँगा। सबसे पहले तो गोपाल ने उसका 75 करोड़ रुपया डुबवा दिया। बाप तो इन्टरनेशनल फ़िल्म के लिए नादान लड़कियों के स्क्रीन टैस्ट ही लेता आया था, बेटे ने एक एन० आर० आई० के साथ मिलकर (जो बाद में जयकिशन का ही नुमाइन्दः साबित हुआ) इन्टरनेशनल फ़िल्म बनानी शुरू कर दी। फ़िल्म एक तिहाई बनी थी कि एन० आर० आई० पीछे हट गया और सारी फ़िल्म गोपाल को ही पूरी करनी पड़ी। बेआवाज़ लाठी की पहली चोट यह थी कि इस फ़िल्म का कहीं कोई ग्राहक नहीं मिला।

टी० के० को उम्मीद थी कि गोपाल की इस फ़िल्म का घाटा सुन्दर की 'अब तक की सबसे ज़ियादः लागत से बनी' हिन्दी फ़िल्म किसी हद तक पूरा करा देगी। फ़िल्म देखने के बाद उसका कहना था कि एक बार थियेटर में लगा दिये जाने के बाद यह तो तभी उतरेगी जब हम इसे अपनी अगली फ़िल्म लगाने के लिए उतरवायेंगे। उसके तमाम चमचों की भी यही राय थी। सिर्फ़ मैंने ही दबी ज़बान से कहा कि इस फ़िल्म पर जितना ख़र्च कर दिया गया है शायद उतनी चल न पाये। टी० के० ने फ़ौरन मुझसे दस-दस हज़ार की शर्त बदी और ज़िन्दगी में पहली बार वह कोई शर्त हारा। सुन्दर की फ़िल्म पहले हफ़्ते में ही हर कहीं दम तोड़ बैठी। यह पहला मौक़ा था कि प्रोड्यूसर या डिस्ट्रीब्यूटर की हैसियत से टी० के० का किसी फ़िल्म के बारे में अन्दाज़ः सही साबित नहीं हुआ।

इसी के बाद पहले गोपाल का और फिर सुन्दर का तलाक़ हुआ। ये तलाक़ इस माने में टी० के० के लिए बड़े महँगे साबित हुए कि दोनों बेटों की बीवियों ने अपनी और अपने बच्चों की पर्वरिश के लिए बहुत ही तगड़ा भत्ता अदालत से मंज़ूर करवाया और इसलिए भी कि बहुत-सी ज़मीन-जायदाद बीवियों के नाम ही थी। इसी के बाद सरस्वती के चेहरे को लकवा मार गया जिसकी वजह से वह एक ही झटके में ख़ूबसूरत से बदसूरत हो चली। ज़ियादती पर ज़ियादती करते हुए पर्वर्दगार ने अमेरिका में बसी टी० के० की चहेती बिगड़ी बेटी नीलम को एक रात इतनी ज़ियादः पिलवा दी कि वह अपने ख़ाविन्द से ज़िद कर बैठी कि तुम अगर गाड़ी मुझे नहीं चलाने दोगे तो मैं तुमसे तलाक़ ले लूँगी। तो उसने नशे में धुत होकर गाड़ी चलायी और एक तीखे मोड़ पर गाड़ी को खड्ड में गिरा दिया। एक्सीडेंट में वह ख़ुद तो मर ही गयी अपने लाइक़ ख़ाविन्द और होनहार बड़े बेटे सुरेश को भी साथ में ले मरी। उसका नालाइक़ छोटा बेटा महेश टी० के० के साथ रहने आ गया और आते ही अपनी मामी यानी गोपाल की दूसरी बीवी पर हाथ डालकर उसने अपने मामा से दुश्मनी मोल ले ली। और हाँ, भले ही टी० के० ने इसका कोई अफ़सोस न मनाया हो, उसकी विलायती बहू गोया जयकिशन की घरवाली भी कैंसर से गुज़र गयी।

तीन महीने में इतनी लीलाएँ दिखाकर भी भगवान को तसल्ली नहीं हुई और अब आपसे क्या छिपाऊँ इन लीलाओं को ख़ुश होकर देखने वाले इस भगत को भी नहीं हुई। तो आइन्दः तीन महीनों में टी० के० को फ़िल्म समेत अपने तमाम बिज़नेसों में कई बड़े-बड़े घाटे उठाने पड़े। सुन्दर गुस्लख़ाने में फिसल गया और उसके पाँव की हड्डी टूट गयी। और जमकर दारू पीने वाले गोपाल मामा की, कोकैन की नसवार लेने वाले अपने अमेरिकी भानजे से अदावत कुछ इतनी बढ़ी कि एक रात भरी पार्टी में मामा ने भानजे के खोपड़े पर बोतल दे मारी और भानजे ने उनके सीने पर पिस्तौल दाग़ दिया। मामा मर गया और भानजे को ताज़िन्दगी क़ैद की सज़ा सुनाई गयी। इस हादसे के बाद टी० के० बहुत बुझा-बुझा, बीमार-बीमार-सा रहने लगा। जिस टी० के० के बारे में चमचे यह कहते रहे थे कि आपको दारू की ज़ुरूरत तो पड़ती रहती है मगर टच वुड दवा की नहीं, उसे मैंने झूठी हमदर्दी जताते हुए सलाह दी कि अपना चैकअप करा ले। सुनकर वह बहुत नाराज़ हुआ।

मगर शायद सरस्वती और सुन्दर ने भी यही सलाह दी होगी क्योंकि एक रात अपने पेन्टहाउस के टेरेस बॉर में स्कॉच का जाम उठा लेने के बाद उसने बिलकुल ही नया डायलॉग बोलकर हमें तअज्जुब में डाल दिया। यहाँ यह बताना ज़रूरी है कि टी० के० महफ़िलों में अलग-अलग मौक़ों पर हमेशा कुछ रटे-रटाये डायलॉग बोलता था, जिनमें शेरो-शायरी का अच्छा-ख़ासा पुट रहता था। यहाँ यह बताने की ज़ुरूरत नहीं है कि ये तमाम डायलॉग और अशआर ऐसे थे, जो उसने मुझसे सीखे या सुने थे। तो चमचों को उम्मीद थी कि टी० के० पहला जाम उठाते ही चहककर कहेगा—

"पीना हराम है न पिलाना हराम है,
पीने के बाद होश में आना हराम है—
चीयर्स !"

और पहला घूँट भर लेने के बाद कहेगा—

"सिवाय बादः-ए-देरीना[1] और बुत-ए-नौख़ेज़,[2]
कभी ख़ुदा से मैं कोई दुआ नहीं करता।"

लेकिन उसने कहा, "मुझे कल से रोज़ानः मॉर्निंग वॉक पर जाना है। तुम में से कौन-कौन चलेगा मेरे साथ ?"

चमचे सक्ते में आ गये। फिर उनमें से एक ने कहा, "यह आप क्या कह रहे हैं टी० के० साहब ! आप तो हमेशा सबको यह नेक सलाह देते आये हैं कि अच्छी सेहत के लिए एक ही क़सरत ज़ुरूरी है—सोना ! सो भी अकेले नहीं, किसी दमदार चीज़ के साथ में। मॉर्निंग वॉक की आपको क्या सूझी ?"

"मुझे नहीं सूझी।" टी० के० बोला, "बड़े अस्पताल में जो बड़े-बड़े डॉक्टर बैठे हैं उन्हें सूझी।" टी० के० ने फिर बार-बार डॉक्टरों की माँ से अपना नज़दीकी रिश्तः क़ाइम करते हुए उनकी बढ़िया खाना, दारू सब छोड़ देने और वर्ज़िश करने की सलाह को याद किया। बम्बई में बहुत बड़ा आदमी बन जाने के बाद और बावुजूद अगर टी० के० के बुनियादी तौर पर देहाती होने की बात उजागर हो जाती थी तो पीने के बाद अपनी माँ-बोली में माँ और बहन की गालियाँ देने से ही। इस पर उसकी बीवी-बच्चे उसे बहुत टोका करते थे। उस दिन भी सुन्दर ने बार-बार उन्हें टोका। ख़ैर, यह तय हुआ कि अगली सुबह से

---

1. पुरानी शराब, 2. नयी मूर्ति

कार में बैठकर जुहू-चौपाटी जायेंगे और वहाँ समन्दर के किनारे पैदल चला करेंगे।

जुहू-चौपाटी पर सैर करते हुए टी० के० को यह देखकर अज़हद कोफ़्त हुई कि वहाँ सेहत.के पुजारियों का जमघट लगा हुआ था और इस जमघट में एक बड़ा हिस्सा उसकी अपनी अमीर और अय्याश दुन्या के नुमाइन्दों का था। उनमें से हरेक के सामने यह क़बूल करना कि बदक़िस्मती से मैं भी बीमारी का शिकार हो गया हूँ और डॉक्टर ने मुझे भी मॉर्निंग वॉक की सलाह दी है, टी० के० के लिए तक़्रीबन नामुमकिन साबित हुआ। उसने यही बताया कि एक लड़की के चक्कर में आया हूँ और फिर सैर अधूरी छोड़कर हमसे बोला, "यार, अब वापस चलो। वर्ज़िश तों मैं घर पर स्टेशनरी साइकिल पर भी कर सकता हूँ।"

लौटने के इरादे से हम अपनी गाड़ी पर पहुँचे ही थे कि टी-शर्ट और जाँघिया पहने एक लड़की जॉगिंग करती हुई पास से गुज़र गयी। मैं उस समय टी० के० के लिए दरवाज़ः खोल रहा था इसलिए उसका चेहरा देख नहीं सका। मगर टी० के० ने उसे भरपूर निगाहों से देखा और उस पर फ़िदा हो गया। उसके दिल में यह बात समा गयी कि अपने ज़िन्दः, ज़िन्दःदिल और सेहतमन्द होने का सबूत अगर दिया जा सकता है तो इस कमसिन लड़की को हमबिस्तर बनाकर ही। चमचों ने टी० के० साहिब की पारखी नज़र की दाद दी। उनमें से एक बोला कि टी० के० साहिब, डॉक्टर ने आपको मॉर्निंग वॉक की सलाह दी ही इसलिए थी कि उसे पता था आपके मर्ज़ की असली दवा तो यहीं जॉगिंग करती हुई मिलेगी। दूसरा बोला कि बेवुकूफ़ टी० के० साहिब आये ही इस नायाब चीज़ के चक्कर में थे।

इस पर टी० के० हँसा, चमचे भी हँसे। तब किसी को क्या पता था कि जॉगिंग करती हुई लड़की की शक्ल में टी० के० को बीमारी दूर करने वाली ही नहीं, क़ैदे-हयात से नजात[1] भी दिलाने वाली दवा मिलेगी। टी० के० ने घर लौटने का इरादः छोड़ दिया और अपने एक नौजवान चमचे गजानन क़ो उस लड़की के पीछे दौड़ा दिया कि उसे पकड़कर इधर ला और उससे बोल कि टी० के० साहब तुझे इन्टरनेशनल फ़िल्म के वास्ते साइन करने के लिए तेरा

---

1. छुटकारा

स्क्रीन टैस्ट लेना चाहते हैं। अगर साथ में नहीं आये तो भी उसका नाम-पता मालूम करके आना। हम लोग कोई आध घण्टे तक गजानन का इन्तिज़ार करते रहे लेकिन वह नहीं लौटा। तब एक कार गजानन के वासिते छोड़कर हम लोग लौट गये।

घर पहुँचते ही यह पता चला कि सान्ताक्रुज़ थाने से गजानन का फ़ोन आया था कि मुझे छुड़वाने के लिए वकील भेजो। टी० के० ने गजानन को छुड़ाकर लाने की ज़िम्मेदारी मुझे सौंपी और जब मैं जाने लगा तब उसने मेरे कान में कहा कि अगर तू उस लड़की का पता लेकर नहीं आया तिलक तो मैं आज रात तेरे घर आकर तेरी बेटी गीता को इण्टरनेशनल फ़िल्म के लिए स्क्रीन टैस्ट उठा ले जाऊँगा। कहकर उसने वही वहशियानः ठहाका लगाया और एक अरसे बाद मुझे उसकी हँसी के सामने रोना आया।

मैं सीता और गीता अपनी दोनों बेटियों को उसी तरह टी० के० की निगाह से दूर रखता आया था जिस तरह मीना की बेटी सोनी को। वे पहले दार्जिलिंग के एक स्कूल में पढ़ती रहीं और फिर ऊँची तालीम के बास्ते स्विट्ज़रलैंड चली गयीं। मैं उन्हें छुट्टियों में भी कभी बम्बई नहीं लाया। सीधा बोर्डिंग हाउस से ही छुट्टियाँ मनाने किसी और मुल्क या शहर ले जाता रहा। मगर इस बार गीता हमारे साथ आ गयी थी क्योंकि हम बम्बई के एक अच्छे घराने में उसका रिश्तः तय करवाने की कोशिश में थे।

तो वकील के साथ थाने जाते हुए मैं रास्ते-भर गीता की सलामती की फ़िक्र करता रहा और गीता को बचाने की ख़ातिर जॉगिंग करने वाली लड़की को फ़ौरन से पेशतर टी० के० के बिस्तर पर पहुँचा देने के तरीक़ों पर ग़ौर करता रहा। मगर थाने पहुँचकर जब शिकायत करने वाली लड़की का नाम, मुकम्मल पता और बम्बई का पता मालूम हुआ तब मेरा दिल धक से रह गया। यह लड़की, जिसने गजानन के यह कहने पर कि फ़िल्म इण्डस्ट्री के बेताज बादशाह और बेताब रोमियो टी० के० नारकियानी साहब आपको इण्टरनेशनल फ़िल्म में हीरोइन का रोल देने के लिए बुला रहे हैं, नारकियानी को नरक का बूढ़ा और गन्दा कीड़ा बताया और गजानन को तमाशाइयों की मदद से हवालात में भिजवाया, हाँगकाँग की मिस सोनी रमानी वल्द अजित रमानी थी जो बम्बई में जयकिशन नारकियानी के साथ उसकी मलाबार हिल वाली कोठी में ठहरी हुई थी।

मेरी समझ में नहीं आया कि टी० के० से जाकर क्या कहूँ ? अगर मैं यह कहता कि तू उस लड़की को भूल जा तो वह गीता को पेश करने का हुक्म देता। तो भले ही मैं जानता था कि इसका कोई ख़ास असर होने वाला नहीं है मैंने टी० के० से कह दिया, "वह लड़की तेरी बेटी मीना की ही बेटी है और तू ही उसका बाप है। मैंने ही उसे रमानी के यहाँ गोद दिलवाया था।" सुनकर टी० के० पहले थोड़ी देर सोचता रहा। फिर मुस्कुराया और बोला, "तेरी माँ, बहन और भानजी के बाद तेरी डोत्री भी मेरा बिस्तर गरमाये इससे अच्छा और क्या हो सकता है तिलक ?" मैंने कहा, "इतना नीचे मत गिर, वह तेरी बेटी और डोत्री दोनों है।" वह हँसा और मेरी जाँघों पर हाथ मारकर बोला, "मेरी बेटी लाते हुए तुझे परहेज़ होता है तो जा अपनी बेटी ले आ।"

मैं दौड़ा-दौड़ा जयकिशन की कोठी पर पहुँचा। ख़ुशक़िस्मती से उस वक़्त वहाँ सोनी अकेली थी। मैं तो उसे जानता था क्योंकि जब भी मैं अजित को सोनी के बर्थडे गिफ़्ट के लिए पैसा भिजवाता था वह रसीद के साथ-साथ उसकी ताज़ा तस्वीर भी भेज देता था मगर वह मुझे नहीं जानती थी क्योंकि मैंने अजित से सख़्त ताक़ीद कर रखी थी कि उसे मेरे बारे में कुछ न बताये। सो इसलिए कि मुझे डर था कि अगर वह मेरे नज़दीक आयी तो टी० के० का गन्दा साया उस पर पड़कर रहेगा। अब सोचता हूँ कि मुझे सोनी से मिलते-जुलते रहना चाहिए था। अगर मैं उससे मिलता रहा होता तो उसे पता चलता कि मेरा-उसका रिश्ता क्या है ? यह भी कि मेरा और जयकिशन का रिश्ता क्या है ? उस हालत में मुझे यह सुनने को तो नहीं मिलता उस रात कि सोनी रमानी जयकिशन नारकियानी की मँगेतर है। पिछली गर्मियों में स्विट्ज़रलैण्ड में स्कीइंग करते हुए दोनों की मुलाक़ात हुई थी।

मुझे समझ में नहीं आया कि कैसे उसे बताऊँ कि जयकिशन से तुझे शादी नहीं करनी चाहिए और अगर बता भी दूँ तो फिर किस मुँह से कहूँ कि डोत्री, तू टी० के० के पास स्क्रीन टैस्ट के लिए चली जा, नहीं तो मुझे अपनी बेटी को भेजना पड़ेगा। ख़ैर, मैंने उसे मुख़्तसर[1] में सारी बात समझाने की कोशिश की और यह तजवीज़ किया कि वह मेरी बेटी को लेकर फ़ौरन कहीं जाकर छिप जाये और वहाँ से विलायत निकल जाये। मगर यह मुख़्तसर में समझ में आने वाली बात थी ही नहीं। मुख़्तसर में बात समझाने की कोशिश में मैं सोनी को

1. संक्षेप

पागलख़ाने से भगाकर आया इंसान मालूम होने लगा। और बदतर यह कि मैं समझा ही रहा था कि जयकिशन ख़ुद आन पहुँचा और सोनी के मुँह से यह सुनकर आगबबूला हो गया कि यह जो भी है मुझसे ज़बरदस्ती रिश्ता जोड़ रहा है और कभी तुम्हारे पापा जी का मैसेज दे रहा है कि स्क्रीन टैस्ट के लिए आओ और कभी अपनी बेटी के साथ कहीं भाग जाने की सलाह दे रहा है। जयकिशन मेरा कॉलर पकड़कर बोला, "दल्ले, मेरी मँगेतर से आइन्दः मिलने आया तो मैं तेरा ख़ून पी जाऊँगा।

मुझमें इतनी हिम्मत नहीं हुई कि टी० के० से यह कहने जा सकूँ कि मैं नाकामयाब रहा। लिहाज़ा मैं सीधा घर लौट गया। वहाँ मैंने रीटा को सारी बात समझाकर गीता को उसी वक़्त कार से पूना ले जाने को कहा कि वहाँ से इसे हवाई जहाज़ से दिल्ली और दिल्ली से लन्दन भिजवाकर ही लौटना।

अगले दिन तब मेरी हैरानी का कोई ठिकाना न रहा जब टी० के० ने चमचों के सामने गजानन को कोसते हुए कहा, "तुझे भेजा तो लड़की इतनी ख़फ़ा हुई कि उसने तुझे हवालात भिजवा दिया और तिलक को भेजा तो लड़की इतनी ख़ुश हुई कि उसने फ़ौरन स्क्रीन टैस्ट के लिए आज रात आठ बजे का टाइम दे दिया।" फिर टी० के० ने मुझे बधाई दी। चमचों ने मुझसे ज़ियादः टी० के० को बधाई दी। बोले कि साहिब आपके माथे पर ही लिखा हुआ है कि ऐ पढ़ने वाली, तुझे इस शख़्स के साथ ज़रूर हमबिस्तर होना है। ज़ाहिर है उन्होंने यह बात इतने शाइस्तः ढंग से नहीं कही।

हमेशः की तरह इस बार भी टी० के० ने स्क्रीन टैस्ट को फ़िल्म और टेप पर उतारने की ज़िम्मेदारी मुझे सौंपी। जब टैस्ट कुछ ज़ियादः ही लम्बा खिंच गया तब मैंने जाकर स्टूडियो का दरवाज़ा खटखटाया और यह देखकर हैरान हुआ कि वह बाहर से बन्द है। मैं कुण्डी खोलकर भीतर गया और मैंने देखा कि सोनी नदारद है और टी० के० न जाने कितने सितमगर स्क्रीन टैस्ट झेल चुके उस बेहतरीन बदनाम पलंग पर हमेशः के लिए सोया पड़ा है। मैंने जाकर टेप चलाकर देखा और जो कुछ देखा उसके बाद मेरी तबीयत हुई कि परमात्मा की बेआवाज़ लाठी की दाद दूँ। टेप में सोनी बुढ़ौती में ज़बानी सेक्स करने वाले टी० के० का नाक-मुँह जॉगिंग से मज़बूत बनी अपनी जाँघों से दबाकर अनजाने में ही अपने ननिहाल वालों की ओर से और जानबूझकर मेरी माशूक़ः मैना और उसके बेटे जयकिशन की ओर से इन्तिक़ाम लेती हुई देखी जा सकती थी। मैंने

फ़ौरन टेप और फ़िल्म अपने ब्रीफ़केस में बन्द किये।

स्टूडियो में उस समय सिर्फ़ दरबान था। मैंने उससे कहा, "ऐसा लगता है कि उस लड़की की सोहबत करते हुए टी० के० साहिब का बूढ़ा जिस्म जवाब दे गया। यह बात मेरे-तुम्हारे बीच ही रहनी चाहिए वरना मर्हूम की बहुत बदनामी होगी। तुम किसी को मत बताना कि टी० के० साहिब आज यहाँ स्क्रीन टैस्ट लेने आये थे।"

मेरी जेब से निकलते हुए बटुए पर निगाह टिकाकर गोरखा ने बड़ी समझदारी से सिर हिलाया और जब उस बटुए में से निकलकर सौ-सौ के चार नोट उसकी दायीं हथेली में पहुँच गये तब वह मुस्कुराकर बोला, "हम किसी से कुछ नहीं बोलेगा।" मैंने उसकी मदद से टी० के० की लाश को अपनी गाड़ी में रखवाया। फिर मैं अपनी पहचान के एक मशहूर डॉक्टर के पास गया और मैंने उसे बताया कि टी० के० साहिब को अभी-अभी स्टूडियो जाते हुए दिल का दौरा पड़ा। डॉक्टर ने जाँच करके बताया कि टी० के० साहिब तो गुज़र चुके हैं। मैंने गुज़ारिश की कि डैथ सर्टिफ़ेकेट लिख कर दे दीजिए। उसने दे दिया।

फिर मैं टी० के० की लाश को उसके घर ले गया। ज़ार-ज़ार रोते हुए और छाती ज़ोर-ज़ोर से कूटते हुए मैंने सरस्वती को डैथ सर्टिफ़िकेट थमाया और बताया, "टी० के० साहिब जिस शान से जिये उसी शान से मरे। हँसते-खेलते जिये और हँसते-खेलते मरे। किसी क़िस्म की कोई तकलीफ़ नहीं हुई उन्हें। कह गये कि मेरे पीछे सरस्वती का ख़याल रखना तिलक।"

मगर सरस्वती थी कि मेरे सियापे को और मेरे लाये हुए डैथ सर्टिफ़िकेट को शक की निगाह से देखती। उसने सुन्दर से कहकर अपने डॉक्टर को बुलवाया और कहा कि आप देखकर बताइए मौत किस वजह से हुई है? डॉक्टर ने कहा, "ज़ाहिरा तौर पर यही लगता है कि मौत दिल का दौरा पड़ने से हुई है। यों आप चाहें तो अपनी तसल्ली के लिए लाश की चीर-फाड़ करवा सकती हैं।"

डॉक्टर के जाने के बाद मैंने सरस्वती से कहा, "मम्मीजी, शहर के एक मशहूर डॉक्टर के दिये हुए सर्टिफ़िकेट पर आप क्यों बिला वजह शक कर रही हैं? क्या आप समझती हैं कि मैंने टी० के० साहिब का गला घोंट दिया और फिर अपने डॉक्टर से यह डैथ सर्टिफ़िकेट भी बनवा लिया कि मौत दिल का दौरा पड़ने से हुई? टी० के० साहिब तो मुझ ग़रीब के लिए दुधारू गाय थे, उन्हें

मारकर मुझे क्या मिलने वाला था ?"

तब यह पता चला कि कुछ भड़काने वालों ने सरस्वती को ख़बर दे दी थी कि सी० सी० तिलक किसी नयी छोकरी का स्क्रीन टैस्ट कराने के लिए टी० के० साहिब को लेकर गया है। मैंने कहा कि दिल का दौरा स्टूडियो जाते वक़्त पड़ा। अपने गवाह के तौर पर मैंने गोरखा को पेश किया, जिसने कहा कि साहिब लोग आज स्टूडियो में आया ही नहीं।

सरस्वती को न मुझ पर यक़ीन आया, न गोरखा पर। अब उसने जानना चाहा कि वह लड़की कौन थी ? जवाब में मैंने कहा, "यह तो बस टी० के० साहिब ही जानते थे। मुझे तो इतना ही पता है कि वह कोई परदेसी थी।" मैंने सरस्वती पर ला'नत भेजी कि उस लड़की का मुआमलः उठाकर मर्हूम की बदनामी का मसाला जुटा रही हैं। तब सुन्दर ने कहा कि मम्मी जी, इस बात को अब यहीं पर छोड़ दीजिए। फिर मुझसे मुख़ातिब होकर वह बोला, "आपने बजा फ़रमाया कि टी० के० साहिब आपके लिए दुधारू गाय थे। तो याद रखिए कि आइन्दः इस डेरी से ख़ुशहाली का दूध सप्लाई नहीं होगा। अब आप तशरीफ़ ले जा सकते हैं।" लेकिन उन लोगों के लाख कोशिश करने पर भी मैं नहीं गया और टी० के० की लाश का बादीद-ए-तर[1] सी० सी० बना रहा ।

हालाँकि टी० के० अपने वारिसों में से जयकिशन का नाम काट चुका था मैंने ज़ोर दिया कि अग्नि देने के वास्ते उसे ही बुलाया जाये। मगर पता यह चला कि वह जकार्ता निकल गया है। तो सुन्दर ने अग्नि दी। तेज़ लपटों में टी० के० के वुजूद को ख़ाक में मिलता देखकर मुझे यूँ लगा कि मुझे सचमुच बहैसियत चीफ़ कॉनक्यूबाइन उसके साथ सती हो जाना चाहिए क्योंकि टी० के० के जाने के बाद मेरे वुजूद की कोई बुनियाद ही नहीं रह जायेगी। कोई बचेगा ही नहीं जिसे मैं महब्बत की हदें छूती नफ़्रत कर सकूँ। अपने आँसुओं से लड़ते हुए मैंने चीफ़ कॉनक्यूबाइन नहीं, चीफ़ चमचे की हैसियत से कहा, "टी० के० साहिब, टच वुड, आपकी लाश उसी धड़ल्ले से जल रही है, जिस धड़ल्ले से आपकी फ़िल्में चलती थीं और सो इसलिए कि सुरग में तमाम देवताओं और अप्सराओं को आपका बेसब्री से इन्तिज़ार है।"

मेरे भीतर वह जज़्बा पैदा होने लगा जिसे मसान-बैराग कहा गया है। मैंने

---

1. गीली आँखों के साथ

महसूस किया कि टी० के० के जीते-जी तौहीन-भरी ही सही, मैं ज़िन्दगी तो जी रहा था, अब तो ख़ालिस तौहीन जीऊँगा। सरस्वती और उसके बच्चे मुझे कहीं का भी नही छोड़ेंगे। कुछ भी नहीं देंगे—हिक़ारत के सिवा। ख़ुद अपने बेटे जयकिशन से भी नज़रे इनाद[1] की ही उम्मीद है, नज़रे इनायत[2] की नहीं दुधारू गाय के गुज़र जाने के बाद मुझ बछड़े की तो जीते-जी मौत हो जायेगी। टी० के० के गुज़रने से मैं सचमुच बालोपरशिकस्त:[3] हो चला हूँ।

घाट से टी० के० के दिये हुए फ़्लैट में लौटकर, शानदार बाथरूम में नहाकर, टी० के० का इटली में सिलवाया सिल्क-सूट पहनकर, जब मैं टी० के० की ही लन्दन से लाकर दी हुई ब्लू लेबल ह्विस्की का जाम ढालकर बैठा तब मेरी आँखों से गंगा-जमुना बह निकली। ग़म ग़लत करने के लिए उठाये गये जाम में आबेग़म मिलने लगा। मेरे मुँह से बेसाख़्ता वह दोहा निकला जो हज़रत अमीर ख़ुसरो ने हज़रत निज़ामुद्दीन औलिया के इन्तिक़ाल पर कहा था—

"गोरी सोयी सेज पर, मुख पर डारे केस
चल ख़ुसरो घर आपने, रैन भई चहूँ देश।"

तभी समन्दर की ओर खुलने वाली खिड़की से हवा का एक झोंका आया। कुछ वैसी ही ख़ुशबू भरने लगा कमरे में जैसी टी० के० के प्रसंदीद: पर्फ़्यूम 'गिवांचे' में से आती थी। मैंने इस बादे समन्दर को बादे बहारी का दर्ज: देते हुए शिकायत की कि तुझे अठखेलियाँ सूझी हैं हम बेज़ार बैठे हैं।

और फिर कुछ ऐसा हुआ जो मेरी समझ से परे था। मैंने गिवांचे से महकता टी० के० का रेशमी रूमाल अपनी आँखों को पोंछता हुआ महसूस किया और टी० के० की आवाज़ सुनी, "भूल गया तिलक, स्कूल में लड़के मुझे हाथी का बच्चा कहा करते थे। अबे हाथी जिन्द: लाख का होता है तो मरा हुआ सवा लाख का। तू मेरी मौत का ग़म क्यूँ करता है हमज़ाद ? मैं तो अब भी तेरे भीतर जी रहा हूँ। अबे, हौसला रख। मैं तेरे पास ऐसे-ऐसे सबूत छोड़ गया हूँ कि मेरे भीतर के शैतान के सहारे तुझ शाइर के ख़ानदान की गुज़र-बसर आइन्द: भी मज़े से होती रहेगी। और ज़िन्दगी गुज़र-बसर से जियाद: कुछ नहीं है दोस्त ! जीने के वास्ते ही जीना होता है क्योंकि एक दिन तो मरना होता है !"

मैंने अपने अक्स की राय से इत्तिफ़ाक़ करते हुए जाम उठाया और कहा, "चीयर्स !"

---

1. शत्रुता, 2. अनुकम्पा, 3. अपंग-असहाय

तख़तराम के नाम जयदेव पुनवानी के अंग्रेज़ी ख़त का तर्जमः

न्यूयार्क 15.1.91

माई डियर तख़तराम,

हनीमून से लौटने पर तुम्हारा ख़त और अफ़्सानः दोनों मिले। अफ़्साने को पढ़ने के बाद मुझे यही लगा कि तुमने कच्चे-चिट्ठे को कहानी की शक्ल दी ही इसलिए है कि तुम अस्लीयत बयान नहीं कर रहे हो बल्कि अपनी ग़लीज़ ज़ेहनियत का एक हंगामी सबूत पेश कर रहे हो। तुमने लिखा है कि मैंने तुम्हें एक बेहतरीन थीम पर घटिया चीज़ लिखने को मजबूर किया है। लेकिन सच्चाई यह है, तुम्हारा-जैसा घटिया अफ़्सानःनिगार इससे बेहतर चीज़ लिख ही नहीं सकता था। यह कच्चा-चिट्ठा शुरू से आख़ीर तक झूठा है। इसमें यहाँ-वहाँ सच के कुछ छींटे-से दे दिये गये हैं—मगर ये थोड़ा-सा और सारी दुन्या पर पहले से ही ज़ाहिर सच भी तुमने इसलिए रखा है कि उसके साथ-साथ अपने बहुत बड़े झूठ को चला दो।

तख़तराम, तुम इस बात को बिलकुल भूल ही गये कि भले ही मेरी माँ बहुत जल्दी गुज़र गयी, मेरी नानी तब गुज़री जब मैं दस साल का था। उसके मुँह से मैंने पूरी तफ़सील से यह सुन रखा था कि मेरी भोली-भाली मम्मी के साथ तुम दो हरामी दोस्तों ने मिलकर कितना सितम किया। अफ़्साने में तुमने लिखा है कि टोपन तुमसे लड़कियाँ पटाकर लाने को कहता था। जिस तरह तुमने इस अफ़्साने में भी मेरे पापा जी का नाम टोपनदास खिल्लुराम बिलकुल सही दिया है सिर्फ़ पुनवानी की जगह नारकियानी कर दिया है, उसी तरह यह बात भी बिलकुल सही लिखी है कि पापा जी तुमसे लड़कियाँ पटाकर लाने को कहते थे। सिर्फ़ इतना झूठ बोला है कि तुम्हें इस काम से परहेज़ था। जैसा कि तुमने इस अफ़्साने में कई बार इशारे से मंज़ूर किया है तुम बचपन से ही नर का

तन और मादा का मन रखने वाले शख़्स थे। लिहाज़ा तुम लड़कियों में बहुत आसानी से घुल-मिल जाते थे और वे तुम पर भरोसा भी बहुत आसानी से कर लिया करती थीं। इसका फ़ाइदः उठाते हुए तुम मेरे पापा जी के लिए नयी-नयी माशूक़ाएँ लाते रहते थे ताकि पापा जी तुम्हें अपना माशूक़ बनाये रखें। मेरी सौतेली माँ ने अगर ज़िन्दगी में कभी कोई सच्ची बात कही है तो यही कि तुम मेरे पापा जी की चीफ़ कॉन्क्यूबाइन थे।

मेरी मम्मी को भी तुमने ही मेरे पापा जी तक पहुँचाया। जब पापा जी ने उनसे शादी कर ली तब तुमने 'मुमटी के मम्मे' उन्वान से एक गन्दा अफ़्सानः लिखकर छपवाया और पापा जी के मन में यह शक डाल दिया कि उनकी बीवी के पेट में तुम्हारी औलाद पनप रही है। तुमने ऐसा इसलिए किया कि तुम नहीं चाहते थे कि पापा जी हमेशा के लिए किसी और के हो जायें। मेरी मम्मी की ख़ुदकुशी में तुम्हारा कितना बड़ा हाथ था इस बाबत तुमने अपने अफ़्साने में आधी-अधूरी-सी सच्चाई तो ख़ुद बयान कर ही दी है। पूरी सच्चाई यह है कि इसमें तुम्हारी और पापा जी की पूरी मिलीभगत थी। तख़्तराम, मैं हमज़ाद की बात तो नहीं जानता लेकिन इतना ज़रूर कहूँगा कि तुम और पापा जी दोनों मेरी मम्मी के लिए बराबर की टक्कर के हरामज़ादे साबित होते रहे।

बक़ौल नानी टी० के० और तिलक की जोड़ी नागनाथ और साँपनाथ की जोड़ी है। दुन्या की ऊँच-नीच समझने के लाइक़ बन जाने के बाद मैंने भी यही पाया कि तुम दोनों कमीने हो। फ़र्क़ था तो इतना ही कि पापा जी अपने कमीनःपन को हँसी-ठट्ठे से पुरलुत्फ़ बनाने की कोशिश करते थे और तुम अपने कमीनेपन की शेरो-शाइरी और फ़ल्सफ़े की लन्तरानी से छिपा देने की कोशिश करते थे। तुमने जो अफ़्सानः लिखकर भेजा है उसमें भी यह साफ़ नज़र आता है कि तुमने एक मरे हुए आदमी को बदनाम करने के लिए और एक ज़िन्दः आदमी को ब्लैकमेल करने के लिए घिनौने झूठ गढ़ते चले जाने का जो कमीनःपन किया है उसे यूरोप के ताज़ःतरीन फ़ल्सफ़े की उन कतरनों से सजाने-सँवारने की कोशिश की है जो तुम्हें अपने नीम-पागल बाप की बड़बड़ाहट से हासिल हुईं। मुझे अच्छी तरह मालूम है कि इस मुल्क के ज़ियादःतर अदीबों की तरह तुमने ख़ुद तो कभी कुछ पढ़ा नहीं है।

तुमने इस अफ़्साने में ऐसा जताने की कोशिश की है कि मैं तुम्हारा ही बेटा हूँ मगर मुझे, मेरे अपने पापा जी का बेटा होने के बारे में किसी भी तरह का कोई

शुब्हः नहीं है। अफ़्साने में तुमने ख़ुद इस बात को क़बूल किया है कि पापा जी की हर ख़ूबी, हर ख़ामी मुझमें मौजूद है। जैसा कि मैंने कल ही सोनी से कहा, "पापा जी कमीने थे, तख़्त भी कमीनः है और मैं भी कमीनः हूँ। लेकिन मेरी रगों में जो कमीनःपन दौड़ता है वह पापा जी के कमीनेपन की तरह 'झटके' का क़ाइल है जबकि तख़्त का कमीनःपन 'हलाल' में यक़ीन रखता है और सो भी भोथरे छुरे से।" तख़्तराम यह सच है कि होश सम्भालते ही मेरा पापा जी से ज़बरदस्त झगड़ा होने लगा और शुरू के दौर में मैं उनकी बनिस्बत तुम्हारे ज़ियादः नज़दीक रहा। लेकिन पापा जी से झगड़ा होने का सबब ही यही था कि जैसे एक म्यान में दो तलवारें नहीं रह सकतीं वैसे एक धन्धे में दो झटकेदार कमीने नहीं रह सकते।

तख़्तराम, तुम यह भी भूल गये हो कि पापा जी से भले ही मेरा कितना भी झगड़ा हुआ हो या कहूँ कि मेरी सौतेली माँ ने उन्हें और तुमने मुझे भड़का-भड़काकर करवाया हो, मेरे और पापा जी के बीच एक तक़्रीबन दोस्तानः खुलापन हमेशः रहा। मेरे और उनके बीच बाप-बेटे का रिश्तः कम था दो अय्याश और यारबाश मर्दों का रिश्तः ज़ियादः था। इसके पीछे पापा जी की ख़ुदग़रज़ी भी थी क्योंकि मुझे मेरी ससुराल वालों ने जवानी में ही उनसे ज़ियादः अमीर बना दिया था। फिर यह भी था कि मैं रईस होने के साथ-साथ रईस-तबीयत भी हूँ लिहाज़ा जैसी अय्याशी पापा जी मेरी बदौलत कर सकते थे वैसी अपनी जेब से पैसा ख़र्च करके नहीं। बहरहाल जब पापा जी ने मुझे हमपियालः और हमनिवालः बनाया तब ज़ाहिर है कि हमराज़ भी बनाया ही होगा। तुमसे अपनी दोस्ती के इतने क़िस्से वह सुनाते थे कि अगर मेरे पास क़लम-घिसाई जैसे फ़ालतू कामों के लिए फ़ुर्सत हो तो मैं तुम पर एक मोटा-सा नाविल लिख सकता हूँ।

ख़ैर, तो मैं जानता हूँ कि तुमने सोनी के बारे में जो कुछ लिखा है सो झूठ है। सच तो यह है कि तुमने यह अफ़सानः सच के सिवा सब कुछ कहने का अहद उठाकर लिखा है। बात शुरू से शुरू करूँ तो तुम्हारा बाप किसी बड़े ज़मींदार घराने का नहीं था, हाँ, तुम्हारी नानी ज़रूर खाते-पीते ख़ानदान से थी। तुम्हारी माँ उस 'आर्ट और कल्चर' से वाबस्ता थीं जो कोठों में पनपता है। जिन मुमताज़ हुसैन का तुमने ज़िक्र किया है तुम्हारी नानी उनकी रखेल थी, ब्याहता नहीं। तुम्हारे नाना का अगर इक़्बाल से कुछ लेना-देना था तो यही कि वह

और इक़बाल एक ही नाई से हजामत बनवाते थे। अपने ख़ानदान के बारे में इस तरह का झूठ तुम इतने लम्बे अर्से से बोलते आये हो कि मुमकिन है अब तुमको वही सच लगने लगा हो। यह नक़ली सच तुम्हें मुबारक हो, मैं पापा जी से अस्ली सच सुन चुका हूँ।

और अस्ली सच यह है कि तुम्हारा बाप एक आर्यसमाजी था, जिसने शुद्धि के चक्कर में तुम्हारी माँ को हिन्दू बनाया और उससे शादी की। लेकिन तुम्हारी माँ शुद्ध न हुई। नापाक थी और नापाक ही रही। लाहौर में उसके तुम्हारे बाप के उस दोस्त से तअल्लुक़ात हो गये जिसका ज़िक्र तुमने सुरेन्द्रपाल मलिक के नाम से किया है। इस शख़्स की वजह से ही तुम्हारा बाप पगलाया था। उसने ख़ुदकुशी तब की कि जब मलिक तुम्हारी माँ के बुलाने पर तुम लोगों की इमदाद के लिए अहमदपुर पहुँच गया।

इसी तरह तुमने यह भी झूठ लिखा है कि तुम्हारी शकुन्तला फूहा जी तुम्हें गोद लेना चाहती थीं। अव्वल तो वह तुम लोगों की कुछ लगती ही न थीं और दोयम भले ही तुम्हारी माँ ने तुम्हें गोद देने की पेशकश की हो उन्हें किसी मुसल्मान औरत की औलाद गोद लेना न मंज़ूर हो सकता था, न हुआ। तुम्हारा यह अफ़्सानः पढ़कर हर इंसान एक ही नतीजे पर पहुँचेगा कि तुम मेरे पापा जी से जलते भी थे और फ़ित्रतन 'गुलाम' होने के सबब से उन पर मरते भी थे।

अब यही लो कि तुमने फ़रमाया है कि पापा जी वग़ैरः अरोड़ा खत्री न थे और कुछ इतनी हिक़ारत से कि पढ़ने वाले को धोखा हो कि वह किसी नीच ज़ात से थे, जबकि हक़ीक़त यह है कि पापा जी वग़ैरः अरोड़ों से कहीं ऊँचा दर्जः रखने वाले खत्री थे। और फ़र्ज़ करो कि वह नीच ही ज़ात के थे तो तुम तो सबसे नीची गोया दोग़ली ज़ात से हो। एक ओर इस तरह की बातें करते हो, दूसरी ओर तरक़्क़ीपसन्दगी का दम भरते हो, इसी से ज़ाहिर हो जाता है कि तुम मेरे नहीं हो। मेरा बाप तो वही हो सकता है जिसने दोमुँही बात कभी न की हो और जिसने गुनाह भी डंके की चोट किये हों।

मेरे पापा जी किस क़दर कमीने और कंजूस इंसान थे यह मुझसे बेहतर कौन जानता है तख़्तराम। मगर जहाँ तक तुम्हारे ख़ानदान का तअल्लुक़ है पापा जी ने हमेशः दर्यादिली दिखायी। इसकी वजह यह थी कि तुम्हारी तवायफ़ माँ ने लोगों को रिझाने के अपने फ़न का बख़ूबी इस्तेमाल करते हुए बचपन में ही मेरे पापा जी का दिल जीत लिया था। वह ख़ुद कहते थे कि मुझे अपनी सगी माँ

से कभी इतना प्यार नहीं रहा जितना कि तख़्त की माँ से। पापा जी तुम्हारी माँ के बहुत एहसानमन्द रहे कि उन्होंने ही पापा जी को साहिबे ज़बाँ, साहिबे तमीज़ और साहिबे शौक़ बनाया। पापा जी के बारे में तुमने ख़ुद ही मंज़ूर किया है कि वह तुम्हारे बाप को अपना पहला और आख़िरी उस्ताद मानते थे। वह अक्सर कहते थे कि अगर मुझे तख़्त के बाप की रहनुमाई न मिली होती तो मैं पहले मुलतान, फिर लाहौर और आख़िर में बम्बई पहुँच ही नहीं पाता।

अपने इस ग़लीज़ अफ़्साने में तुमने ऐसा दिखाने की कोशिश की है कि पापा जी ने तुम्हारी बहनों से, उन्हें अपनी भी बहनें बताते रहने के बावुजूद, ग़लत क़िस्म के तअल्लुक़ात क़ाइम किये। मुझे इस बात से क़तई इन्कार नहीं है कि मेरे पापाजी लँगोट के कच्चे थे लेकिन मुझे इसमें ज़रा भी शक नहीं है कि तुम्हारी बहनों के लिए, ख़ासकर कुबड़ी शन्नो फूहा जी के लिए, उनके मन में बड़ी इज़्ज़त थी। वह कहा करते थे कि मैं तो शन्नोबई का पाला हुआ हूँ। मुझे हैरानी होती है कि अफ़्साने में ही सही तुम्हें यह झूठ लिखते हुए शर्म नहीं आई कि पापा जी ऐसा दावा करते थे कि तुम्हारी माँ और बहनों को हमबिस्तर बना चुके हैं। क्या सचमुच तुम अपनी माँ और बहनों को इतना गिरा हुआ समझते हो तख़्तराम? तुम्हारे इस अफ़्साने को पढ़कर कूढ़मग़ज़ इंसान तक के मन में यह सवाल उठेगा कि अगर तुम्हारी माँ और बहनें हमबिस्तर होने के लिए तैयार बैठी थीं तो पापा जी को तुम्हें हमबिस्तर बनाने की क्या ज़ुरूरत थी?

पापा जी तुम्हारे वालिदैन के एहसानमन्द थे इसलिए यह जानते हुए भी कि तुम्हारी नानी एक मशहूर तवायफ़ थी, उन्होंने तुम्हारी माँ के कहने पर तुम्हारी छोटी बहन कान्ता से शादी करने के लिए हामी भर दी। पापा जी बताते थे कि तुम्हें यह गवारा न हुआ कि उनका 'लकी लिंग' तुम से छीनकर तुम्हारी छोटी बहन को थमा दिया जाय। लिहाज़ा तुमने एक ओर पापा जी से झगड़ा कर लिया और दूसरी ओर कान्ता फूहा जी को पापा जी के ख़िलाफ़ भड़काया। तुमने ही उसे अय्याश शादीशुदः महेन्द्र प्रताप के सिपुर्द कर दिया जिससे पापा जी से झगड़ा कर लेने के बाद तुम बिस्तरा गरमाने की एवज़ में शाइरी सीख रहे थे। उसने कान्ता फूहा जी से शादी तो की नहीं, लेकिन उन्हें माँ बनने की राह पर लगा दिया। इसके बावुजूद पापा जी ने उनसे शादी कर ली। महेन्द्र प्रताप की बच्ची माधुरी की पैदाइश के बाद कान्ता फूहा जी को भी पागलपन के वैसे ही दौरे पड़ने लगे जैसे तुम्हारे बाप को पड़ते थे। ऐसा ही एक दौरा पड़ने पर उन्होंने

अपनी चुन्नी से फाँसी लगा ली। अफ़साने में तुमने अपने फ़न का कमाल दिखाने की ख़ातिर अपनी बहन को उसी नहर में जान देते हुए दिखाया जिसमें तुम्हारे बाप ने दी थी।

जो शख़्स इतने छोटे-छोटे मुआमलों में भी झूठ बोलने से बाज़ न आया हो उसने बड़े-बड़े मुआमलों में कितना झूठ बोला होगा इसका आसानी से अन्दाज़ः लगाया जा सकता है। मेरे पापा जी ने एक मर्तबः मुझसे कहा था, "तख़्त से बड़ा झूठा इस दुन्या में कोई नहीं है। दरअस्ल उसके मन में अपने ख़ानदान को लेकर बड़ी गाँठ पड़ी हुई है। उसे शुरू से इस बात का ग़म रहा है कि उसका बाप पागल, उसकी माँ तवायफ़, उसकी एक बहन कुबड़ी और दूसरी बहन चालू है। यही वजह है कि उसने अपने ख़ानदान के मुतअल्लिक़ ख़ूबसूरत झूठ गढ़ने का सिल्सिलः शुरू कर दिया। ख़ानदान के बारे में झूठ गढ़े, अपने बारे में झूठ गढ़े, अपने दोस्तों के बारे में भी।" ख़ैर, तख़्तराम, तुम झूठ गढ़ते रहो, लिखते रहो इससे मेरी रूहानी सेहत को कोई फ़र्क़ नहीं पड़ता।

तुम मेरे पापा जी के दोस्त रहे हो लिहाज़ा मुझे तुम्हारी रूहानी सेहत को लेकर थोड़ी फ़िक्र ज़ुरूर हो रही है। अफ़्साने की आड़ तक में कोई रूहानी निस्बत से बीमार आदमी ही यह कह सकता था कि पापा जी अपनी बेटी के साथ सोये और धेवती के साथ सोने की कोशिश करते हुए ख़ुदा को प्यारे हुए। तख़्तराम, ये तुम्हारी रूहानी बीमारी का ही नमूना है कि मेरी बीवी रोमिला से मेरे तमाम और रिश्ते जोड़ रहे हो। अगर मैं पापा जी का बेटा हूँ तो वह तुम्हारे मुताबिक़ मेरी भांजी भी है और मेरी सौतेली बहन भी। और अगर जैसा तुम दावा करते हो मैं तुम्हारा बेटा हूँ तो भी वह मेरी भांजी है। लेकिन यह सब सरासर झूठ है। अव्वल तो रोमिला हाँगकाँग के सोनिया और अजय धरेजा की बेटी है। हमारे पास उसके जनम का सर्टिफ़िकेट है। दोयम अगर रोमिला तुम्हारी भांजी माधुरी की ही बेटी है तो जैसा कि मैं लिख चुका हूँ माधुरी का बाप महेन्द्र प्रताप ही था।

तख़्तराम, झूठ को सच की तरह पेश करने के लिए भी अक़्ल चाहिए। गो इस कहानी में तुमने अपने ज़हीन होने का बहुत ढिंढोरा पीटा है, लेकिन हक़ीक़त यह है कि तुम एक अदद कुन्द-दिमाग़ इंसान हो। यही वजह है कि इस कहानी में माधुरी उर्फ़ मीना के बारे में तुम्हारा झूठ इतने ज़ोर-शोर से जगमगा रहा है कि अन्धे को भी नज़र आ जाये! बस, एक तुम्हारी ही निगाह उस पर नहीं जा सकी

है। एक ओर तुमने लिखा है कि मीना टी० के० की बेटी थी और दूसरी ओर तुमने लिखा है कि मीना को किसी ग़रीब घराने की यतीम बेटी बताकर टी० के० शाही पर्वरिश करने के लिए लोगों से दाद पा रहा था। तुम्हारी माँ और बड़ी बहन के मौजूद रहते टी० के० आख़िर मीना के बारे में लोगों को ग़लत जानकारी कैसे दे सकता था? मैं जानता हूँ कि पापा जी ने माधुरी को बेटी की तरह पाला मगर मैं साथ ही यह भी जानता हूँ कि तुम्हारी माँ या बड़ी बहन ने कभी यह नहीं कहा कि माधुरी पापा जी की बेटी है। हाँ, जब मेरे मन में माधुरी से शादी की बात उठी तब तुमने अल्बत्तः मुझे यह समझाने की कोशिश की कि माधुरी पापा जी की बेटी है। मैं फ़ौरन तुम्हें शन्नो फूहा जी के पास खींचकर ले गया, जिन्होंने तुम्हें झूठ बोलने के लिए ख़ूब लताड़ा।

अपनी रूहानी बीमारी का अज़ीम-तरीन नमूना तुमने वहाँ पेश किया है तख़्तराम, जहाँ तुमने मेरे पापा जी के ज़िन्दगी के आख़िरी लमहों की 'सच्चाई' बयान की है। इसे लिखते हुए तुमने सैक्स और वायलैंस दोनों की इकट्ठा ऐसी-तैसी फेर दी है। मैंने वक़्त गुज़ारने के लिए जासूसी और शहवानी[1] दोनों क़िस्म के नाविल पढ़े हैं लेकिन क़सम ख़ुदा की, सैक्स के ज़रीये क़त्ल की वारदात इससे पहले कहीं नहीं पढ़ी है। मैंने तुम्हें जो एक हज़ार डालर पेशगी दिया था वह तो इसी एक सीन से वसूल हो गया! अगर रोमिला सचमुच तुम्हारी डोत्री है तख़्तराम, तो आख़िर तुम अपने ख़ानदान से कितनी नफ़रत करते हो कि अपनी माँ और बहनों को मेरे पापा जी के साथ सुलवाकर भी तुम्हें चैन नहीं आया। तुमने पहले अपनी भांजी को उनके साथ सुलवाया और फिर अपनी डोत्री को भी 'स्क्रीन टैस्ट' की आड़ में उनके साथ सोने भेजा। और आख़िर में पापा जी की 'सौ सुनार की' के बदले में अपने ख़ानदान की ओर से 'एक लोहार की' पेश करने के लिए अपनी डोत्री को इंसान की पैदाइश के दरवाज़े को इंसान की मौत का मुँह बनाते हुए दिखाया!

तख़्तराम! अपने सबसे नज़दीकी लोगों के बारे में इतना लग़्व[2] और फ़ोह्श अफ़्सानः लिखने से पहले तुम चुल्लू-भर स्याही में ही क्यों न डूब मरे? तुमने कोई सच्चाई बयान नहीं की है बल्कि मेरे पापा जी और अपनी माँ-बहनों के आगे तुम जो एहसासे-कमतरी महसूस करते रहे उसी का एक घिनौना नमूनः

---

1. काम-प्रधान, 2. मिथ्या

पेश किया है। उनकी यादों पर कालिख पोतने की ग़रज़ से तुमने अफ़्साने की आड़ में उनके मुतअल्लिक़ निहायत गन्दे झूठ गढ़ लिये हैं और अपनी बुज़दिली और कमीनेपन का इकट्ठा सबूत देते हुए इन झूठी बातों को पापा जी के मुँह से सुने सच का दर्जः दे डाला है।

तुमने ख़ुद लिखा है तख़्तराम कि अदबी नज़रिये से तुम्हारा यह अफ़्सानः दो कौड़ी का भी नहीं है। मैं कहना चाहता हूँ कि एक कौड़ी भी इसके लिए बहुत ज़ियादः होगी। दुन्या जन्नत भले ही न हो, दोज़ख़ भी नहीं है तख़्तराम ! इंसान भगवान भले ही न हो, शैतान भी नहीं है। हर इंसान में कुछ अच्छाइयाँ होती हैं तो कुछ बुराइयाँ भी। हर किसी की ज़िन्दगी में कुछ अच्छा भी होता है, कुछ बुरा भी। पर्वर्दगार ने अँधेरा बनाया तो रोशनी भी बनायी, बदी बनायी तो नेकी भी, ग़म बनाये तो ख़ुशियाँ भी, हैवानीयत बनायी तो इंसानीयत भी। और बनाते समय उसने इस बात का पूरा ध्यान रखा कि नेकी बदी पर, ख़ुशी ग़म पर, इंसानीयत हैवानीयत पर, और रोशनी अँधेरे पर हावी हो सके। तुम्हारे अफ़्साने में यहाँ से वहाँ तक गन्दगी ही गन्दगी है, शुरू से आख़िर तक तारीक़ी छाई हुई है उसमें। दरअस्ल यह भी तुम्हार एहसासे-कमतरी का नमूना है। तुम सारे ज़माने को गन्दा बताना चाहते हो ताकि जमाने-भर में तुम्हीं एक नेक इंसान साबित हो सको।

सच पूछो तो यह सारा अफ़्सानः इस बात का सबूत है कि तुम्हारे दिल में दूसरों के लिए नफ़्रत के सिवा और कोई जज़्बः नहीं है। तुमने ऐसा जताने की कश की है कि यह नफ़्रत पापा जी ने तुम्हारे भीतर पैदा की लेकिन मैंने तो कभी पापा जी को किसी से नफ़्रत करने में अपना वक़्त या अपनी ताक़त ज़ाया करते नहीं देखा। उधर तुम हो कि जिन्हें अपनी माशूक़ाएँ कहते हो उन तक के बारे में तुमने ऐसा कुछ नहीं लिखा है जिससे तुम्हारी महब्बत का इज़हार हो। अगर मेरी माँ श्रीमती सारिक़ा देवी से तुम सचमुच प्यार करते थे तो ऐसा क्यों कर हुआ कि उनकी ख़ुदकुशी का ज़िक्र करते हुए तुम्हारा क़लम नहीं काँपा ? उनकी मौत के बारे में तुम्हारे अल्फ़ाज़ पढ़कर इस बात का कोई सबूत नहीं मिला कि वे तुमने क़लम अपने आँसुओं में भिगोकर लिखे हैं ? तुम्हारा इल्ज़ाम है कि 'मुमटी के मम्मे'—यह उन्वान मेरे पापा जी के बीमार दिमाग़ से उपजा था। लेकिन नहीं, यह उन्वान तुम्हारा ख़ुद का दिया हुआ था।

मैं पूछना चाहता हूँ कि अगर श्रीमती सारिका देवी तुम्हारे वास्ते एक मादा

जिस्म से ज़ियादः कुछ रही होतीं तो क्या तुम शाइर होने का दम भरने के बावुजूद उनके बारे में इतनी सपाट बयानी कर पाते ? या कि उनसे इश्क़ हो जाने के बावुजूद उन्हें इतनी आसानी से और आये-गये ढंग से अपने दोस्त के सिपुर्द करके ख़ुद किसी और से इश्क़ करने लगते ? और इस दूसरी से गोया साधना से, अगर तुम्हें सचमुच इश्क़ होता तो क्या तुम उसे पापा जी की दूसरी बीवी बन जाने देते ? तुम दोनों बम्बई में थे, वह भी कुँआरी थी, तुम भी कुँआरे थे। फिर उसे अपना बनाने की कोशिश करने की बजाय तुम पापा जी के नापाक इरादे पूरे करने की ख़ातिर मेरी माँ के पीछे क्यों लग लिये ? तुम्हारा अपना बयान ही इस बात की भरपूर गवाही देता है कि जिन्हें तुम अपनी माशूक़ाएँ कहते हो उन तक से तुम्हें कोई लगाव न था।

तुम्हारा अफ़्सानः पढ़ने के बाद हर अक़्लमन्द इंसान पर यह वाज़ेह हो जायेगा कि तुम इंसानों से आम तौर पर और ख़्वातीन से ख़ास तौर पर उतनी ही नफ़्रत करते हो जितनी कि तुम्हारे मुताबिक़ पापा जी जानवरों से करते थे। तुम्हारी जिन माँ और बहन की पापा जी हमेशा बहुत तारीफ़ करते थे उनका तुमने इस अफ़्साने में ऐसा ख़ाकः खींचा है कि पढ़ने वाले के मन में उनके लिए नफ़्रत पैदा हो। तुमने अपनी माँ के लिए लिखा है कि वह लाहौर में आर्ट और कल्चर की दुन्या में एक बड़ी हस्ती रह चुकी थीं लेकिन उसके बाद तुमने कहीं भी कुछ ऐसा नहीं लिखा है जिससे उनके फ़नकारः होने का सबूत मिल सके। तुमने ऐसा अल्बत्तः बहुत कुछ लिखा है जिससे पापा जी के मुँह से सुनी हुई यह बात सही साबित हो कि तुम्हारी माँ कोठे वाली थीं। अपनी बड़ी बहन शन्नो का क़द घटाने के लिए तुम इस अफ़्साने में इतने बेचैन रहे हो कि न सिर्फ़ बार-बार उसके कूबड़ की ओर ध्यान खींचते रहे हो बल्कि उसके हाथ में शफ़ा होने से भी इन्कार करते हो। लोग-बाग आज भी शन्नो फूफा जी की होमियोपैथी के जादू को याद करते हैं लेकिन तुम ऐसा जताना चाहते हो कि अहमदपुर में उनकी प्रेक्टिस इसलिए चली कि लोगों को एक कुबड़ी लड़की पर तरस आया और बम्बई में इसलिए चली कि उनके कूबड़ पर तेल मलने के मज़े लूटने की एवज़ में मेरे पापा जी अपने अमीर दोस्तों को उनसे इलाज कराने के लिए भेजते रहे !

इस अफ़्साने को पढ़ने वाले की तवज्जोह इस ओर भी जायेगी कि तुमने कभी भी किसी औरत से शादी की पेशकश नहीं की। यही नहीं, तुमने अपनी

माँ को भी अपना कहीं रिश्तः नहीं करने दिया। रीना से भी तुमने शादी की तो इसलिए कि पापा जी ने करा दी। तुमने लिखा है कि रीना को पैसों का लालच दिलाकर यह शादी कराई गयी जबकि सच यह है कि तुमने पैसे लेकर यह शादी की। औरतों से तुम्हारी नफ़्रत की ही एक बानगी यह भी है कि तुमने रीना को अफ़्साने में रीटा बनाते हुए उसकी उम्र में पूरे दस साल जोड़ दिये हैं। उस ज़माने में वह 17 साल की थी और 17 साल की ही दिखती भी थी, 27 की नहीं। तुम औरतों से इसलिए नफ़्रत करते रहे हो तख़्तराम कि तुम भी मर्द के प्यार के तलबगार रहे हो। हर औरत से तुम्हें रक़ाबत है। तुमने हर उस औरत को बरबाद करने की कोशिश की है जिसे पापा जी का प्यार मिला क्योंकि ख़ुद तुम्हारे ही अल्फ़ाज़ में तुम्हें पापा जी से 'नफ़्रत की हदें छूती महब्बत थी।' तुमने बार-बार पापा जी को क़ातिल पुकारा है मगर सच यह है कि तुमने उनके ज़रिये उन तमाम लोगों के क़त्ल कराये जिन्हें पापा जी तुमसे ज़ियादः प्यार करने लगे। इनमें तुम्हारे वालिद भी शामिल थे।

मुझे अफ़सोस है तख़्तराम कि तुम्हारा यह अफ़्सानः अदबी लिहाज़ से जितना बेकार है ब्लैकमेल के लिहाज़ से उससे भी ज़ियादः लचर है। अरे मेरे जैसे इंसान तो किसी दूसरे की सच्चाई तक से नहीं डरते। हमेशा मुक़द्दमेबाज़ी के लिए तैयार रहते हैं वे तो। फिर भला मैं तुम्हारे झूठ से क्यों डरने लगा? भला तुम्हें मुझे ब्लैकमेल करने के लिए इतना लम्बा-चौड़ा घटिया झूठा क़िस्सा गढ़ने की ज़ुरूरत ही क्यों पड़ी? मोटी-मोटी ऐसी दो-चार बातें सबूत के साथ क्यों नहीं लिख भेजीं जिनसे तुम समझते थे कि मैं डर जाऊँगा? अपने अफ़्साने के साथ तुमने बतौर सबूत पापा जी का एक ख़त और एक कैसेट भेजा है। ख़त में पापा जी ने तुम्हें लिखा है कि जयदेव तुम्हारा बेटा है। यह ख़त यक़ीनन जाली है। पापा जी उन मॉडर्न इंसानों में से थे जो फ़ोन पर बात कर लेना, ख़त लिखने से बेहतर समझते थे। और फिर जब आप दोनों बम्बई में ही थे तब उन्हें तुम्हें ख़त लिखने की क्या ज़ुरूरत पड़ गयी? कैसेट में पापा जी किसी लड़की की जाँघों में मुँह दिये हुए नज़र आ रहे हैं। जैसाकि तुमने ख़ुद अपने अफ़्साने में लिखा है, पापा जी बुढ़ौती में दहनी मुबाशरत के सहारे ही कैसेनोवा का किरदार निभा पा रहे थे। लेकिन उनके इस शौक़ के सबूत से मैं क्यों डरूँ? और तख़्तराम, तुम्हें यह मालूम होना चाहिए कि आज कम्प्यूटरों की मेहरबानी से इस तरह के कैसेटों में हक़ीक़त को अफ़्साने की शक्ल दी जा सकती है। मिसाल के

लिए अगर पापा जी 'अलिफ़' नाम की लड़की की जाँघ में मुँह दिये हुए थे तो इस वाक़िये के कैसेट में 'अलिफ़' नाम की लड़की की जाँघों पर 'बे' नाम की लड़की का धड़ और सिर चस्पाँ किया जा सकता है।

मुझे अफ़सोस है तख़्तराम कि तुम मुझे डराने में नाकामयाब रहे। मुझे इस मुआमले में तुमसे पूरी हमदर्दी है क्योंकि मैं जानता हूँ कि मुझे डरा सकना तक़्रीबन नामुमकिन है। तुम्हें याद होगा कि पापा जी अक्सर कहा करते थे कि डरते वे इंसान हैं जो यह मानते हैं कि इस ज़िन्दगी से पहले कुछ था और इस ज़िन्दगी के बाद कुछ होने वाला है। लेकिन जो जानते हैं कि सारा हिसाब-किताब यहीं हो जाना है वे बेख़ौफ़ जीते हैं और अपनी तरक़्क़ी के लिए जो भी ज़ुरूरी होता है सो करते हैं।

डरना तो तुम्हें चाहिए तख़्तराम। भला बताओ इतना गन्दा अफ़्सानः लिखने के बाद तुम नक़्क़ाद[1] के आगे किस मुँह से जाओगे? और क़यामत के दिन नक़्क़ाद-उल-नक़्क़ाद[2] को क्या सफ़ाई दोगे? और अगर पापा जी की सोहबत में रहकर अदब और ख़ुदा दोनों पर से तुम्हारा यक़ीन उठ चुका हो गोया अपने तमाम नक़्क़ाद की तरफ़ तुम बेख़ौफ़ हो चुके हो तो मुझसे तो ख़ौफ़ खाओ तख़्तराम। तुमने मुझे ब्लैकमेल करना चाहा है, अगर जवाब में मैं तुम्हें ब्लैकमेल करने लगूँ तो?

हाँ, बेवुकूफ़ तखतराम बी० ए० फेल, तुमने ख़ुद अपने हाथों से तुम्हें ब्लैकमेल करने का मसाला मुझे दे डाला है। जैसा कि तुमने ख़ुद लिखा है— पापा जी की मौत के बाद मेरी सौतेली माँ और मेरे सौतेले भाई ने तुम्हारे लाये डैथ सर्टिफ़िकेट को शक की निगाह से देखा। उनके ही नहीं, बहुत से और लोगों के भी दिमाग़ में यह बात आयी कि हो न हो टी० के० साहिब की मौत में उनके सी० सी० तिलक का बड़ा हाथ रहा है। तुम्हारे भेजे आ'मालनामे और कैसेट की बिना पर अब मौक़ा-ए-वारदात पर तुम्हारी मौजूदगी साबित की जा सकती है।

फिर उस लड़की से गवाही दिलवायी जा सकती है कि स्क्रीन टैस्ट के दौरान टी० के० साहिब भले-चंगे थे। जब वह कमरे से बाहर निकल रही थी तब उसने तुम्हें टी० के० के पास जाते देखा। पर्स कमरे में ही छूट जाने की वजह से

1. आलोचक, 2. आलोचकों का आलोचक, ईश्वर

उसे फ़ौरन ही लौटना पड़ा और उसने देखा कि तुम टी० के० साहिब को गला घोंट कर मार रहे हो। वह चीख़ने को हुई लेकिन तुमने उसके मुँह पर हाथ रख दिया और उससे कहा कि चुपचाप चली जाओ किसी से कुछ कहोगी तो तुम्हारा स्क्रीन टैस्ट हर वीडियो पार्लर पर बिकने लगेगा। वह कुछ समझी नहीं तब तुमने उसे स्क्रीन टैस्ट की फुटेज दिखाई। बदनामी के डर से उसने अपना मुँह बन्द कर लिया। अब मुँह खोला है तो इसलिए कि इंसाफ-पसंद जयदेव पुनवानी ने उसकी पीठ पर हाथ रखा है और कहा है कि निडर होकर गवाही दे।

ज़रा सोचो क्या मैं ऐसा नहीं कर सकता? अरे करने को तो मैं तुम्हारा क़त्ल भी कर सकता हूँ। ब्लैकमेल करने वाले का क़त्ल किया जाना तो एक आम-सी बात है तख़तराम। ऐसे ब्लैकमेलर को तो हर कोई मार देना चाहेगा जो सज़ा-ए-मौत का डर दिखाकर ताज़िन्दगी किसी को लूटते चले जाने पर आमादः हो।

तुम मारे डर के पतलून ख़राब कर लो इससे पेशतर मैं तुम्हें यक़ीन दिला दूँ कि मेरा तुम्हारा क़त्ल कराने का कोई इरादः नहीं है। मैं नहीं चाहता कि तुम्हारी बीवी रीना बेवा हो जाय और तुम्हारे बच्चे यतीम। तुम्हारे अफ़्साने की बिना पर मुझे यह कह सकने का पूरा हक़ है कि रीना जैसे तुम्हारी बीवी, वैसे मेरी बीवी। और रीना के बच्चे जितने तुम्हारे उतने ही मेरे भी। इससे याद आया कि तुमने मुझे ब्लैकमेल करने की ख़ातिर एक लम्बा-चौड़ा गन्दा अफ़्सानः लिखने की ज़हमत इसलिए उठायी है कि अपने बेटे का वीडियो स्टूडियो खुलवाने और अपनी बेटियों की शादी करने के लिए तुम्हें पैसा दरकार है। पापा जी ने इस बारे में कोई वादः किया हो तो कोई तअज्जुब नहीं क्योंकि रीटा तुम्हारी बीवी होने से पहले उनकी माशूक़ः थी। वह तुम्हें अजमेर से लौटते हुए ट्रेन में नहीं मिली थी, बल्कि पापा जी को महबूब स्टूडियो के फाटक पर खड़ी हुई मिली थी। बहरहाल इस बारे में पापाजी के वादः को पूरा करने में मुझे कोई उज्र नहीं है क्योंकि जैसा मैं कह चुका हूँ कि तुम्हारे बच्चे मेरे लिए ग़ैर नहीं हैं।

मैंने बम्बई में किशोरचन्द मखीजा से कह दिया है कि तुम्हारी बीवी को तुम्हारे बेटे के स्टूडियो और बेटियों की शादी के लिए पाँच लाख रुपया पेशगी दे आये। यह मेरी नेकदिली का नमूना होगा। मेरे दिल से, और इस दुन्या से, नेकी पूरी तरह उठ नहीं गयी है तख़तराम। तुम खुद बुज़दिल हो इसलिए कहीं इस नेकी को मेरी बुज़दिली का सबूत न मान बैठना। जैसा कि मैंने पहले कहा

मैं डर से परे हूँ और तुम डर से घिरे हो।

तुमने यह भी लिखा है कि पापा जी की तरह मैं भी तुम्हें अपना सी० सी० बना लूँ और पापा जी जितनी तनख़्वाह तुम्हें रुपयों में देते थे उतनी मैं तुम्हें डालरों में दूँ। अपनी नेकदिली का सबूत देने के लिए मैं वह भी कर सकता हूँ। लड़की और दारू दोनों का मुझे भी उतना ही शौक़ है जितना कि पापा जी को था। और मुझे पूरा यक़ीन है कि तुम मेरे वास्ते लड़कियाँ और दारू जुटाने का काम तीस-पैंतीस गुने जोशो-ख़रोश से करोगे क्योंकि मैं तुम्हें रुपयों में नहीं, डालरों में तनख़्वाह दे रहा होऊँगा। मेरी मुलाज़मत में आने के वास्ते तुम एक अर्ज़ी लिखो और उसके साथ उन तमाम ख़ुफ़्यः काग़ज़ात, टेपों और फ़िल्मों का फ़ेहरिस्त भेजो, जिन्हें तुमने हम लोगों को ब्लैकमेल करने के लिए अपने पास सम्भाल रखा है। साथ में उन सबकी एक-एक नक़ल भी।

मैंने किशोरचन्द से कह दिया है कि तुम्हारा जवाब मुझे कूरियर से भिजवा दे, तुम्हें 'कच्चे-चिट्ठे' के लिए बक़ायः चार हज़ार डालर और ख़त और अफ़्सानः कूरियर से भेजने का ख़र्च दे दे और पापा जी की याद में जाम पीते रहने के लिए ब्लू लेबल की चार बोतलें भी।

जवाब के इन्तिज़ार में,

तुम्हारा,
जयदेव

जयदेव के नाम तख़्तराम का ख़त

जनाब जयदेव साहिब,

आपका ख़त मिला और मखीजा साहिब आपकी ओर से रीना को पैसे दे गये और मुझे चार बोतलें। बहुत-बहुत शुक्रियः।

मैं आपका ख़त पढ़ते हुए बराबर यह महसूस करता रहा कि ऐसा ख़त वह इंसान ही लिख सकता था जिसकी रगों में शाइर तख़्तराम का ख़ून दौड़ रहा हो, मगर जिसकी पर्वरिश शैतान टी० के० ने की हो। आपने बजा फ़रमाया कि टी० के० को ख़त लिखना पसन्द नहीं था। इसकी वज्ह यह थी कि वह अहलेज़बां नहीं था। आप उर्दू भले ही न जानते हों साहिब लोगों की ज़बां अंग्रेज़ी के आप साहिब हैं। इस ख़त को ही पढ़कर यह कहा जा सकता है कि आप मेरी तरह अहले-अदब हैं और आप चाहें तो बहुत अच्छे अफ़्सानःनिगार बन सकते हैं। ग़लीज़ हक़ीक़त को साफ़-सुथरे अफ़्साने की शक्ल देने के लिए आपने अपने ख़त में झूठ का क़ाबिले दाद इस्तेमाल किया है।

आपने सबसे हैरतअंगेज़ झूठ यह लिखा है कि आपका अपने पापा जी से यारानः था और वह आपको बैठाकर तमाम पुराने क़िस्से-कहानी सुनाया करते थे। मैं आपके पापा जी का सी० सी० था गोया हर घड़ी मैं उनके साथ रहता था। फिर भला मुझसे ही यह बात कैसे छिपी रह गयी कि उनसे आपके यारानः तअल्लुक़ात थे ? इस झूठ के सहारे आपने एक और झूठ यह गढ़ा है कि आपके पापा जी मेरी माँ और बहनों की बहुत इज़्ज़त किया करते थे। ख़ैर, छोड़िए इस बात को क्योंकि आपके झूठ से मेरी रूहानी सेहत को कोई फ़र्क़ नहीं पड़ता।

आपने अपने ख़त में लिखा है कि आप न मेरे अफ़्साने से क़तई डरे और न मेरे भेजे हुए सबूतों से। तो हुज़ूर, मैं ख़ुद नहीं चाहता कि आपका मारे डर के हार्ट फ़ेल हो जाय और मैं आपकी नेकदिली की बरसात में नहाते रहने से महरूम हो जाऊँ। आपने लिखा है कि मेरे भेजे हुए दोनों ही सबूत जाली हो

सकते हैं। मैं अर्ज़ करना चाहता हूँ बन्दापरवर कि जिन आलों की मेहरबानी से जाली चीज़ें बनायी जा सकती हैं उनकी ही मेहरबानी से पकड़ी भी जा सकती हैं। जानकार अस्ली और नक़ली का फ़ैसला पक्के तौर पर कर पाते हैं।

आपने फ़रमाया है कि मेरा भेजा हुआ अफ़्सानः दो क्या, एक कौड़ी का भी नहीं है। मगर हुज़ूर, मैंने आपको अफ़्सानः नहीं, आ'मालनामः भेजा था। गोया अफ़्साने की शक्ल में अस्लीयत ही बयान की थी। अब अगर हक़ीक़त साफ़-सुथरी, मानीख़ेज़, बातरतीब और हौसलःअफ़ज़ा होती तो अदब की और आर्ट की ज़ुरूरत ही क्यों पेश आती? ज़िन्दगी शाइरी होती तो शाइर जीने की बजाय लिखने में वक़्त क्यों ज़ाया करता? गुस्ताख़ी मुआफ़ लेकिन मैं समझता हूँ कि इस दुन्या का बनावनहार, इस ज़िन्दगी का सिरजनहार बहैसियत अदीब टेलीविज़न के लिए सोप ओपेरा लिखने वालों से उन्नीस ही ठहरता है, बीस नहीं। बताइए, अगले का हर एपीसोड मौत पर ही ख़त्म होता है!

ख़ैर, छोड़िए फ़ल्सफ़े के इस पचड़े को। आपकी फ़रमाइश के मुताबिक़ मैं आपको आपके पापा जी के मुतअल्लिक़ अपने पास मौजूद तमाम ख़ुफ़्या काग़ज़ात, टेपों और फ़िल्मों की फ़ेहरिस्त उनमें से सबकी एक-एक नक़्ल के साथ भेज रहा हूँ। आपसे गुज़ारिश है कि जल्द-अज-अल्द बेटे के स्टूडियो और बेटियों की शादी के लिए बक़ायः रक़म भिजवा दीजिए ताकि मैं काग़ज़ात टेपों, और फ़िल्मों की अस्ल आपको देकर अपनी रूह पर से एक बड़ा बोझ उतार सकूँ।

मुझे पूरी उम्मीद है कि बक़ायः रक़म आप ज़ुरूर भिजवाएँगे। इसलिए नहीं कि आप डर गये हैं बल्कि इसलिए कि मेरे क़लम से निकले हुए उस घटिया अफ़्साने तक ने एक हैरतअंगेज़ ढंग से बढ़िया काम कर दिखाया है—आपको नेकदिली सिखला दी है।

पैसों के इन्तिज़ार में,
आपका,
तख़्तराम विलायतीराम धरेजा

तख़्ततराम के नाम जयदेव के अंग्रेज़ी ख़त का तर्जम:

न्यूयार्क
23.1.91

माइ डियर तख़्ततराम,

तुम्हारा ख़त मिला और तुम्हारी दरख़ास्त भी। ख़त में तुमने मुझे झूठा साबित करने की कोशिश की है। जैसे चोरों को सभी चोर नज़र आते हैं वैसे ही मक्कारों को सभी मक्कार नज़र आते हैं। तुमने मेरी इस बात को झूठा साबित करने के लिए कि पापा जी से मेरा यारानः था और वह मुझसे तुम्हारे बारे में बेतकल्लुफ़ होकर बातचीत किया करते थे यह लिखा है कि सी॰ सी॰ होने के नाते तुम हमेशा पापा जी के साथ रहते थे और तुमने कभी उन्हें मुझसे इस तरह बात करते हुए नहीं सुना। दरअस्ल यह भी तुम्हारा चलाया हुआ एक झूठ था तख़्ततराम कि पापा जी तुम्हें कॉन्सटैन्ट कम्पेनियन मानते हैं इसलिए सी॰ सी॰ पुकारते हैं। वह तुम्हें अपनी बज़्मे ऐश में साथ बिठा लेते थे तो बस इसीलिए कि वह तुम्हें नुक़्ले मजलिस[1] समझते थे। सी॰ सी॰ से उनकी मुराद यह थी कि तुम उनके चीफ़ क्लाउन हो। बहरहाल पापा जी की तरह मुझे भी अपने दरबार में एक अदद मस्खरः रखना पसन्द है।

तो मुझे तुम्हें यह ख़बर देते हुए बेहद ख़ुशी हो रही है कि तुमने मेरे यहाँ बहैसियत सी॰ सी॰ मुलाज़मत के लिए जो दरख़्वास्त भेजी थी वह मंज़ूर कर ली गयी है। तुम पहली जनवरी, 92 से 10 हज़ार डालर माहवार पर मेरे सी॰ सी॰ बहाल किये जा रहे हो।

मैंने मखीजा से फ़ोन पर बात कर ली है। वह इस ख़त के मिलने से पहले ही रीना को पाँच लाख रुपया और दे जायेगा। न्यूयार्क के लिए तुम्हारा टिकट

---

1. मजलिस के लिए मनोरंजन का पात्र

भी कटवा देगा और तुम्हारे वीज़ा का इन्तिज़ाम भी कर देगा।

तुमने मुझसे कहा था कि तुम चाहते हो कि मैं तुम्हारे बेटे के वीडियो स्टूडियो की लागत, तुम्हारी बेटियों की शादी के लिए दस-दस लाख रुपया और तुम्हें दस हज़ार डालर माहवार तनख़्वाह दूँ। तो तुम्हारी आख़िरी फ़रमाइश तो पूरी हो गयी है। दूसरी भी पचास फी सदी पूरी कर दी गयी है। रही पहली फ़रमाइश वह तब पूरी हो जायेगी जब तुम सारे ओरिजिनल काग़ज़ात, टेप और फ़िल्में लेकर न्यूयॉर्क आ जाओगे और आने से पहले अपने घर, दफ़्तर और हर लॉकर की तलाशी मखीजा को लेने दोगे कि तुम कहीं उन कागज़ात और फ़िल्मों की नक़ल तो छोड़कर नहीं आये।

तुम्हारे यहाँ पहुँचने पर तुम्हें नये साल के तोहफ़े में दूसरी बेटी की शादी के लिए दस लाख रुपया और वीडियो स्टूडियो की लागत दे दूँगा—बम्बई भी भिजवा सकता था लेकिन वहाँ भेजने पर सारी रक़म रीना ले लेगी और तुम फिर से मुफ़लिस हो जाओगे।

उम्मीद है कि मेरी न्यू इयर पार्टी में हिस्सा लेने के लिए तुम न्यूयॉर्क पहुँच सकोगे। तुम्हें और रीना को ढेरों प्यार—

तुम्हारा
जयदेव

रोमिला के नाम जयदेव के अंग्रेज़ी ख़त का तर्जम:

बम्बई
4.1.92

रोमिला डार्लिंग,

यह रुक़्क़ा तुम्हें दस्ती भिजवा रहा हूँ कि अब पापुआ-न्यूगिनी के जंगलों में भटकना छोड़कर फ़ौरन बम्बई चली आओ। पिछले दिनों एक ऐसा बुरा हादसा और एक ऐसा अच्छा वाक़िय: हुआ है कि कुछ अरसे के लिए मुझे बम्बई में ही पड़ाव करना होगा !

पहले बुरी ख़बर दूँ, तख़्तरामजी अब नहीं रहे। मैंने दस हज़ार डालर माहवार पर न्यूयॉर्क में उन्हें अपने यहाँ बहाल कर दिया था मगर बिचारों की क़िस्मत में मुझसे तनख़्वाह लेते रहना बदा नहीं था। न्यूयॉर्क पहुँचने के बाद वह मेरी न्यू इयर पार्टी में शामिल हुए। मैंने उनके लिए एक कमरे वाला जो अपार्टमेण्ट ख़रीदा था उसमें मरम्मत का काम अभी पूरा नहीं हुआ था लिहाज़ा उन्हें पार्टी के बाद पास ही के एक होटल में भेज दिया। अगले दिन वह वहाँ अपने बिस्तर पर मरे हुए पाये गये। होटल के रिसेप्शनिस्ट ने बताया कि वहाँ दो तारीख़ को शाम तीन बजे चेहरे पर गमज़दगी का नक़ाब डाल कर एक ऐसी औरत तख़्तराम से मिलने आई थी जो शक्ल-सूरत से इस्पहानी और चाल-ढाल से तवायफ़ान: लगती थी। वह कोई आध घण्टे तख़्तराम के कमरे में रही। उसके जाने के बाद जब हाउसकीपिंग वाले बिस्तर ठीक करने पहुँचे तब बहुत खटखटाने पर भी दरवाज़: नहीं खुला। उन्होंने डुप्लीकेट चाबी इस्तेमाल की और उन्हें पलंग पर तख़्तराम की लाश मिली जिसकी नाक और मुँह के आसपास कोई चिपचिपी-सी चीज़ पुती हुई थी। लाश की जाँच करने वाले डॉक्टर का क़ियास है, क़ातिल लड़की ने मक़्तूल के नाक-मुँह को अपनी जाँघों के बीच दबाकर उसका दम घोंटा होगा।

पुलिस को बहुत कोशिश करने पर भी उस नक़ाबपोश क़ातिलाना तवायफ़ का कोई अता-पता नहीं मिल सका। यों होटल रिसेप्शनिस्ट का कहना था कि उस औरत को कमरे में भेजने से पहले जब मैंने मिस्टर तख़्तराम से उसकी बातचीत करायी तब उसने अपना तआरुफ़ देते हुए महज़ इतना कहा कि मैं कल रात आपसे पार्टी में मिली थी। इस बिना पर पुलिस मेरे पास भी पूछताछ के लिए आयी और मैंने ख़ुशी से उसे अपनी पार्टी में शामिल हुई ख़वातीन के नाम-पते दे दिये। ज़ाहिर है कि उनमें कोई भी क़ातिल हसीनः साबित नहीं हुई। वे सबकी सब न्यूयॉर्क के नामी ख़ानदानों से वाबस्तः थीं।

यह तो हुआ हादिसः अब ख़ुशी का वाक़ियः। मेरी सौतेली माँ ने अपना सौतेलापन पूरी तरह छोड़ दिया है। वह मुझसे इतना प्यार करने लगी हैं कि उसने मुझे पापा जी की जायदाद में से हिस्सा देना ख़ुशी से क़बूल कर लिया है। इस सिल्सिले में मुझे बम्बई में दो बिल्डिगें और आधा दर्जन अपार्टमेण्ट्स मिले हैं। तुम आ जाओगी तो मिल-बैठकर फ़ैसला करेंगे कि इनमें से किसका क्या करना है?

बम्बई का मौसम अब बिलकुल साफ़ है इसलिए मन में अब ऐसा कोई डर न रखो कि यहाँ आने से तुम्हारी सेहत पर बुरा असर पड़ेगा।

बेशुमार बोसों के साथ,

तुम्हारा

जय

□□